大馆奴

九九叟 马识途

樊建川的记忆与梦想

樊建川 口述　　李晋西 笔述

GUANGXI NORMAL UNIVERSITY PRESS

广西师范大学出版社

·桂林·

大馆奴：樊建川的记忆与梦想

DAGUANNU: FAN JIANCHUAN DE JIYI YU MENGXIANG

图书在版编目（CIP）数据

大馆奴：樊建川的记忆与梦想 / 樊建川口述 ；李晋西
笔述. 一桂林：广西师范大学出版社，2019.9（2022.11 重印）
ISBN 978-7-5598-1995-6

Ⅰ．①大… Ⅱ．①樊…②李… Ⅲ．①樊建川－回忆录
Ⅳ．①K825.4

中国版本图书馆 CIP 数据核字（2019）第 163269 号

广西师范大学出版社出版发行

（广西桂林市五里店路 9 号　邮政编码：541004）
网址：http://www.bbtpress.com
出版人：黄轩庄
全国新华书店经销
广西民族印刷包装集团有限公司印刷
（南宁市高新区高新三路 1 号　邮政编码：530007）
开本：880 mm × 1 240 mm　1/32
印张：13.625　插页：2　字数：220 千字
2019 年 9 月第 1 版　　2022 年 11 月第 3 次印刷
定价：58.00 元

如发现印装质量问题，影响阅读，请与出版社发行部门联系调换。

滕桂梅
冀南军区第十一
军分区侦通队

张速华
八路军太岳军区
第四军分区随营学校

老兵可以走，精神不能走

为壮士站岗

请抬头凝视
这些抗俘的脸

川 MUSEUM CLUSTER JIANCHUAN 建川博物馆聚落

遗赠书

将来
建川博物馆的[……]房产交情于国家。

我和妻子已经商定并立下遗嘱，当我们不在的时候，将建川博物馆和[……]文化公司的全部股权，捐赠给成都市人民政府。现在捐了那[……]
成都市的武侯祠已有1700多年的历史，成都是天府之国，那里是会放东西。

唯有这样，博物馆才能长存，这些文物才能发挥更大的作用。

樊建川

地址：四川省成都市大邑县安仁镇 电话/传真：86-28-88316000 邮编：611331 电子邮箱：arjcxsh@jcfw.com 网址：www.jcfw.com

目 录

第十五章　回答（一）

第十六章　博物馆的生存

第十七章　我们灰头土脸时，"凤凰"掠过

第二十四章　回答（七）

第二十五章　回答（八）

樊建川先生自述
读后感言

建川先生自述成后，他本人和自述整理者李晋西女士要我为此书写一序言。序言哪敢当，写点读后感是可以的。

我之敢于写此，主要因为我与樊先生是小同乡，均是四川宜宾县城内的人。我生于 1919 年，樊先生生于 1957 年。此外，樊先生之父又是山西西北部兴县人。解放区的陕北、山西、河北、山东四省区，我都跑过或住过。除延安外，最熟悉的就是晋西北了。我曾在晋西北做过一次农村调查，一次土改实验。1947 年土改试点时，我曾徒步来往于兴县碧村、朔县雁门关外之间达五次之多，每次五天或六天，有三次都是我一个人走，对这条路比对我家门前的马路还熟悉。有此两层原因，我对樊先生的事业，自然更是关切了。

樊先生所从事的事业的超凡出众、大胆创新，出人意料，令人佩服。

樊先生 1975 年还奉命下乡插队落户，当过知青。由于自己的超常努力，终于考上了军队的某学院，任务竟是在西安啃《资本论》。后又经在部队的多种锻炼，可谓长时期吃尽艰苦。以后又做高等学校教师，之后转宜宾市副市长。宜宾，全长江之地理中心点，现在是以五粮液酒驰名。其实，五粮液只不过是其中一物耳，宜宾何止此也。以形势论，站在合江门码头上看金沙江与岷江（锦江），合流处，金沙江水如泥浆，宽阔处如汪洋大海，岷江则多为绿水，水天相接，黄绿并流，确是奇观，但也是大灾难。樊先生幼年时还在江边戏水，这真是自幼练就了一身是胆的精神。在这里出个把奇人是太应该了。

　　樊先生在宜宾生长，做过知青，插过队，又长期当过解放军，做过高校理论教师，一朝改行入商，转弄房产。有若干年，房产日进斗金，几年间富商辈出，樊先生是其中很突出的一位。等到事业稳固，能保证丰收增富之后，樊先生即把他的事业重心转了个大弯，几乎完全转到他自己创新的四川大邑县安仁镇的博物馆群方面去了。这要巨额的投资。令人异常佩服的，是樊先生竟然独出心裁地设计了一系列的特别馆——川军馆、美空军援华馆、汉奸馆、缠足馆等，这些都属别出心裁的壮举，在对内与对外方面都是十分需要的。

　　樊先生的事业，均为他人想言而不敢言者。例如"川军馆"。曾有《抓壮丁》一剧，成此剧诸人，也均属老党员、老革命，所说也非毫无根据，唯考虑稍欠周耳。蜀中三百几十万壮丁开赴前线（约占全国三分之一），为国死难，悲壮超越古今！约十来年前，蜀中流沙河先生毅然奋起，予以痛斥，大理由当然是流沙河站住的。又，美空军援华飞虎队之英勇牺牲，有人竟将其列入"美帝侵华"之列，成顶尖学术。援华之苏、美众多烈士，勋业辉辉，光照百世。美国烈士在中国留下的鲜血，永远使中国人民为之落泪。美国民众来此参观后就会知道：我们在援华战场上的同胞遗骨至今尚未全数找到，中国人一念及此，至今欲泪，因此，美国的官兵怎么可以打中国呢？在道德良心上说得过去吗？今日樊先生已使上述诸事超额实现，竟建立起专门的"川军抗战馆""飞虎奇兵馆"等，确是胆量大，志气高，仰不愧于天，俯不愧于地了。

现有的以及今后可能还要增加的，有重要历史意义的馆，能否保证正常存在，我也只好代樊先生求菩萨保佑了。樊先生的冒险精神，真是世所罕见！

但是，一个人的精力与财力究竟有限，我总的建议于樊先生的是，摊子似不宜铺得太宽太广，一个人照顾不过来。今后是不是以巩固、提高已有馆展为主，而以开发新馆为辅呢？如何巩固、改善现有事业，已经是一件十分不易的事情了。

对乡里人能做出如此杰出创新的贡献，远远超过我的希望，因此谨表愚忧如上。

九十四岁乡愚曾彦修敬祝

2012 年 7 月 7 日

百岁活神仙、成都老记者、爱讲笑话的车辐先生，坐轮椅看完了建川博物馆群，非常激动，指着樊建川说："你是妖精！"旧时蓉城，人怪异谓之妖，物怪异谓之精。妖精之称，实有赞美之意，并非《聊斋志异》里的妖精。怪异，是说从未见过像他这样奇怪的房地产商人，半生拼搏，冒风险赚的钱，倾筐投入只赔不赚的博物馆事业。今日钱财投光不说，他日馆群还要裸献公家。献完不说，本人死后还要遗体剥皮，绷成鼓，置于博物馆，赚敲打钱，用以补贴博物馆的开销。这不是怪之又怪，怪天下之大怪了吗？幸好樊太太明理，不留遗产，馆群裸献，她想了一天半，点头同意签字。同时，幸好樊太太重情，遗体剥皮，敲鼓赚钱，她坚决不签字。我支持樊太太。像建川这样"唯物"到了入魔的境地，堪称"双料妖精"，不足为法。

我认识樊建川已近二十年了。犹记初次到他公司总部（在人民北路）做客，已闻知他想办博物馆。当时认为此乃异想天开，不合"在商言商"之道。过几年又接去另一处参观，见他真的办起来了。听他畅谈宏伟规划，我总存疑三分。直到后来安仁镇公馆群被他囊括，办成一系列博物馆，我才惊服这奇男子。但我虽外行也明白，这是个无底洞，任你金山银海，也填不满。所以，惊服是惊服，绝不敢说半句鼓励妖精的话。

我放下笔，冥想古代圣贤。孔孟和老庄，这两顶帽子，现今很时髦，可惜建川都戴不上。看他办博物馆立志救世，"为人太多，自为太少"，很像庄子书中的尹文子。至于粗茶淡饭，布服素衣，"日夜不休，以自苦为极"，又很像墨子。而其"生勤死薄"（薄到准备绷鼓），正是墨子的苦行啊。庄子评曰："以此教人，恐不爱人；以此自行，固不爱己。……其道大觳。"大觳就是太艰苦，太不滋润，太妖精作怪了。

前些年有朋友对我说："樊建川本来是官场中人，办博物馆可能是捞名声，以后再回去当大官。"官场内外这类事例确实也有，但我凭多次的接触印象，深知他绝非这类人。吾国中原黄土深厚，蕴藏哲理，宜有儒道两家之外，墨家一脉精神延续下来，而见之于某人如建川者。

论这建川，人是好人。读者不妨取法其生之勤，扬弃其道之觳吧。

流沙河

2012 年 4 月 27 日于大慈寺路作

引言

这个馆真建好了，
让我马上死都可以

　　人一辈子，到了我这个年龄就有一种紧迫感。改革开放三十年的时候，我想建一个改革开放三十年馆，一年一个年份馆，让观众走过三十年。这个馆太大，我没钱了，看着陈列大纲和文物，无可奈何。为此我曾去见过一些大老板，我编呀编呀，想编出改革开放三十年馆来，没成功。

　　现在，我又有新的打算，想建一个六十层的塔，做一个新中国六十年的博物馆。我天天都在想，天天都在画图，博物馆是什么形状的已经想好了——一个竖起来的锥形体，像剑一样，把天都要捅破。

　　过去几十年走的路，全部是为现在作准备，现在才是真正往高处走。从现在开始，樊建川决不做一流项目，五十六岁了，做一流项目就是浪费生命，只做第一的事情。做第一，并不是说花钱多就是第一，而是历史含量、文化创意第一。用黄金做马桶，不是第一，世界上已经有了。我做的博物馆已经算创新了，是一个聚落。壮士广场第一，手印广场第一，国民党馆、川军馆、美军馆、战俘馆第一。"5·12"大地震后，一个月开放博物馆，又拿了速度第一。"文革"的五座馆也是世界第一。我觉得我们这儿是创造第一的地方。无数个具体的第一，作为零部件，又组成一个无法复制的第一来，这才过瘾。

纽约的大都会，巴黎的卢浮宫，都是躺着的，新中国六十年的博物馆是竖起来的，中国这六十年本身就是冲上去的呀。整个建筑的构想都是我来做，我只是请人做结构。这个建筑是金色的还是红色的，没想好，反正要很炫。给人感觉是一个舞蹈动作，不一定优美，但实在是在运动。有一面墙全是文字，巨大的汉字，我肯定要做成繁体字，公元一九七八，公元一九七九……一年一年垒上去。汉字多厉害，比绘画，比雕塑还厉害。古人不是敬惜字纸吗？政治家也怕上书呀。

这是我梦寐以求的一件事情，不是一个楼，是一个塔，一个站立起来的塔馆。塔就是封藏历史经典的，这个塔馆，六十年风云装在里边了，多值得看呀。一层层看，顶层是观光台，看海景。我想修在海上，通过几百米的海上栈道走进去。中国要走向大海，改革开放要走向更广阔的海洋。看了海景坐电梯下来——也可以反过来，坐电梯上去，往下一层层参观。往下走不如往上走概念好。看累了，脚走痛了就下来，票三天有效。下面什么都有，餐馆、酒店、商店、茶馆……

共产党的九十年，大数，三十年打江山，三十年在那里摸索，三十年改革开放。我就做中华人民共和国成立的这六十年。这是中华民族变化最大、最辉煌的六十年。想想，哪个不来看？哪儿有？没有！为什么？做不起！因为我几十年坚持收集文物，我毕生的收藏，最大的收藏，就是新中国六十年。

过去很多事，想的时候觉得不可思议，觉得不应该这样想，现在看来，不应该想的，都把它办到了。现在看六十层高的博物馆，好像是了不起。有人也会说，建川，好难哦，不可能，就像我过去做那些博物馆时一样，但我一定会办到。把这个事办完后，晚年能做什么事，另外考虑。我近期的目标，第一，把建川博物馆聚落做好，第二，筹划新中国六十年博物馆——世界上还没有一直冲上天的博物馆，这个想起来都觉得不可思议。但这个事一定要做，必须做。前边做的，都是为这个六十年的博物馆！我觉得我一生都在为六十年馆作准备。真建好了，让我马上死都可以。这真是我最大最大的愿望。为民族，为国家，也为自己留下这翻天覆地的六十年记忆。

2013 年

第一章

童年少年：
在金沙江边的
小镇上长大，很野

被抢了的高级饼干

我 1957 年生于宜宾，父亲给我取名"建川"，即建设四川之意。我有记忆应该是在幼儿园大班，当时我"能按时入园，遵守生活制度……能向老师问早、说再见，能保持衣服和手脸的清洁。学习较好，能正确计算 10 以内加减法，从 1 数到 100"。这张幼儿园通知书，我父亲的名字被我撕掉了。幼儿园小朋友们有个非常不好的习惯，叫谁，就叫谁父亲的名字。老和我打架的刘和平的父亲叫刘战壕，我们就叫他刘战壕。我父亲下乡了，我母亲也下乡了，老师要我把通知书带回家，我怕小朋友们看见我父亲的名字，就把我父亲的名字撕掉了。

这样做就没有办法把它交给我父亲母亲了呀，我就把它藏起来了。

三年困难时期，我四五岁，记得特别饥饿。我上的幼儿园比较好，是宜宾五金公司、百货公司、土产公司等八个公司组成的商业机关幼儿园，叫"八大公司幼儿园"。因为是有实权的商业单位的幼儿园，除了跟其他幼儿园一样每顿有米饭，小碗上面还会放一个小土豆或者小红薯。这就是说，我们有多吃多占的地方，但我还是饿。

当时有种高级饼干，几块钱一个。那时的几块钱很贵，后来知道是政府为了回收货币卖得很贵。爸爸看到我和小我一岁的弟弟特别饿，就买了一个。饼干比拳头还小，爸爸掰成两半，我和弟弟一人一半。我爸就在旁边跟一个同事说话，我和弟弟相互靠得很近，一点点地舔，舍不得吃。突然冲过来一个人，一把抢过，撒腿就跑。我爸也没办法，一个干部不可能去追一个很饥饿的人。那个时代，黑市价格都疯了，四川饿死了不少人。当时，一枚金戒指不一定能换到一个馒头。黑市上，红苕（红薯）都卖到二元一个。

从宜宾搬到柏溪镇，感觉像要搬到北京一样

我们在宜宾住的院子叫中山街七十二号，在中华人民共和国成立前是刘文彩宜宾公馆，比刘文彩在大邑的庄园还大，很有名，大门是又大又厚的木门，很漂亮；共和国成立后是宜宾行署机关干部的宿舍，里面至少住了一百多户机关干部；记得那里有很多走廊，很大的灰空间，院子很深，院子套院子。我们家在一个院子里，两间房。中山街七十二号院子现在都拆光了，建成高楼了。

1966 年，我读小学三年级，我父亲从宜宾地区调到宜宾县。宜宾地区行署在宜宾市，柏溪镇是宜宾县县城，当时叫柏树溪镇。第一次搬家，我特别高兴，我觉得柏树溪和北京有点谐音，感觉就像要搬到北京，搬到一个大地方一样。后来去了，其实很小，是个只有几千人的小镇。

我们住的房子算柏溪镇最好的了，叫杨家祠，有三个房间和一个小厨房。三个房间最里间的有个窗户；中间的没有，只掏了一个孔。每个房间都很小，十几平方米。当时的房子一般是 1949 年前修的，墙是泥巴糊的或者竹子编的，窗户是纸糊的，像我们住的这种砖块垒的、窗户是玻璃的很少；县里边的局长部长都住这里，共有三排。"文革"时，院子里的人全都搬出来了。现在其他两排都拆了，只剩下我们那一排，前几年我还去看过。

以我十八岁计算，大概有九年在宜宾市，九年在宜宾县，也就是在柏溪镇。在一个只有几千人的小镇上长大，在金沙江边上长大，对我的成长起了很大的作用。这对我特别好，因为很野，天天泡在江里，冬天也不例外。

打架总得到鼓励

我在 1964 年 2 月上宜宾中心路小学。这是宜宾的好小学，五年制。但柏溪小学是六年制，我爸爸不愿意让我拖，我就直接跳了一年，不读三年级，直接跳到四年级读。

小学成绩通知单上有这样的话："课堂上应该严格要求自己，专心听讲，注意与同学友爱。"这里说的友爱，就是针对我打架。

　　我爸爸是行伍出身，我打架总得到鼓励。在宜宾时，我爸爸就在窗户里边看我在院子里和别人打架。他从来都是在里边看，不出来制止。搬到柏溪后，他也会在窗子里边看，一定不会出来制止。他会看我怎么打，会很在意地在那里观察。我回家了，他就说你哪个动作不对，什么机会没把握好，他一定会给我总结，怎么才能打赢。我估计在山西老家，我爸爸家在村上打架是最厉害的。我爸爸家有十三个孩子，没有一个女孩子。我估计我爷爷奶奶从来不管，因为哪个弟弟被打了，哥哥一定会去帮忙。奶奶知道：第一，小孩打架打不出什么大毛病；第二，家里儿子多，去管了反而不好，不管的话，另外一个儿子又上去了，肯定把对方给打下去。谁家有十三个男孩子呀，上去五六个打别人，谁招架得住呀，没人招架得住。我爷爷奶奶不管，这会给我爸一个启发或者影响，他也不会管。因为我奶奶不管他，他也不管我，我估计有家庭影响。

　　我爸每次回家都要问，建川，大儿子，今天打架怎么样？我说打赢了，他就特高兴；说打败了，他就特气愤，问怎么打败的。老和我打架的一个姓刘的同学，当时比我高大，后来他长到一米八几，我实在打不过，我爸就教我用弹弓埋伏在后面打。他说，打日本就是这样打的。

冒险：不惧钢鹅石、游泳、捞纤藤、扎小木排

不惧钢鹅石

搬到柏溪镇不久，"文革"开始了。没有什么学好上，天天玩。当时，主要玩的场地是在金沙江边。我们一群小孩子，剪刀石头布，决出胜负。负者站一堆；胜者在河滩上捡一把胡豆大小的钢鹅石，狂嚎："天上一根毛，各人汤着（遇着）各人遭。"胜者扬手，石从天降，负者不动，砸中脑门眼冒金花头也不能动。若胆小躲闪，会招来更大惩罚，十分羞辱，伙伴们一拥而上，"挎裤子"。我总结，钢鹅石掉落时，不要拿眼去瞥，徒增恐惧，还是挨砸。躲避是最下策，宁肯头破血流也不能躲，要硬挺，即使被砸中，也要愿赌服输，不能怨天怪地。少年更崇尚荣誉。

游泳

金沙江水非常湍急，每年都要淹死人，学校有规定，不准下河游泳，我还留有当时给家长的信。我爸不管，我天天都在江里泡着。一次冲大漩涡，我被冲到很尖锐的大石头上。当时身上全都是血，现在左胸还留有很大一个疤。

我救过我弟弟一命。当时我大概十岁，他九岁，他被漩涡卷到大木船底了；大木船可能有二十米长。水很急，他出不来，我就钻到船下边去。金沙江的水像黄汤，不能睁开眼。我摸到他时，他可能处于昏迷或者癫狂状态，反把我抱住，这时我也很危险，后来是

船夫跳下来把我们给救起来的。当时大船靠了岸正在做饭。小时候江里没有一条轮船，全是帆船，所以我真是"听惯了艄公的号子，看惯了船上的白帆"。现在一条木船也没有了。这件事过后，心理上也没有什么阴影，还游。弟弟没有我胆子大，游得少了。我也不知道怕，不就是搜出来嘛，下次再有这种事，搜出来就完了。

我们可以游到江对岸，很多小伙伴不敢干。对岸种的南瓜特别多，都是大南瓜。记得到对岸坐木船要五分钱。我们肯定不给这五分钱，就游过去。我们先逆流走到上游，再顺水游到对岸。现在回忆是很危险，金沙江水湍急且冷，江面宽有五六百米，还有许多大漩涡。我们至少要往上走两公里，才能斜着游到对岸。上岸以后，如狼似虎地抢南瓜，扔到江里推着往回游。这不能算是偷，应该是抢，因为农民绝对不会冒着生命危险下水来追，也游不过我们。最大的威胁是农民会一边骂，一边向我们扔鹅卵石，但命中率比较低，反正我干了那么多次，没有被砸中过。

捞纤藤

到了十几岁要干活。有个活现在想起来简直是太胆大妄为了。当时金沙江上游地区长期砍木头，一根一根很大的散漂到江里边，一年四季都有。木头漂到江边，沿江的人都不敢去拿，拿了公安局会来抓人。木头漂到宜宾怎么办呢？柏溪镇旁边就有个贮木场。工人坐着小船，一人划船，一人拿着很长的有钩子的竹竿，把木头钩住，拉到江边洄水的大湾，在洄水湾这里扎木排。扎木排不是用钢绳棕绳，而是用竹子编的纤藤来扎。木排有几百平米，没有动力，有个舵，在上面搭个窝棚，可以做饭；木排顺着江漂到重庆、武汉、上海。很多木排在泅水湾里捆扎，几乎把水面占完了。木排之间有空隙，但水会更深，我们就钻下去捞扎木排的人不要的一段一段的纤藤。我们必须记下去的路，上来只能靠摸，而且不能太快，太快了头会撞到木头。摸出水面，把纤藤拽出来。也有孩子没有找到回来的空隙，被淹死了。这个活儿非常危险，为什么还做呢？为了爸爸妈妈能表扬我们，把纤藤一根根扎成捆扛回家，当柴火做饭特别好。当时没有钱买煤，也为了省柴火。爸爸妈妈也不知道我们这么危险地去取纤藤，有些纤藤半截在泥里半截在水里，要把纤藤从泥里拔出来再潜水游出水面，这更危险。但好几年的夏天，这个活成了我们的功课，都练成高手了。哪里有就扎下去、拽出来，都很准确。

扎小木排

我们还有一个更冒险的运动，现在的小孩都不敢再这么玩了。一人带着两个铁爪钉，逆江从柏溪往上走大概二十里，走两个小时，到一个叫豆坝的发电厂。我们走得比较快，一小时可以走十里。到了豆坝后，就去金沙江里捞木头，捞上两三根大木头推到江边，用爪钉把它们抓住，再用鹅卵石把爪钉砸进木头里，搭成一个小木排。木排搭好后，几个孩子就坐在上面，用手划，划到江心去。江心水很急，"哗——"飞流直下三千尺，去两个小时，可能半小时就回来了。回来后，木排不靠岸，用鹅卵石把爪钉撬起来。爪钉一撬开，木排就散了，顺着江漂下去。我们一人拿两个爪钉，游回岸。当时江边的男孩子玩这个游戏的比较少。这样做需要几个条件：第一，要有爪钉，那时爪钉不是随便就能找到的，它是铁，很值钱，一个就有一两斤，卖生铁也能卖不少钱；第二，要有相当的水性；第三，要有胆量；第四，需有几个亡命兄弟。我们这几个孩子老喜欢玩这个游戏。这是我比较得意的一件事，显示男孩气概。在江里边，那些帆船都没有我们快，我们的木排"唰——"就把帆船超过了。船夫看见我们高兴得很，我们晒得黑不溜秋的。这是我十二三岁的事，现在想起来还觉太过瘾了。

"文革"我做的几件事是比较好玩的：
偷书、偷自行车、偷柚子、偷猪尾巴……

偷书

"文化大革命"时，我爸被斗，后来我们几个"黑五类"娃儿也起来造反了。我们造反就是玩，"文化大革命"不读书，也没有书看，我们就去偷。宣传部的书在阁楼上，县二中的书在二楼上，都被我们爬上去偷了。我们三个人，石头剪子布，谁输谁上去，没上去的两个人就把很高的梯子搬去让偷的人进去，再把梯子藏起来。我们学电影里的情节，把手电筒蒙上红布，上去的人把书放在书包里后，用电筒照亮一下，下面的人就把梯子搭上去。分书时分堆堆，进去偷书的人先选。我现在书房里都还有很多偷来的书，起码有十几本。后来去偷文化馆的书就不行了，它不在楼上，在一楼，翻墙进去后发现有防盗铁栏。我们就给晾衣竿前端加上铁尖，砸破窗玻璃，再把书柜的玻璃砸了，再把竹竿伸进去扎书脊，把书慢慢挑出来。有时扎得不深，书半道就掉了。这种方法效率比较低，但也偷了不少书，什么《史记》啊，《三国志》啊。当时偷书不觉得心慌，觉得偷书不算偷，反正这些书当时也没有人读。

偷自行车

当时县里机关只有一辆小汽车，五六辆自行车。县里有个租自行车的，一个小时两毛钱。那时两毛钱算巨款了，五分钱可以吃碗面，两毛钱租自行车是很奢侈的。我们不可能去租车来学，租来的车子也很烂，我们也看不起。其他单位的偷不到，比如邮电局的；但县委的放在传达室，被我们偷了，整个县委只有这一辆自行车。还是我们常在一起的三个人，两个抬后轮，一个抬前轮，把它抬到外边没人的地方，用鹅卵石把锁砸了。两个人扶着学，学了一天，摔了很多跤，没学会。到晚上没地方放，就放在我们认为很隐蔽的一个楼道的拐角，用稻草把它遮住，想明天继续学。但是很不幸，第二天早上我们去时，发现车子被偷了——真是走夜路遇到鬼。我们也不敢去找，也不当回事。

偷柚子

我们县二中钟校长住的房子是独立的一间，以前是太平间，因为县二中曾是医院。为什么钟校长会住那个房子？可能他当时是"走资派"吧。房子外面有棵柚子树，很粗很大，结的柚子是红心的，特别甜，我们就去偷。那次把我吓坏了。我石头剪刀布输了，上树。那晚完全是伸手不见五指，我爬爬爬，突然抓到一只脚！"哎呀！"

初中时的我（右）

我叫了起来，原来上边还有个小偷，我抓住了他的脚。他压低声音说，不要叫，是我。他也是我们同学，叫范三，他爸爸也是南下干部。当兵时我们在一起，他现在在宜宾农行当驾驶员。后来我们就合成一伙，一起偷柚子，一起分配胜利果实。

偷猪尾巴

真正意义上的偷盗行为是偷肉。我们已经想好把学校的课桌打烂当柴，用脸盆在教室里炖肉。但是没有肉，姓杨的一个结拜兄弟说，走，去屠宰场偷猪肉。当时卖肉的铺子就那两三个，大家都拿肉票排队买，不可能去肉铺偷，众目睽睽之下，一下就会被抓住。柏溪镇有个屠宰场，每天杀十几二十头猪，半夜两点多钟开始杀，整个镇都能听到猪叫声。当时我们家是十五瓦的灯泡，还特别节约开灯。屠宰场也特别暗淡，只有烧开水烫猪的那个地方要亮一些。猪烫好去毛后，对半剖成两块，挂在比较暗的地方。凌晨三四点钟，他们杀猪，煺毛，开膛，挂肉。我们胆大妄为，钻到肉下边去，猪的血水还在流，我们就躺在湿漉漉的石板地上仰面向天，用刀子割，企图把猪屁股切下一块。这是没有经验的做法，我们用的是最小号的钢锯皮加工的刀，只有食指宽，一头加个木柄。割了一阵，居然割进去了。我们以为会成功，但里边有很大的骨头，割不动了，我们不甘心，一直在那儿割——那么薄的刀片实际上是切不开有骨头的猪屁股肉的。这时我就发挥聪明才智了，我说别弄了，肯定割不下来，割尾巴快些。结果我们就割了七八条尾巴，回到学校切成一块一块的，放些盐，放些水，炖了一脸盆。这点猪尾巴，我们三个人都没有吃够，因为肉不多。这件事算是非常成功的。

偷柑子

最失败的一次是去偷农民的柑子，应该是 1969 年以后了，都有书包了，已经不闹革命，上课了。柑子，宜宾叫红泡柑，我和同学高晓风先说好一个人放哨一个人上树。老规矩石头剪子布，他输了，上树。分的时候，按规矩谁上树谁先选，分到最后一个，该他选，他就把最后那个拿走了。我就不干了，我说，应该平分啊。他说，我上的树。我说往次是我上的树，这次你输了才上的树，应该平分。他不干，我们就打起来了。我们年龄一样，个头一样，体力也差不多，结果被农民抓住了。那次有些惨，学校也知道了，爸爸妈妈也难受，因为这事不光荣，我爸觉得不光荣。所以后来我做生意都是让别人，不能一直在那里吵架。当时如果我能让他，让他半个柑子，就没事了，就为了这半个，被逮着了。高晓风后来和我一起当知青，一起当兵。他转业回宜宾，当过司法局局长、政法委书记，现在可能退二线了。他很聪明，极其聪明，是个很有才华的人。前段时间来博物馆，自己买门票，住了三天，看了三天，我最好的朋友，毛根儿朋友，居然不给我讲，为了给我捧场，临走前才给我打电话。

偷小水果

当时我们最聪明的做法或者发明，是偷水果。现在谁按这种方式去偷，都不会被抓。我的发明适宜偷小水果，毛桃、杏、李子，还有我们叫花红，北方叫沙果的。怎么偷呢？很简单，橡皮筋固定在衣服袖子里边，端头拴一个比较大的钓鱼钩。选水果时，袖子刚好遮住了手，钩住水果后，手一松，水果就弹进袖子里了。我教我另外两个朋友前后整了好几年，无一次失手。因为方法太巧妙了，唯一要小心的是不要钩住自己，因为它是倒钩。后来我一个朋友有些贪心，一次做两个钩子，想钩两个，结果把自己钩住了。他操作不好嘛，钩这个时，一紧张，另一个没抓紧，就钩住自己了。这种方法确实巧妙，很安全，就是太慢。

偷甘蔗

现在想起来，这次行为是比较野蛮、大胆的。当时的农民不像现在的智商高一点，那个卖甘蔗的农民把甘蔗靠在我们县二中的墙边卖。墙不高，两米多，捆成一捆的甘蔗也有两米多高，我们就琢磨怎么偷。甘蔗的目标大，路上行人稀少，那农民壮年，三四十岁，不太好在他眼皮底下行动。我说，我们三个分工，一个人上去硬抢一根甘蔗，抢了就跑，他肯定要追，但他肯定跑不过我们。我们只有十一二岁，跑得特别快。第二个人就上去把甘蔗全部推举到墙后边，第三个人把甘蔗拿到教室里边去。还是我们三个人，铁哥们，一起偷柚子的姓范，另外一个姓舒。石头剪子布后，我是留在学校里边把甘蔗抱到教室里的人，姓范的是上去抢甘蔗的。他上去假装拿着甘蔗看看，然后开跑，农民开始追，气得大骂。等农民把甘蔗捡起来回头一看，甘蔗全没了。农民就纳闷了，也没想到到墙后边找，顺着街朝前边找。我们学校拐弯就是大街，他以为被拖到街上去了。

他一路狂吼往街上跑，急坏了。实际上我们就在墙后边分甘蔗。当时拿回家也不好交代，没钱嘛，哪儿来的甘蔗呢。我们三个就使劲吃，嘴上都吃出泡来了，实在吃不完。放在教室也不行，有了丢自行车的经验，放哪儿都要丢，最后还是扛回家了。记得妈妈在家，问我，大儿子，哪来的甘蔗？我说是同学送的。有这种情况，一些农村的同学，我帮了他们一些忙，他们会送我一些甘蔗。

柏溪镇边有一望无际的大片甘蔗地，我们十几个男生，很狡猾地钻进去吃。不能吃边上的，要被发现。那时候吃得都有些浪费了，就只把中间的吃了，其他的差不多都扔了。后来男同学之间相互传，知道的人多了，都跑去吃。最多的时候，傍晚钻进去的至少有三四十个，都在里面狂吃，直接吃了一个篮球场出来。后来被发现了，公安局都介入了，因为这是破坏生产嘛，"阶级敌人"搞破坏。有男孩子被逮住了，也可能把我们供出去了，但公安局发现不是成年人偷去卖，一判断，几十个孩子是能够吃出一个篮球场的。当时公安局有更重要的案件在处理，这事就算了。

无师自通

我在宜宾县二中的时候，是团支部书记。初中时，不知道为什么，妈妈那天高兴了，买了一只口琴，好像是三块钱。没有任何人教，有一个说明书，自己就琢磨，完全无师自通。笛子好像是五毛钱一支，也是无师自通。吹箫，也是无师自通。后来手风琴，也没有老师教，无师自通。手风琴是我妈妈供销社工会的，八个贝斯，很小，相当于一个玩具。当知青时，公社有一个很破的手风琴，好像是三十二贝斯的，风箱到处漏气，粘上胶布拉。我现在有个一百二十贝斯的琴，放在成都的办公室很少拉，但就是要它放在那儿。

学书法。自己买《纪念白求恩》的隶书字帖来练，没有一个老师教，都是自己学。为什么要学呢？受县二中老师的影响，他们都写得一手好粉笔字。特别是余毅恒，他的字太老辣了，太漂亮了。他给我写过字，现在找不到了，特别遗憾。李英老师的字也很漂亮。余毅恒和李英是民国时期的老师，他们批的作业本，嗨，真是太漂亮了，都是用毛笔批的。薛岱老师、李志强老师的批阅感觉不一样，他们毕竟是中华人民共和国成立后的大学生。

上初中时，有针灸课，每人都有一盒银针，全都要扎，拿银针扎自己，痛也没办法，要不然过不了关。班上有个同学很厉害，两腿扎满了，第二天也没事。还有扎耳朵什么的。针灸课我是上得很糟糕的，我真的不敢扎，太麻烦了。学口琴，学笛子，学书法，这些没有问题，但是扎银针，始终没有学会。

不想当农民的努力没成功

初中毕业后，本来想下乡，妈妈说还是读两年高中。高中快毕业了，父亲不黑不白的，不是"走资派"，但还是有些靠边，就觉得下乡前途渺茫，出来的几率很小。1974年，我就转到山东东营胜利油田采油子弟中学去读书。我大舅一家在那里，父亲的一个战友也

1975年和采油中学同学在黄河大坝上（前排左为我）

在那儿。当时的目的很清楚，高中毕业后就当工人，所以我的高中毕业证不是宜宾县二中的，而是胜利油田采油子弟中学的。我在采油中学上了一个学期，住校。住校的时候，饭票分粗粮票和细粮票，一样一半。没办法，开始控制不住，上半月就把细粮吃完了，下半月全是高粱、玉米面这些粗粮。很惨，真的是很惨。后来，我就很注意了，会留一点细粮在下半月。印象很深的是学工，当时上学都不读书，就学工学农学军。学工是学修汽车、修推土机，把发动机卸下来洗，缸里边有活塞，在缸里边磨出槽子，用刮刀把它刮平。我学会开车间里的吊车，学会开有操纵杆的拖拉机。学工让我懂得了机械传动，知道了汽车发动机、发电机、轴等，知道了工业的一些事。我记得还参加了学校的运动会，我参加中长跑。在宜宾县二中我算厉害的了，在这儿就不行了，工人的孩子体力是要好一些。

我还和同学骑车去看黄河入海口。我们从黄河大坝一直骑，沿路吃了很多槐树花，有甜味，印象很深。第一次看到黄河，知道它完全悬在平原上。第一次看见一望无际的盐碱滩、荒地。当时只要油不要气，气满地烧，原野上熊熊大火。

非常不幸，不想当农民的努力没成功。1975年毕业，班上几十个同学都当了石油工人，我回宜宾当知青，还有一个回贵州当知青。主要是户口迁不过去，那时管制太严了。

我从山东返回四川时，绕道去了青岛。从宜宾去山东，是第一次出远门，也是第一次坐火车，但经过成都时没有停，所以青岛是我见的第一个大城市。当时的青岛还是很繁华、很洋气的。我舅舅、舅妈当时的收入还算比较高，给了我几十块钱，不少。我在青岛玩

1975 年，穿着舅舅给的工作服照了一张相

了几天，住的是舅舅介绍的石油招待所。记得到了海边栈桥，穿着舅舅给的油田工作服照了一张相。我在青岛，第一次喝到了啤酒，感觉很难适应它的味道，但是特别兴奋和幸福。当时想，喝下这瓶啤酒后，不知下次喝是什么时候了。

第一次出远门，第一次住校，开阔了眼界；以前在家妈妈给我洗衣服啊什么的，这半年，学会了自己操持生活，自己管理自己。

虽然在山东只待了一个学期，但大家的感情都特别好，都很念旧。1995 年离开山东二十年，大家要开个同学会，我那时创业不久，事情特别多，但还是赶去了。到济南，就有同学开车来接，下午三点左右赶到学校，会都已经开了一会儿了。创业一年多，也挣了一百多万，记得我给老师每人一个红包。五点钟散会，大家去吃饭，我没吃完，我必须回成都。当时济南飞成都不是天天有航班，三天一班，我花一千块钱租了一辆出租车，从山东经塘沽到北京。当时一千块钱是很大一笔钱。父亲曾讲过，参加开国大典后，他的部队就到塘沽，他是从塘沽到朝鲜的。所以经过塘沽时我一直在看，一片盐田，都在晒盐。回成都后，我的女儿很不理解，她还小。她说，爸爸，你坐飞机去再赶回来，来回折腾，就在东营待了两三个小时啊。我来回折腾就是为了那两三个小时，因为大家的情意都在嘛。现在的年轻人可能不会有这种冲动和情感了。

第二章

宜宾县二中的老师

宜宾县二中是柏溪镇上的一个中学，当时的师资力量太牛了。复课闹革命以后，虽然没有怎么读书，但县二中这批老师对我的成长太关键了。除了我父母亲，就是这批老师了，一些点点滴滴的事影响了我一生。

余毅恒：可惜我当时还小，不知道怎么向他学习

历史老师，也教过我们语文。当时不知道从哪里知道他是黄埔军人，是国民党军校的少将教官，是起义后被整到我们县二中教书的，而且是个将军……这一切都让我很好奇。他讲话不多，慢条斯理的，

很斯文，学问很深，白白的，很瘦弱。不知道他怎么看上我了，对我很好。他知道我父亲在晋绥军中当过军人，他半遮半掩地给我讲过许多抗战的事，讲过一些打仗的故事及当时的态势，朦朦胧胧的，现在很难回忆。那时朦朦胧胧知道抗战时国民党打得很惨烈，知道国民党的将军不是青面獠牙。我建国军馆，一是我父亲当过晋绥军，对我是一种支撑，也许还有余老师对我的影响。

我到余老师宿舍里聊天。开始，他还比较小心，强调不能告诉任何人，我走时他也会叮嘱，后来知道我不会出卖他，就信任我了。记得很清楚的是，我几次想借书，他基本上都拒绝了。我们上课都是用革命课本，他有一架子非常令我眼红的书，现在看来不是什么反革命书，就是些唐诗宋词史记这类古典文史的书。他说，樊建川，你喜欢看书很好，你可以坐在这儿看。他就住在学校的一个小房子里，从来也不锁门，我就在里面看书。有的时候他没回来我就走了，有的时候他回来见到我，也就点个头，不说话。

实在不好意思，有一次我整理书柜，发现有一本书上有他的签名，还有他的小印章。我不知道是他借给我的还是我拿的，可能是他实在不想借给我，我拿走的。"文革"时，在学校没怎么读书，但我看过的大多数书，都是在那时看的，什么巴尔扎克呀，托尔斯泰呀，等等。

1973 年，十六岁，正是人生观形成时期，想想看，我的老师是个国民党的将军，还非常有学问。可惜我当时还小，不知道怎么向他学习。

后来，我发现余毅恒老师的历史与我的记忆有些不同。他毕业于国立政治大学，曾任新疆学院（现新疆大学）中文系教授，在国民党新疆警备总司令部待过。我不知道他在新疆警备总司令部时的军衔，但他从有名的大学毕业、在国民党部队待过等经历，足以使我继续保存原有的记忆。因为他确实非常有学问，从现在能查到的资料看，他做过一些古典诗词的注解，也写过历史方面的书。他是一个军人，是一个有学问的军人，我愿永远藏在他的小屋读书、听他分析抗战局势。

薛岱：教了我太多的东西，给我开了很多的窗户

班主任，上海人，教化学、物理，还教英语，是华东师大高才生，也是华东师大足球队主力队员，一米八几，很高很壮。在这么偏僻的小镇上，他肯定是非常不安分的，但又无可奈何。

我那时体力好，有的是劲，使不完，在学校参加长跑比赛，五千米得了第三名，算了不起了。我完全不会算账，超别人是在弯道超。跑完后薛岱老师劈头盖脸地骂：樊建川，你傻呀，怎么在弯道上超。我没有想通怎么不可以在弯道上超，他说，那不是多跑路嘛。

在薛岱老师家，我第一次见到带铁桶的饼干，还有带铁桶的糖。他从上海探家回来，给我们一人一颗糖。那时糖很金贵，可能要一分钱一颗，我第一次吃到上海大白兔奶糖。我们宜宾的饼干是红糖做的，很硬，我第一次吃到上海饼干。后来，他又让我吃了一颗另外的糖，是玻璃糖纸包的，我也是第一次见到玻璃糖纸。当时叫玻璃糖纸，其实是塑料。我特别记得第一次看到啤酒，因为非常金贵，

他没舍得让我喝。那时我上高一了，有时候去薛岱老师家，他给我们做饭吃。不知道为什么，他特别喜欢我，实际上我可能是他最器重的学生。他一直让我当团支部书记，"文革"后期，大概到1973年，他一直是我的班主任。我没见过飞机，没见过海里的轮船，他讲飞机、海船是什么模样，海是什么模样。我估计他也没有坐过飞机，但他会讲。他会告诉我很多稀奇古怪的事：大楼，电梯，红绿灯。当时宜宾市没有一个红绿灯。

吃的大白兔糖，糖纸收藏了，好像上面还有毛主席语录。我还到处炫耀。到现在为止，糖纸我收藏了几千上万张，但大白兔糖纸是我收藏的第一张。当时我把它放在抽屉里，与我收藏的烟标放在一起，有时拿出来闻气味，后来慢慢就没糖味了。

薛岱老师的妻子也是上海人，也是老师，教初中的，但不是我们学校的。粉碎"四人帮"后，薛岱老师回上海教书了，我也因当兵离开了宜宾。我们几十年没有联系，后来终于把他找到了。2010年上海世博会，我在上海电视台做《波士堂》节目，专门去见了他，还合了影。我鞠躬，他高兴，说，当年选你当团支部书记选对了。他在医院，刚动了手术，脑袋上有疤。作为学生，我应该永远感谢这位班主任。我一直不满足，思路后来一直比较开阔，我想跟这位海派老师的影响也有关，潜移默化的作用太大了。

李志强：你这个根本不叫京剧，叫唱歌

"文化大革命"中，可能是红卫兵把他搞到我们这个小镇来教书，

教我们语文。他是南开大学的学生，天津人，当年是个小伙子，现在我还没有找到他。他好像是一个体操运动员，单杠双杠的姿势太优美了。他跳鞍马，"啪——"跳过去，挺胸收腹，"啪——"站住，太棒了。他的语文讲得特别好。当时语文就是讲毛主席语录、毛主席诗词，他把毛主席诗词讲得特别精彩。他也喜欢我，我在学生中是活跃分子。有时候我去他的单身宿舍，他会给我讲很多课堂上不会讲的东西，用"文革"的标准来看，是"封资修"的东西。

他京戏唱得特别好，很悠扬，味道特别足，让人很开眼界。我在二中参加宣传队，唱样板戏，他压着我肚子说，唱，唱。教了好久，气得很，说：哎呀，太笨了。记得他还端了我一脚。本来安排我演刁德一，我很瘦嘛，正合适，他不让我演。我说，我唱得挺好呀。他说，你这个根本不叫京剧，叫唱歌。京剧发声和唱歌完全不同，我很多同学模仿京剧发声，都找得到京剧发声的地方，可我到今天都找不到。说实话，学唱多年样板戏，我唱出来一点京剧味道都没有。但我还是挺能唱歌的，无师自通，我不是做了一个CD《嘹亮》吗，在建川博物馆还卖得不错。

校长及其他老师

校长钟洛南，资格特别老，是一九三几年的川南中共地下组织成员。因为是地下组织的人，南下干部就看不中他，让他当一个中学校长。粉碎"四人帮"后，他好像当了政协副主席。我不知道他的身世背景，这个人特别仁慈，特别斯文。

李英，教数学的老师，辽宁人，20世纪40年代后期的老牌大学生。"文革"时谁学数学呢？学生都不太听他的课，有时人都跑光了。我记得特别清楚，他拉着我们说，年轻人一定要学东西，今后会有用，今后会有用。他真是想教我们，就几个人，他也一丝不苟地讲。现在这个老人在的话，应该有九十多岁了。

还有很多很多好老师，包括我的体育老师，两口子都姓陈——陈德威、陈启华，成都人。我在县里体操队干过，虽然成绩不行，但还是受了两位陈老师的影响。他们说，你身材不错，就是不努力。

"文革"时，县二中也有"专政"对象，有两个我也去欺负过。一位是姓王的右派，好像是副校长。造反当局决定将他遣返农村，他不愿意，坚守不走。造反派姓刘的负责人找到我们六七个人，让我们对他实行无产阶级专政，并明确指示：整他，不要整凶了。我们围住王校长，先是指责，进而推搡，最后出拳，算打人了。我参加了抓扯，因为心里还是有障碍，所以虽然没有打王校长，但终是干了坏事。

还有一件错事是污辱一位叫杜宗美（音）的老师。校园里这位低头缩脑的老师很引人注目，矮矮胖胖，光头，戴个黑框眼镜。他好像有海外关系，留过洋，好像还是北大毕业的，总之在"文革"时是个"坏分子"。我觉得他很反动，敢在名字中表示忠于美帝（美国，那时就叫美帝国主义，简称"美帝"）。我们叫，杜宗美，站好！他就站住。等我们命他滚蛋，他才退走。当时他可能已经有点精神病了，丧魂落魄，衣服是自己粗针大线缝的，无领无袋过膝，穿着单薄，大冬天赤脚。后来他变成孤魂野鬼了，住在一个狭窄的楼梯间里，除一席一碗一筷，别无长物。他白天不出门，晚上出门；你发命令，他抗命了，冷眼视你，让你无趣甚至不自在。再后来，他在校园里出现得越来越少。最后，听说他死了。

他们对我的影响是特别广泛的，无以言表的

我上初中，十三岁，在形成人生观的时候，在一个只有几千人的小镇，遇到了这批顶级老师，遇到了这些忧国忧民、见多识广、见过大风大浪的人，我觉得真是幸运。现在很难遇到这样威风的师资队伍了。我上小学，遇到的是一般的比较敬业的老师，因为"文化大革命"前小学没有被污染。中学时，我遇到了名师高人。因为历史原因，他们被集中到柏溪镇，他们不可能去宜宾市的好学校，他们被放逐到一个很贫穷偏僻的学校，而正好我在那儿上学。我真的觉得他们都是绝代风华，他们都很优秀，每个人都见多识广，每个人都气度非凡。他们这种气质，跟镇上的南下干部也好，农民也好，市民也好，完全格格不入，但那几年他们还是生存下来了。"文革"结束后，他们纷纷高飞，离开了宜宾县二中；改革开放以后，都还有一个好的晚年。

我们班的同学百分之六十是农村的，这些老师看重我，可能觉得我不是农村孩子，觉得我跟这些农村孩子还是有一些区别，好像就是悟性高一点，谈得来一点。他们喜欢我，我跟随他们就紧一点。他们真的让我比别的孩子想得远，什么宇宙啊，银河系啊，很膨胀。他们聊天时我在一旁听，他们讲的一些想不通的事，也使我有许多

困扰。比如说这样一个我多年想不通的问题：银河系作为一个参照，宇宙作为一个参照，怎么比喻？没法比喻嘛。如果银河系是一个灰尘，宇宙是什么呢？怎么去定位宇宙，是看到的天空吗？不对啊，那是有限的啊。像这种想法，就不断地困扰我，如果没有这些老师，就不会有这些困扰。因为想这些问题，觉得人特别渺小，也就想生命的价值，生命的价值就有所定位了。对"文化大革命"，他们有时也会发表一些见解，虽然是只言片语，但会不一样，跟社论报纸说的不一样，甚至还会说上海的一些小道消息。你就会觉得，哇，原来还可以这样想，真是太牛了，太大胆了。

　　我觉得他们的影响是隐形的、潜移默化的。进了他们的房间，看到桌子上铺的方格子布，很洋气；他们穿的衣服，他们说话的语气，包括他们讲课的手势……后来我反思，觉得这段经历太重要了，他们的影响看起来虽只是点点滴滴，但对我一生都发生作用。它使我变得特别愿意和有智慧的人交往，而且形成一个非常明确的观念——保持和高人的交往，包括到成都后与马识途、车辐、流沙河、魏明伦、邓贤、朱成、何多苓、周春芽等人交往。一个人，人生路上去交有智慧的朋友，以思想换思想，以智慧换智慧，就会受益。所以，我中学时期遇到的这些老师，他们留给我的这种财富，他们对我的影响是特别广泛的，无以言表的。

第三章

父亲母亲

父亲，来世再做您的儿子

父亲的家在山西兴县交楼申乡马家梁村，属于黑茶山地区。我奶奶是个小脚，长得很漂亮，鹰钩鼻子，个子很高，比我爸还高，比我高一点，我一米七几，她可能近一米八。她生了十三个男孩子，一个女孩子没有生。家里边很穷，可能有几个孩子夭折了，至于剩下几个，说不清，没人能说清。我爸生前没有给我仔细讲，也不愿意多说，可能也不清楚，因为他小，前面还有哥哥比他先出去，比如说1937年出去的，1938年出去的，1939年出去的。这些兄弟1949年以后仍然没有音信。1949年以后，十三个弟兄还有四个，外

父亲年轻时很帅

出打仗讨生活的只剩下我父亲一人了，我父亲变成老大了。现在还有一个最小的四叔，1947 年出生的，没读过一天书，我问他，他还是说不清。

老樊家的规矩，到了十五岁就得往外边赶，赶出去，自己去找吃的，因为家里面特别穷，养不活。

我父亲 1926 年 6 月出生，十四岁出去当兵。他本来叫樊猴儿，就是猴子，部队觉得这个名字太难听了，给他改名叫樊忠义。这个名字真的很适合父亲，人与枪一体，人与名合一。他先当晋军，就是阎锡山的晋绥军。他打得很顽强，三年后，十七岁当机枪班班长，他是在掩护兵撤退时被俘的。然后他在矿井护卫队当过一阵子兵，被八路军俘虏。八路军发给他两块钱，让他回老家，中途被抢，他就返回去参加八路军了。八路军还是爱惜人才，认为那个兵嘛，训练这么多年了，是一个好手。我父亲对日本的仇恨还是很深的，他给我讲过，村里有亲戚被日本人杀了。

我父亲不会写字，后来能够写一点，也是在部队学的。他还写日记。我小时候，他经常给我看。我父亲的历史，他自己讲得很少。他去世后，我看到了一本他的日记，记有我许多事。我还看到了他的档案。我觉得根据他的档案来叙述，比我童年的猜想加上他的讲述更真实全面。我父亲档案里的"自传"这样写：1940 年参加晋绥军抗日；1942 年至 1944 年，在伪军矿警队，三次退出，三次加入；1944 年加入八路军，解放战争时在 199 师 596 团榴弹炮连；1949 年任排长，后随 199 师入朝参战；1953 年任 596 团三营炮连连长，两次立战功。

我分析，我父亲在晋绥军被打散溃败后就在江湖上闯，然后被抓去做矿井伪军，又离开，又被抓去，后来被八路军打散了。当时的局势就是这样。他曾说过，八路军不贪财，不发工资，反而要给一点路费，让你回家。但是回晋绥军，会把你的钱要回去。

小时候，我常听我们宜宾粮食局的丁伯伯跟我父亲聊天。丁伯伯说，我不把你抓过来，你就完蛋了。我父亲说，我是被打散了，我又参军了，是我自己参军的。因为父亲写的就是"加入八路军"，意思是被你们打败了，你们给了我路费，我觉得晋绥军不好，自己回来了。丁伯伯还说，是我把你打垮的，打垮后，是我把你抓过来的。我爸坚持说，我是自己回来的。两个老哥们经常争吵。

我父亲给我讲过这样一件事。抗美援朝打扫战场时，他藏了一只表。为什么呢，打炮是群发，一个炮群要同时开炮，他需要一个准确的时间，但部队发给他一只钟，很大，他觉得不准，不方便。另外，他还捡了几个曳光弹，彩色的，他收藏起来了。为这事，就关他的禁闭。他心里不服：我捡子弹是为了打敌人，我捡表，是为了打炮准确。关禁闭时，不怎么吃得饱，也不让连里的战友送东西，他心里就有气。放他出来时，连里边的通讯员给他牵了一头毛驴来，路上遇到团长，他没有下毛驴，反而打着毛驴直接冲过去。团长就毛了，又把他抓回去关了几天。按照规定，他应该下毛驴在路边站着。

抗美援朝回国后，部队上培养他，觉得他打仗是个料，送他到重庆炮校，但他学不走，他打炮打得准，那套理论就是学不走。我父亲给我说一件事，我印象很深。重庆炮校苏联专家讲课时，在学不走的学生手背上画符号。我父亲说得很神，说拿肥皂洗都洗不掉，我猜可能是用圆珠笔之类画的。另外，我父亲在炮校练单杠时又把左肩摔断了。朝鲜战场上这个肩膀被打断过，是接起来的，所以很容易摔断。趁这个机会，炮校就让他转业了。我父亲不像一般转业干部是从某个部队转业，他是被炮校当成学不走的学生转业到宜宾的。他很不服气，他打炮打得准，打得好，就是学不懂。我在西安上军校的时候，他专门来看过我，跟我说，一定要读毕业哦。他怕我像他一样。

我为什么建国军馆呢？很大的根源是我父亲。我父亲说，我的那么多哥哥出门，也许当八路军，也许当晋绥军，也许参加民团。我们在战场上打的时候，不知道是不是把自己的兄弟打死了。这话是我父亲在我成人后说的，说的时候很忧伤。他特别说，这就是兄弟上战场兵刃相见啊。

我父亲还告诉过我一件事，让我特别震撼。这件事他只说过一次，是他喝酒后说的。后来再问，他就不愿意说了。不知道是在晋绥军还是在八路军时，他带着去当兵的一个兄弟负伤发高烧，没有法子治，弥留时很痛苦，他把兄弟背到一个树林里，留下手枪离开了。这个兄弟自杀了。我想不应该是在晋绥军时，晋绥军的医疗条件不应该是这样，可能是在八路打游击的时候。

我父亲一身伤，日军、国军、共产党军队都曾在他身上留痕。右肩更是枪伤连弹伤带摔伤。美军弹片打进嘴里，右腮飞出，带走三颗牙，留下长疤。2011年8月我去朝鲜时，专门去看了朝鲜搞的军事博物馆，了解这段与父亲有关的历史。

半路出家的军人和一开始就是军人的不一样。我父亲性情刚烈，不怕事，不怕死。"文化大革命"，宜宾的武斗很厉害，他不参加，但是他会特别兴奋，会带着我趴在一个隐蔽的地方，比如矮墙后面，很兴奋地告诉我，这是歪把子机枪，这是中正式，这是迫击炮。他对这种场面，不说是一种热爱，我觉得绝对是一种职业的关注，但他又把握得住。宜宾打泸州打得很艰难的时候，造反组织代表官方通知他，让他去当炮兵参谋长，要他组织炮兵，因为他是榴弹炮兵出身，长期担任榴弹炮连连长，打炮很厉害。革委会把望远镜、公文包送到家里来，提的口号是保卫毛主席，镇压反革命暴乱。虽然我父亲是一个特别喜欢打仗的人，但这个时候立场很坚定，跑到成都战友家躲起来。我妈妈去还望远镜、公文包，就被造反派骂。有的叔叔伯伯，造反派叫他们，他们就去了，而且是骨干。我了解这样的人有很多，因为他们很会打仗，很勇敢。武斗时双方都"起用"能征善战的"走资派"。我父亲在这个关键时候，把脚步站住了，没有去。我为父亲骄傲。

我父亲当民政局局长的时候，大概是 1968 年吧，一个退伍军人，不符合安置条件，一定要到自来水厂去工作。我父亲告诉他，实在安排不了，他就去找武装部。武装部的部长也是一个老军人，他对那个退伍军人说，还是找樊忠义，让樊忠义来安排。这个退伍军人就到我们家吵，我们正在吃饭，就一两个菜，他把装菜的碗捧起来，直接把菜吃了。他说，我没吃的就吃你们的。我父亲很生气，但是他不能跟一个退伍军人、一个年轻人论理，他出门了。我母亲知道他的脾气，说，大儿子，快跟着他，他肯定要出事。我跑不过我父亲，我跑到时，我父亲已经被拉到一边了，手里抓着领章帽徽，部长也被拉到会议室，但两个人还在吵。我很害怕，很恐惧，因为当时解放军的地位很高。我上去拽着我父亲，吓哭了。我父亲可能也有点不忍心看我那样吧，就带着我回家了。那个时候，他已经四十多岁了。后来听人讲，我父亲到了武装部，部长正在开会，我父亲骂他是新兵蛋子，他骂我父亲有什么了不起，一个俘虏兵，后来就打起来了。我估计就是抓扯，大概有剧烈的冲撞。后来有人告诉我，我父亲把部长的喉咙锁住，把部长的手反过来，部长就没有抵抗能力了。我没有看见，我父亲也没说，但是旁人对我说，你爸太厉害了。打了别人，还是很专业地打人。

后来部长去告状。人家问谁啊，部长说樊忠义，别人就说，他那个人……上面就不出面。本来部长是想通过上面来治我父亲的，因为解放军的领章帽徽被拔了，应该是很严重的事，但领导不觉得是大事，结果部长带着花生米和酒到我们家来，跟我父亲喝酒。我父亲把领章帽徽还给他了。这件事我印象特别深，我觉得我父亲特别男人。

我父亲对我很放纵。小时候，爷爷奶奶粗犷地待他，吃个土豆，满山跑，随便怎么赶，他便按照爷爷奶奶带他的方式来带我，这应该是我的福气。但我父亲毕竟是个当过兵的人，不像我爷爷奶奶是农民，除了按照山西农民的传统带孩子，又加了他军人的方式。

小时候我们是母亲管，父亲根本不管。一般家庭是不准孩子下河游泳的，他从来不管，男孩子，死了就死了，不该死你就活下。我爬树打架，他从来不管，学习也是，都不管。他就只管你是不是长成个小伙子了，是不是争气了，是不是有骨气，是不是正义的。

你学习好不好啊，有没有危险啊，他都不管。

我下乡当知青的时候，他给我打的背包是我们整个知青队伍里面最正规的，横平竖直，非常棒。我下乡后，我父亲告诉我，你下生产队，别回来，别天天往家里跑，你不会干活使劲干。你肯定会遇到很多麻烦，但你要像个男人，一定要争气。后来我当兵，他也这样讲。他常说："有气是人，无气是尸，人只是活一口气。"

我去当兵，我父亲很高兴。1976年，我赴内蒙古的前夜，我父亲让我陪他喝酒，一碟花生，一碟胡豆，我父亲讲他的行伍经验，我们父子俩干了一斤烧酒。

我父亲去世后，我看到了我参军那几天他写的日记。

四号晚上，因小川参军一事，是我一生以来除去战斗中出现过那样一种急（激）动心情以外，是最急（激）动的一个晚上。第二天12时以前也是同样难以控制自己那末急（激）动的半天……

十日晚思想比较乱，总是安定不下来，因为小川只有一夜的时间，就要离开自己身边，踏上保卫伟大而美丽的社会主义祖国的岗位。小川也不知他在想什么，很少讲话。……

十一日上午送小川到宜宾车站。徐付（副）团长对小川很亲切，作为一个第一天入伍的新战士能够和团首长一块工作，却是一件不简单的事。小川情绪高，我感到荣幸。……小川现在正在途中，可能小川的心情和我一样……只有等待小川来信。

我当兵施工时累得吐血，我父亲寄来云南白药，让我就烧酒吃。

2000年元月14日 晚

今年的元旦，队里没有安排任何话动和平时星期日一样。至机关的人员星期日还，安文以此志。

回首四天时间，因为川在辈博，是我以生以来除去战斗作牵动过那样一种急切性心情以外，是最牵动的一个晚点，第二天12时以前四空，因特难以控制自己那牵急动的辈下，而且起头天晚也实对初郑通交了与姜老古益清他以时辈美当时至我主持工作的时书记到忠草同志。

十日晚是坐60转动，总是安定不下去，因为川只有以次的时间，就要离开此此此，路上保伟大而美丽的社会较祖国的尚值，川也不知何至相计川，很大讲话、用加以老的高收尽。

十一日上午送川到宜宾车站，徐付团器对川很新切，作为以第以天的伍的新长上能够和团首长以狠工作，却怎以神不简单的事，川快绪高。

父亲樊忠义日记

我父亲是个特别重荣誉的人。我在部队每有一点进步，比如立功了，入党了，他都会非常高兴。《解放军报》登我的事迹时，他居然要给我买手表。家里边很困难，妈妈不太同意。他说，儿子有出息，立了功。他一直坚持。我上军校时，这个手表就买了。

我在内蒙古部队时，他常给我写信。对越自卫反击战时，他很关心，给我写信，特别希望我能上战场。我回信说，我们也快打起来了。当时跟苏联的关系特别紧张，晚上有苏联飞机，有信号弹。我们都进坑道，不准见太阳，一级战备了。我在西安上大学时，我父亲专门来看我，他特别希望我能够当一个好军人，尤其希望我当军事干部。他很看不起政工干部，他当连长时，就跟指导员搞不好。他觉得他这个儿子应该走连长营长这条路。他问我，你毕业以后，能不能改做军事干部？因为我身体不好，向往城市生活，毕业后就去重庆三医大教书了。他很失望，觉得怎么能去当政工干部呢？他觉得我在部队的话，就有上战场的机会。一般的父亲，自己的孩子能去大学教书，会很高兴，但我父亲真的不这样想，他特别希望我上战场，不考虑会不会被打死。他经常跟我说，你为什么不去部队啊，别在学校里面待着。他就觉得当兵的在机关里边，不是走正道。

我没有当一个上战场打仗的兵，我父亲一直觉得很可惜。因为我是长子，父亲对我的关注特别多一点。他希望我有个儿子，好当兵上战场。我妻子生产时，他半夜赶到县医院，见是女儿，叹气离去。

我父亲特别要面子，有当兵的荣誉感，特别干脆麻利。他喝酒得了肝癌，我把他带到重庆三医大，但已经是晚期。他知道不能动手术就完了，就要死了。他说，那就回去，我不要死在重庆，要死在家里。我把他拉回宜宾。在医院，第一，他从来不呻吟；第二，大小便一定要扶着墙自己去，即使很虚弱了，也不要别人给他接屎接尿；第三，走的时候，把我们几个子女都支出去，自己把氧气管输血管拔掉。我想，到我要走的那一天，可能都不如他。他对痛苦的忍受和乐观，可能我做不到。

我父亲是特别讲究体面的人，年轻时很帅。因为肝癌，很瘦，很吓人。最后两三天，他说，大儿子，别让那些老战友来看了，看了他们难受，我不见他们了，你在走廊里接待后，就把他们打发（安排）走。其实他肯定想见，但是他不见了，这可以说是死要面子，也可以说是注重仪表，维护荣誉。要走之前，他还跟我说：建川啊，人死了，按照四川的习俗要摆几天，让大家来看，我这样太难看了，大家看了也不舒服。你是长子，你不要让我摆在那儿，我一完蛋，你就马上拉去火葬场给我烧了，大家看照片就行了。再三讲，说一定要办到。我知道父亲不愿意给人留下很不好的印象，因为到最后，枯瘦得有点狰狞了。我父亲去世时，我母亲六神无主，有点崩溃了。我是长子，就照父亲讲的办了。过了很长时间，我母亲都埋怨我，说这样不好，没有停几天，对后代不好。

父亲在世时常常念叨，礼义廉耻，孝悌忠信。我父亲是一个很正直的人，一个很仗义的人，也是一个不说假话的人。遇到要说假话的情况，就是不说。

我在宜宾工作时，大概三十岁，去一些机关还遇到一些五十多岁的老前辈，他们知道我的父亲是樊忠义时都说，哎呀，你是樊忠义的儿子啊，你爸爸这个人不错。没有一个说我父亲的坏话，在我升官过程中，都给我很好的支持和照顾。我当官升得比较顺，我想跟我父亲有关系。这时就体会到"造福子孙"的含义了，父亲没给我留下有形资产，他留下保佑孩子的无形资产，更为珍贵。

我父亲十四岁离开山西老家后，再未回去过。1983年他临终前嘱托我，将他葬于老家爷爷奶奶身旁。我犹豫再三，将父亲安排在青城山后山。儿子不孝拂了父意，我有私心，这样，我们现在看他方便，今后相会也方便。

有一年春节，我带上花、烟、酒、果，到青城山后山去看父亲，陪父亲过春节。青城山山峰积雪，霏霏细雨。我给父亲点了两支烟，他在细雨中吸得好快哟，再点两支。父亲生前喜吸金沙江牌香烟，现在市场上看不见了。当知青时，跟着社员学会了裹叶子烟，父亲欢喜，说，我儿抽烟成男人了。我叫助手先离开，我独自陪父亲聊天。雨点密了，三跪九拜。一瓶五粮液，与父共饮至尽。说是共饮，实际是我一个人喝，洒地之酒，父亲慢慢享用。

我拼命建馆，坚持做到今天，我想父亲在天堂一定高兴。父亲，来世再做您的儿子，跟着您去打仗。

母亲节俭一生

母亲谷楚华，因为出身地主，比较麻烦。1950年四川解放时，她看见大军入川，大势所趋，便放弃小学教师职务，当兵去了。在泸州剿匪时母亲不敢打枪，枪口抬高乱射，被战友揭发。结果部队关她禁闭，又把她带到刑场，让她观看枪毙土匪。乒乒乓乓枪声一片，

母亲

十余名土匪喋血伏法，她就敢打了。

母亲最高的军队职务做到排级，是空军气象员。她是初中生，要高中生才能去考空军气象学校，但她学习好，在部队的路灯下面看书，居然硬考上了。后来为什么让她退伍呢，可能因为地主出身，做空军气象员，万一阶级立场不坚定呢。

母亲性格脾气和父亲相反，特别胆小怕事，不爱说话，也没有入团、入党。因为出身不好，外公又是在监狱劳改时死的，母亲一直是夹着尾巴做人。外公死了，她也不敢去收尸，让我舅舅去。我舅舅当时只有十五岁，找一个山冈埋了外公。后来改革开放，母亲想去上坟，找不到了。现在舅舅七十岁了，母亲八十多岁，两个人在一起还埋怨。我母亲说，你这么大，十五岁还不懂事，埋个人怎么不做个标志。我舅舅说，做什么标志，我就插了根木棍子，怎么知道不在了。那个时候你都是大人了，你为什么不去呢？我母亲怕有影响，我父亲也不准她去。

母亲节俭一生，我别墅里种的名贵树木她全部不要，只为种菜。去年，有两个馆因种种原因不能修建，荒废凄乱。母亲以老迈之躯，除草、平地、上肥、浇水，开出了几块菜地，分别种了花生、丝瓜、冬瓜、小葱、番茄。特别是朝天辣椒，呈现丰收状态，母亲很开心，拉我到地里参观。其实，她是有企图的。她说，建川，土地太板结了，给我弄点沙子来。她出门捡别人的剩饭剩菜，喂自己的鸡（我给她限额二十只）；捡拾废纸、废铁堆积卖钱。最离谱的是，把邻居扔弃的粉条、腊肉、苹果捡回来吃。她把苹果烂的削了，切成块，让我吃，我不吃。她说，你当知青饿昏过，忘本了。孝顺就是顺，吃吧。

父亲去世早,敢抢我烟的,敢拿条子抽我的,只有母亲了。母亲 1928 年出生,八十三岁高龄健康,真幸福。有母亲在,虽然我已当上外公,但头上还有一片天,还有人斥我训我,我还是孩子。这么多年,母亲每年为我做一双布鞋,现在不能做鞋,就每年做一双鞋垫。老人是宝,是家神。母亲,长寿无疆。

我们的生活一直过得很苦寒

我们家里经济本来应该比较宽裕,父母都是干部,但我父母双方家都穷。我父亲家在农村,村里边有我奶奶,还有叔叔们。我母亲家那边更穷,我外公被抓去劳改修铁路死了;我外婆更惨,20 世纪 50 年代被斗争时肚子里面还有孩子,被人一脚把孩子踹出来,自己也被踹死了。我当副市长时二舅还写过一个申述,要我去过问是谁踹的。过了几十年了,那么多人斗争你,知道是谁踹的?没法去做。母亲这边,有母亲的姐姐、弟弟、妹妹。父母两边都必须资助,所以我们的生活一直过得很苦寒。奶奶大概 1963 年到的宜宾,跟我们住过一段时间。"文化大革命"时我父亲被斗,她吓坏了,她说,我不能死在四川,赶快往山西跑,回去就死了。1960 年,要给农村寄粮票,可家里面一粒米都没有,我父亲回家根本就没吃的,他也没办法,无计可施,喝杯水继续上班。家里两个孩子,当时还没有妹妹,还有母亲也没吃的。母亲到街上去买几个红薯,剁碎了,我、弟弟、母亲,三个人在家里吃,父亲还没有吃的。我们穿的衣服,都是母亲用布票买的按斤论的包装布染了后做的。真是苦。很早的时候,

四五岁时与父母及弟弟

家里边还有一个收音机，可能是父母结婚时买的，后来电子管给烧了，就什么都没有了。因为有三个孩子，因为两边的家庭要资助，要么奶奶来，要么叔叔来，要么母亲这边的人来，都得管。在我印象中，长大之前就没有一次是吃肉吃饱过。当时一个礼拜能吃到一块豆腐，就是非常非常好的改善生活了。一块豆腐不到巴掌大，厚不过五公分，一家五口吃。记忆里从小没有穿过袜子——应该这样讲，一直到当知青都没有穿过袜子，有鞋穿就算不错了。当然，无论如何，在小镇上，我家的生活仍然算是较好的了。那时，百姓的生活都十分穷寒。

第四章

知青

吃住幺补锅家

　　1975 年 7 月，从山东回宜宾几天后我就下乡了。下乡地是宜宾县日成公社五一大队嘴上生产队。生产队距县城有几十里，当时没有公路，我是走路去的。到第二年年底，我当兵离开，我在农村差不多待了一年半。

　　我一直住在农民李国成家。他有五个孩子，加上他妻子、他父亲，共八口人。当时插队知青都愿单住知青房，自己开伙。为什么我要住在他家里呢？不想做饭，做饭太麻烦了。刚开始做了几天，还是感觉太恼火。我住的房子是他们家搭的偏棚，我住的这头，最低的一边有一米二，放床那一边高一点，房里还放了一口棺材，是为李国成父亲预备的。另外一头喂猪，中间虽有竹片糊上黄泥的墙，但猪的气味一直有。我刚到的那天做什么活呢？到田里找黄泥巴补墙，因为偏棚的墙，泥巴都掉了，完全透风。

李国成的父亲李幺老爷，是远近百里的传奇人物，在当地很有名气，很受尊重。传说他会念咒语，比如谁长了一个疮，他指着疮念咒语，会把疮念下去。周围几十里的人如果在钓鱼，看见他就不钓了，因为他会念放生咒。他会画符，在盘里画了后，把水喝了。李幺老爷告诉我，高处来的蛇有来历，神物。低处的呢，无所谓，俗物。有次吃饭，梁上现蛇，他立即闭眼念念有词，依稀听得有"列祖列宗"字音。李幺老爷会补锅，把铁化成铁水补。补锅是他的职业，几十里地都叫他幺补锅。我住在他家里，农民就说，哦，那个知青就住在幺补锅家里。

李幺老爷真正厉害的是武艺高强，名气很大，是武术世家。他还会民间杂技耍狮子、上刀山（刀捆成梯子）等。到了春节他就会表演，光着脚走在刀上。他还有很多徒弟，一起表演，三张桌子架得很高，上边还架个板凳，在板凳上倒立、翻跟头。所以，他就是乡间的一个舞狮者，一个补祸的手艺人，一个巫师，一个兽医——他会骟猪、骟鸡。

我在他们家搭伙，他们吃什么，我吃什么。他们对我特别好，在粮食紧张的时候，自己吃稀饭，让我吃干饭。吃肉的时候，会把肉悄悄藏在我的碗底下，因为家里孩子多，怕我吃不到。我刚下乡干活时，锄头把脚铲了，他们用药给我包扎；割水稻时，我不注意把手指甲割掉了三分之一，也是他们给治的；挑担子久了后，肩膀磨破化脓了，也是他们把脓挤出来，给我包扎的。我在他们家得到很多照顾。

知青要经常聚在一起。当时一个生产队有一两个知青，但是一个公社还是有一百多个。聚会时，有宜宾市的同学，有柏溪镇的同学。聚会采取什么办法呢，当时粮食是有限的，就轮转转会，今天到他那儿，明天到你那儿。其他知青都自己煮饭，特别是女知青，觉得农民家脏，吃不好。轮到我这儿比较恼火，存在吃饭的问题。来七八个人要吃好几斤米，我没法跟房东开口。后来回去跟父亲讲，父亲给了我点钱，转到我这儿时跟房东说好，有八九个朋友要来吃顿饭，除了自己的伙食费，还会多给几块钱。他们还是做得很好，地里的萝卜、红薯尖没有问题，如果有腊肉，还会切几片腊肉。但他们家还是穷，一般早上晚上吃稀饭加红薯，只有中午一顿是干饭。这还是好的时候，有时连干饭都没有。菜基本上没有，就自己种的一点西红柿、丝瓜、南瓜之类，绝对不会去买菜来吃，地里种什么菜，吃什么菜。一年起码有一半的时间是没有菜的，桌子上就是豆瓣酱——用生产队分的胡豆自己做的豆瓣酱。如果有客人来，比如我的知青朋友来，房东就会下挂面，面里放一点泡菜坛子里的泡菜水，有点花椒生姜味，盐放重一点，拿面来当菜。当时这都是很待客的了。逢年过节，还是比较讲究，会推豆花。吃豆花算打牙祭了。当时生活状况很差。当知青时，最便宜的纸烟是经济牌，八分钱一包。我基本上抽这种，再后，就是和农民一起裹叶子烟。

长年处于饥饿状态，只想吃

下乡后，我基本不回家，干活再苦也咬着牙干，干得很好。送公粮等体力活，没说的。一般的农活，种红薯、玉米、水稻都会。犁田、耙田、栽秧子、打谷子，包括踩草上树，也没问题。踩草上树需要手艺，中间是个木桩，草围着堆得很高，没有手艺的话就会倒。还有用耙子挖泥巴糊田埂，要糊得很严实，避免田漏水。这些比较难的农家活都会做。自己的自留地当年产了七十多斤麦子，我做了四五十斤挂面挑回家去，家里非常高兴，算是我对家里最大的贡献，这在当时是很了不起的。

我还在生产队的面坊做活，做了很长一段时间。麦子出了，做挂面，挑到城里卖给老百姓，给生产队挣点现金，这算生产队的副业。当时没有电，用手在面板上把面和好，一个人踩轮子推动转轮，把面压薄，再把压薄的面切成面条晾起来。我们的工分值很低，好像是一毛二分，干一天活就一毛多钱。还有更低的，几分钱一天的。

当知青有很多艰辛，最恼火的是饥饿。第一年还好，政府按月供应口粮。第二年就惨了，靠挣工分在生产队分配吃伙食，一年能分二百斤谷子，打成米就一百多斤，摊到每个月就十来斤。当然，还能分点麦子、红苕之类的杂粮。当时一来正是长身体的时候，二来劳动强度大，三来缺乏油气，人长年处于饥饿状态，只想吃。有次栽秧子，眼一黑就昏倒在田头了。社员用板板车（四轮人拉车）把我拉到公社卫生院，医生一看就说，啥子哟，没得病，饿的。开了个证明，让我到隔壁供销社买二两红糖化水喝，就可以走路了。

有次，队里通知到保管室分油，我拿个瓶子直奔而去，到了才知道是空欢喜，原来是按人头一人分一小匙。农民家里一般有五六口人，还可以凑成一点规模，我的那一匙油倒进瓶里，可能会流不到瓶底而黏附在瓶壁。想明白了这一点，我接过匙子，放进嘴里，使劲吸入，全咽下了。

生产队保管室里会放一年的种子，像胡豆花生呀，会派人睡在里边守，害怕被盗。当时让谁守都不放心，怕会在里边吃，虽然把粪便撒在花生胡豆上，但剥了皮还是可以吃的，吃了把花生胡豆壳埋起来，也不易发现。生产队就叫我去。我在保管室守了大概一个月吧，没有吃过。

到县城里干的几样活

比较特殊的活就是到城里买化肥。这算比较轻松的活了，大家结伴到县城代销社去挑，当时很少尿素，更多是黑黑的磷肥，一个人挑大概一百斤。第二个活也比较轻松：卖东西。比如卖面，生产队规定好价格，卖了后把钱交回生产队，再给你算工分。卖红薯会遇到麻烦，虽然生产队规定好了交多少钱回去，比如八分钱一斤，一百斤交八块钱，但没有人一下把一百斤全买完。买的人会选，把皮弄破，就没有人买了，另外红薯上的泥也会被弄掉，斤数就不够。刚开始做的时候会亏本，会倒贴几毛钱，后来也懂得怎么卖了。先要卖一毛钱一斤，到后面不好的就降价卖六分钱，反正要不停地算账，要把八块钱卖够。当然，多卖了，可以算自己的收入。我最希望的是来一个人全部把红薯买光。有一次运气特别好，是一个铁路员工，问了多少钱一斤，然后叫我挑着走，记得走了很远。当时从生产队过江到合江门码头，再到菜市场去卖，这次他让我挑了个通城，挑到宜宾城的另一边，最后还上了几层楼。虽然走了很远，挑了一个小时，但都卖了，还是觉得特别好，省了去算账啊，还有时间在城里转转，看看老同学再回生产队。但只有这一次，其他很糟糕，很费劲，也有赚的，就赚几毛钱。

到县城里卖东西，有农民要你帮着代卖一点他自己的，有一次，就被农民算计了。他家的鸡害了鸡瘟，我不知道，问了要卖多少钱，把鸡放在红薯上面挑着往城里走，鸡在路上就死了，变硬了。当时很吓，得赔人家鸡呀。卖红薯都是五六个人一路，他们都给我主持公道，说，都是瘟鸡了，还叫你给他卖，别管他，回去交给他，我们帮你证明，我们还得骂他。没办法啊，我赔不起啊。后来把鸡给他挑了回去。村民都说，你也不能坑人家樊哥哥嘛，樊哥哥这么老实的。那个农民还狡辩，说我的鸡怎么会是瘟鸡啊，我也不知道啊。最后他拿回去吃了。当时穷，会吃瘟鸡。

生产队特别需要肥料，但化肥（供应）特别紧，我们就去挑大便。当时都是旱厕，我在县里边有关系，就去给他们联系。一般的厕所是不让淘的，有的要给钱，会有人守着，比如一毛钱一挑，像交通局、林业局的厕所。当然会尽量淘干的，淘稀的就不划算，几十里路，挑干的可以掺草灰或其他绿肥，就是比较好的肥了。交通局、林业局的厕所挑过后，他们就求我说，樊哥哥，你去找好的。所谓好的，首选县革委招待所，次选县革委党校。党校不是随时都有，培育干部时才有，里面不是书记就是大队干部，每天都要吃点肉，粪便特别好。县革委的有油气，焦黄。食肉动物的粪便比食草动物的粪便好。臭，就是标准。队上农民形容粪便好的言语，一是油气好重哟，二是紧凑。他们认为黄色的特别臭的就是最好的，宜宾话叫"黄金杠色"，就是黄金一样的颜色且是干的。当时生产队对粪便的要求还是很高的，如果你挑的粪不好，就会说，你挑的粪不臭。我们生产队的队长叫王云清，是一个大汉，他对粪便特别有研究，是鉴识粪便的专家，也是谈价格的高手，走进别人厕所，瞅一眼，立刻能判断。

王队长对我特别好，也特别看重我。他们过去挑不到好粪，通过我可以挑到。生产队的人都对我特别好，因为我可以给他们找到好的粪便。有一次挑粪回生产队，我说，哎呀，王队长，这挑我就挑到我的地里去了。他也没说什么，嗯了一下。当时的政策，知青可以在队上的养猪场挑粪。实际上生产队不愿意。

靠着拉手风琴吹笛子这点本事，到了公社宣传队

1975年的一天，王队长问我，樊知青，你会不会拉二胡，大队要搞宣传队。其实我不太会，但我肯定地说，会。开玩笑，参加宣传队的好处吓人得很，一是每天不用下田就能挣十个工分；二是有集体伙食吃，还可能吃猪肉打牙祭；三是让大队、公社领导了解自己，便于日后跳出农村；四是年轻人聚在一起，老同学哥们相会。我立即花五元钱买了把二胡，强化学习，混进大队宣传队了。大队宣传队里共有三个人拉二胡，我在中间滥竽充数。

后来，又靠着拉手风琴吹笛子这点本事，到了公社宣传队，参加宜宾县在喜捷区举行的文艺汇演，当然不会有任何突出表现，这是我演艺生涯的顶峰了。后来，县里组建宣传队，是全脱产的专业队伍，我到考场侦察之后发现，报考之人个个身怀绝技，身手了得。他们大部分来自成都、重庆这些大地方。我第一次近距离看见女生用脚尖跳舞，看见男生吹朝天的大铜号，彻底打消了混进去的企图，很不情愿地无限惆怅地回生产队继续种田。

记得大队小学的民办老师病了，叫我去顶两天，也就是代课，没教几天。当时讲的是语文吧，这样教："陈，陈，陈永贵的陈（当时农民副总理）。永，永，陈永贵的永。贵，贵，陈永贵的贵。"里面的孩子从八岁到十几岁的都有，也不怎么愿意听，随便讲二十分钟就带着孩子们玩了，纯属挣工分。

民兵连连长、团支部书记

因为干活好，下乡仅半年，就被大队领导任命为民兵连连长、团支部书记，负责组织知青学习。白天干了活，每隔两三天，晚上要到大队组织知青学习。到大队要走六七里路，当时很穷，买不起电池用电筒，有点星光看着走就行了。因为是丘陵，草很茂盛，害怕踩着蛇，就拿根棍子在前面赶。遇见伸手不见五指的晚上，就点火把。竹子做的火把烧不了多久，走平路时不点，走惯了，知道哪些地方要翻山过坎，能摸着走尽量摸着走。刮风下雨，一样还要去学习。

沁立归来：1975·12·29.

知青演出归来合影，后排左起第四位是我

我做民兵连连长，也没干什么伤天害理的事。没枪，也不搞军训。一般干什么事呢，比如有人偷伐集体的森林，大队书记会带民兵去堵路口，去巡山。那些山也不是很大，大家都挺愿意去，因为有工分。巡一夜的山，相当于出一天的工，第二天可以睡觉。巡山也没有逮着过偷木头的人，我也不想逮住谁。

有个大队干部，属于支委之类的，他的猪被偷了，他强烈怀疑一个人。大队书记让我带两个人去抓，当时不需要什么手续，大队书记说抓就抓。早上抓人的时候，看见他家很穷，有一儿一女和妻子，家里边柜子啊什么都没有，完全是空荡荡的。四个人没有四只碗，只有两只破碗；床上也没有被子，只有一些黑不溜秋的像棉絮又不是棉絮的东西。我们把他抓住后，他不承认，争辩，一直喊冤。他过去好像有偷盗行为，但这猪我看不像他偷的。我们三个人把他捆上，押着走。他的妻子哭天喊地，死抱他的腿不放，还来拉我们。押到大队部，捆在柱子上，大队干部审问他，他不承认，一直到晚上也说没有偷。大队干部说把他吊起来，我们七手八脚，不会吊。有个农民说他会，就拿绳子给吊了起来。因为很痛嘛，他就叫，看着他痛苦的样子，我还是不忍心，当时做民兵连连长是可以抓人打人的，但我实在下不了手，他们把绳子捆得很紧，我让他们捆松一点，跑不了就行。我想走，说有事，要回队上去。他们觉得我不太积极，是在那儿拖延时间，加上我也不是专职，但他们也没办法，就让我一个人回生产队了。这个人后来怎么样，不知道。

1976年"批邓、反击右倾翻案风"，我是大队干部，积极分子，当年的奖状我还收着。其实也不懂批判谁，只是盲目跟从而已。

谁家有什么好吃的，基本上都要叫我

我们生产队有两个知青，还有个姓何的比我后到，我们不怎么说得来。当时我还是和农民打成一片。有一天歇工，我跑往一笼竹林。农民急呼，樊哥哥，不要到那儿歇。原来，十几年前，两个男人到高县崖上背着白鳝泥下来，在此停留喘息。坐下后就没有再起来，死时，满嘴代食品白鳝泥。社员将二人软葬于此。白鳝泥，就是高岭土，不到绝地，谁吃这个啊，吃了拉不出来。我收集了很多当时推广代食品的文件，有一种代食品是不上任何文字的，就是白鳝泥。

生产队的人对我特别好，谁家有什么好吃的，基本上都要叫我，像炖猪蹄子什么的，甚至猪病死了，也会叫我。害猪瘟的猪死了，政府同意农民杀来自己吃，因为没有放血，肉都是红色的，农民会拿来红烧。他们特别喜欢听我讲城里的事，因为当时没有电视，没有广播。当然我跟生产队的人也有过矛盾。从初中起，我就坚持在金沙江里冬泳，到生产队后，没有江也没有河，只有一个池塘，我就在里面游。但有时要种田，池塘里的水会放掉，我就会拿水桶到水井边冲。生产队几十户就靠那井用水，农民提了意见，他们是拿来吃的嘛，我冲的水虽然流到地里边了，他们还是觉得不好。后来我把水提得远一点，问题解决了。

现在看，当知青时我很称职，在生产队干活的时候比较多，回家非常少，基本上不在家里边过夜。我的工分本现在还在，上面记录着每天干什么活。当时一天的活分为五排烟，早上做一排烟，吃

公社全体大队团支部书记合影。第二排左三是我

(4)

8月19日 去捶烟 回柏溪买油

(2.5) 8月20日：早上———，中午[32]———，晚上[33]. 做面. 两捶半烟.

(4) 8月21日：早上[34]——— 中午[35]耘谷子 晚上[36] 耘谷子.

(5) 8月22日 早上[37]. 耘谷子 中午[38]. 耘谷子 下午[39] 耘谷子.

(5) 8月23日 早上[40] 耘谷子 中午[41] 耘谷子 中午[42]. 耘谷子.

(5) 8月24日 早上[43] 耘谷子 中午[44] 耘谷子 [45]下午. 耘谷子.

(5) 8月25日 早上[46] 铲坎 中午[47] 铲坎 [48]下午. 铲坎.

(5) 8月26日 早上[49] 折棚子. 中午[50]. 编草扇子 [51]下午. 到大队开会.

(5) 8月27日 早上[52] 铲田坎. 中午[53]. 铲田坎. [54]下午. 铲田坎.

(4分) 8月28日：早上[55] 搭棚子 中午[56]. 到公社

早饭，上午两排烟，吃午饭，下午两排烟。这几排烟分得很清楚，比如早上一排烟是种胡豆，上午两排烟是犁田，下午两排烟是送公粮。

当知青时回家要过金沙江，在马门溪码头，一个很小的渡船，很挤，坐一次五分钱。渡船收得很早，下大雨时就不开船。有一次到马门溪码头时遇洪水，夏天，江面比平常宽一点，水也要湍急一些，江里漂着树、稻草，偶尔还有些房顶。船夫不愿意摆渡，虽然没有什么危险，但因为是集体企业，他就是不开船。我很气愤，跟他吵，他还是说明天才能走。当时马门溪没有客栈，很多人在江边等，夏天嘛，在江边坐一晚上也没关系。因为想回家，我把衣服顶在头上自己过江。江水波涛汹涌，我一下就游过去了。江边的几十个人都哇哇叫，因为是壮举嘛。他们很羡慕：啊，这小伙子太牛了。

我下乡的地方在金沙江的南岸，回柏溪镇或者到宜宾市，都要过金沙江。过江后，要经过一个三线工厂——812 厂。当知青时是不穿鞋的，回家也好，走山路也好，都是赤脚。晒得很黑，穿得很破，看见穿工作服的人骑自行车上下班，看见电影院、灯光球场、宾馆、商店，真的很羡慕，感到别人的生活过得很好，自己的生活过得很差。每次从山里出来，走过这将近两里的狭长的厂区道路，感慨很多。

我是 1976 年年底离开农村的，但回生产队差不多有二十次，基本上每年都回去。现在回去，老人、小孩子，都叫我樊哥哥。农村这十几二十年变化很大，已经今非昔比，有公路了，也有电灯了。王云清队长四十多岁就死了，死得很突然，到今天为止，是什么病也没人知道。当时也没看病，因为没地方看病，也没钱看病。生产队的人说，王云清死了，是胸口痛死的。突然发作就死了，很惨！

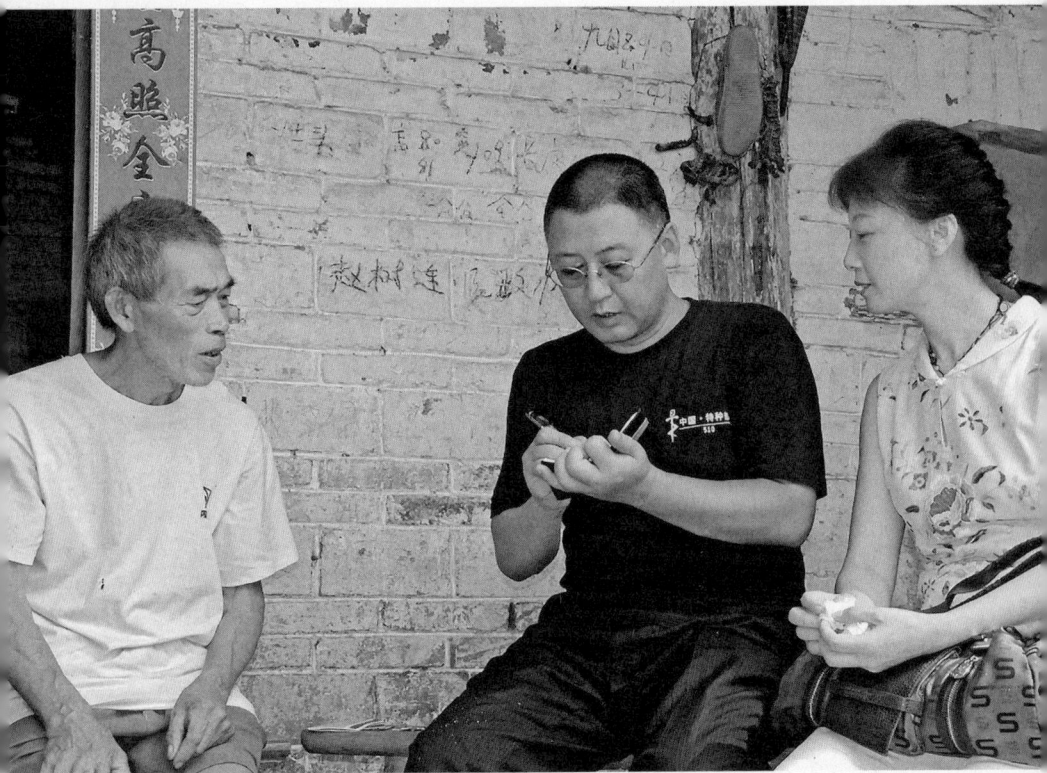

回下乡地，左为房东，右为我妻子

当时王云清的孩子都很小。房东家的老爷幺补锅已经走了几十年，我在的时候幺老爷就八十多岁了。房东李国成的五个孩子长大了都出去打工，儿子有到广东打工后开餐厅当了小老板的，女儿有嫁到上海的，有嫁到西安的，五个孩子都很有出息。李国成两口子还在，还到我们博物馆来过。每次回去感觉村里的人都走了，生产队没什么人了。

第五章

在内蒙古当兵

十八般武艺全上，才当上了兵

1976年年底，部队来招兵。当时有招工招兵的，知青都想办法离开农村，我表现那么好，推荐我当兵没有问题。可我是个近视眼，十三岁就近视了，十八岁当知青时把眼镜取了放在家里。体检的时候，我就找同学黎明帮忙。黎明特别高，一米八，一堆准备当兵的人在那儿体检，他高出一头。我对测视力的人说，我眼睛好得很，你直接从1.5开始考。我怕时间长了露馅儿。黎明摸左耳朵，我指左边，摸右耳朵，我指右边。视力过了，其他一切都没问题，就录取我了，录取通知都在手里了，我把床板都送人了，锅都送人了，锄头都送人了，什么都送人了，准备当兵走了，却突然通知我到接兵驻地县武装部去。我进去看到气氛不对，以前对我好好的，现在没有一点笑容。接兵的给我看检举信，有人检举我是近视眼。生产大队十一个知青，都想当兵。接兵的说，我们没办法，重考。我当时就傻眼了，重考我肯定露馅儿。我说，我是0.5、0.6，能不能让我当兵？他说不行，我就出来了。当时不到二十岁，真是想自杀，觉得很丢人，没有脸。出来以后没有办法，一点办法都没有，山穷水尽。但后来想到一个办法，去找另外一个部队，因为来招兵的不止一个部队。69军205师去不了，我找到北京军区守备一师，接兵的最高领导是一个副团长，姓徐，胖胖的。我背了一大堆东西去，他觉得好玩，他肯定没有遇到过来证明自己什么都会，要求当兵的嘛。他说，你们都来看看，这个小伙子要当兵，还说他多才多艺。我就给他们表演，写毛笔字，吹笛子，拉二胡，拉手风琴。他问，会不会唱歌？我说会，就唱歌。他说这个兵可以啊，就这样把我带走了。

但是，我跟一般的兵还不一样，是个替补兵。在宜宾火车站时很狼狈，我们公社的知青全部到205师，我到北京军区守备一师，守备一师这帮新兵我一个都不认识。上火车时，他们排着队上，就我一个人站在一角，在那儿等，火车快开的时候，招手让我上车，我才上去。他们都换了军装，虽然没有领章帽徽，但是统一的军装，而我一个人是便装。

我没有军装，就这么走了，闷罐车，一直往北，越走越冷。火车是军列，有时半夜走，有时等很久，铁道有空了才能走。在我印象中，从四川到内蒙古走了好几天。几天里没有吃一顿米饭或面条，全是干粮。干粮是用红糖做的饼子，当时八分钱一个，很硬，扔到墙上都能弹回来。早上发一个，中午和晚上发两个。开水是到军工站，几个新兵抬上车。撒尿，开门自己撒；拉屎，要两个人拉着。坐的睡的是稻草。到了秦岭，我已经受不了了，很冷，我穿得很薄，闷罐车不保温。到大同，就给我军皮大衣皮帽子了。尽管这样，我还是个替补兵，不知道最后能不能留下来。在内蒙古的土牧尔台下火车，换汽车，到化德县的二道沟。我们是1976年12月底从宜宾出发的，好像在路上过的元旦，1977年1月3号或4号到的部队。

班长对我挺好，到二道沟后我问他，你们都穿军装，我不穿军装，你们多招一个兵怎么办？他说，马上给你发，你放心，我们兵都有百分之一的淘汰率。我问什么人要被淘汰。他说一是癫痫，体检查不出来；二是尿床，当兵十个人睡一个炕，尿床就把其他人给淹了；还有一种是受不了苦的。我每天早上起来都下意识地看谁尿床，但后来没有尿床的，没有癫痫的，有一个受不了苦的812厂的子弟跑了。这个人个子很高大，身体壮得像熊一样。这个人被抓回来后退回去了，我是不是顶了这个名额就不知道了，当年，我是很相信班长说的话的，因为部队把我留下来了。

到现在为止，是谁检举我近视眼的，我都不知道。我怀疑是小时候住一个院子老跟我打架的同学，当时他也想当兵，可能是他检举了我。徐副团长，我找了他很多年，一直找不到。2005年找到了，跟他通了一个电话。他说，哎呀，记不得了，有这个事吗？我说，有啊，徐团长，当年是你把我带到部队的。他问，现在怎么样？我说，还可以，我到北京就过来看你。他答应了。毕竟几十年了嘛，他也带了很多的兵，不容易记住一个人。那段时间我也特别忙，有几次到北京打电话，他又不在，阴差阳错。2007年到北京出差，我给他家里打电话，他老伴接的电话，说你别来了。我问为什么，她说徐团长去世了。徐团长年龄不大，七十多岁，是突发心脏病去世的。后来我想还是要去看看，又打过去说，阿姨，我还是要过来看看，以前多亏老团长，我才当了兵，没有老团长，就没有我的今天。她答应了。到家里看了老团长的影集，也见到了他的家人，算是表示了感谢的心意。给阿姨留了地址，请她到四川来玩。

这个苦是一般人受不了的

我们在新兵连训练了几个月。在新兵连就发给我军装，有军装穿了。新兵连训练完后，到了连队。连队在一个荒坡上，附近大一点的村子叫二道沟，小点的叫三面井。村子没几户人。有老百姓在那儿种地，广种薄收，有蒙古人放牧，属半牧半农之地，丘陵，缺水，人烟特别稀少。连队离二道沟还有七八里，方圆没有人家。我们守的那个山叫一号山，是比较重要的阵地。

我觉得很冷，一年只有三四个月不穿棉袄。内蒙古本身是高寒地区，这儿恰好是隆起部分，比周边还要冷。我们为什么要住这儿呢，因为是个要塞，便于防守。我们整个师就在这一片，一个连一个山头。这地方的冬天可以到零下四十度以下，地常常会冻裂，很多人都受不了这个苦。我觉得能吃饱饭，有皮大衣穿，就非常满足了。当知青时，一年四季都在干活，到年底分粮食时一算，一分钱都不挣。在部队，每个月有六块钱，算是手里边有钱了，可以买点二锅头喝，甚至还可以买一斤糖。当地的糖比大白兔奶糖的奶味还重，吃糖像吃牛奶一样。在那儿一直待到1979年8月到西安上学，两年零八个月。

两年多，付出的艰辛是很大的。第一，高寒。连队在半山腰，半山腰有坑道可以进山，但站岗是在山顶上。下雪的时候怎么上去呢？扛着枪和子弹，还得带一个铁锹，不停地铲雪，把齐腰的雪铲到两边，再走上去，下来也铲着下来，永远保持这条路，像个战壕一样。站岗时要一直不停地跳，免得冻死。虽然是在碉堡里，但不可能有玻璃，风一直往里灌，相当于野外。所以上山顶站岗，连里必须有人值班，必须一个小时换岗，不然非冻死不可，因为那个地方是个风口。过风口的时候，身体要与地面成四十五度角，顶着走，才不会被刮下去。我早在70年代就知道沙尘暴了，白天可以伸手不见五指，虽然是两层玻璃，但家里全是黄沙，耳朵鼻子里全是黄沙。当地（化德县）人讲，我们这儿一年刮两次风，一次刮半年。一个叫黄毛呼呼，一个叫白毛呼呼。就是说刮沙子刮半年，刮雪刮半年。我经历过这种气温的急骤变化，上午天气还挺好，去挖战壕，中午晒得不行，晒得冒油，过两个小时就下雨了，淋得不得了，马上又变成鹅毛大雪，气候很极端。

第二，严重缺水。我们用的水，是用毛驴车到大概五里地外的水井拉的，车里放个油桶当水箱。夏天还好点，冬天井里会结冰，要用钢钎砸开冰，再拉水回来。拉水是公差，轮到你拉水就去。水基本上只够做饭。洗脸的呢，一个班有一盆。我当新兵的时候，基本没有水漱口，新兵嘛，自觉一点，老兵会有一点。洗澡要到师部的澡堂去洗。烧一池子水，首长先洗，然后是警卫连、高炮连、师医院、演出队，轮到我们，那水都很脏了，完全像一锅面汤。但就是在这样的大池子里洗澡，一年差不多就两次。我们最好的清洁办法，是把尖尖一盆的雪熬化，虽然有杂质，还算是水，有小半盆，用来擦身。我在内蒙古一直长虱子，用可能是六六六粉浸泡过的消灭虱子的粉笔在被子衣服上画"田"字格。虱子虽然相对减少，但会藏在皮毛衣、棉裤、毛皮鞋里边，实际上消灭不掉。所以虱子一直跟随我两年多，到西安上学经过几个月的努力，不断用开水烫，才没有了。

第三，劳动强度特别大。在内蒙古当兵，劳动强度非常非常大，超出人们的想象。

打坑道。当时没有电钻和风钻，甩手用二锤打，打好眼后，把炸药装进去，把导火线管理好。口子要用泥巴糊上，如果不封死，炸药就会出来。我们打到还剩一个小时的时候，便把雪化成水，烧烫浇在冻土里，把冻土融化，和好泥封口。有一天就糟了，炮眼打好，快放炮了，忘记烧水了。怎么办，十几个人全部撒尿，用热尿把泥和好，封上眼，照样打炮。甩二锤——现在年轻人不知道这个活了——一个人手撑钢钎，另外一个人抢锤打，抢锤的一要有力量，二要打得准，打不准就打到撑钢钎人的手上。抢锤看你能连续打好多锤，考你的体力、臂力，技术要好才行。打二锤只是炸小的突出的岩石部分，炸大面积的，炮眼要很深，要用游锤，所以我们用得多的是游锤。游锤也是人力的，有钢铁支架，锤用一条铁链子吊起来，人拉动铁链，因为锤很重，好几十斤，力量自然很大。但每次要把支架扛到山上去，冰天雪地，也是很艰难的。甩二锤、打游锤、推斗车、点炮，我都干过。1978 年的《解放军报》上还登过我"打二锤"比赛得奖的消息。这是我第一次获得"全军性"的荣誉。我还戴着大红花，到处去作报告。

修碉堡。先架好钢筋，再往里灌水泥，是整体浇注。不能停止，必须一次浇注成功，如果被炸出来，还是圆疙瘩。

挖反坦克战壕。这是最累的活儿。为什么最累呢？在野地里，用最原始的工具铁锹挖七八米宽，四五米深，不能让坦克过。所有兵都知道，挖反坦克战壕是最累的活儿，非常累。因为是干旱草原，上边有植被，挖到下边是干燥的土，风吹进去就在里边旋，只知道旁边有人，隐隐约约看到有人在挖，看不见人。挖到最后，土都甩不上去了，费的体力特别大。上来的时候，完全虚脱。这个活是定量定任务，一人挖几米，比如二十米三十米，特别累，有时候为了赶工期，早上四点一过就起床干活，三顿饭都在沟里吃，干到晚上九点。那段时间根本就不脱衣服了，没有脱衣服这一说法，干完活，回到营房倒下就睡着了。挖反坦克战壕是在很细的粉尘中干活，粉尘会钻进鼻孔，与鼻毛一起形成"混凝土"，鼻子不通，又不好掏出来，因为一掏，就会把鼻毛掏出来，很痛。因此大家就敲鼻子，不断地敲，让它掉出来。就是这样的小事，都是很痛苦的。

当时劳动强度极其大，扛水泥、挖战壕、修碉堡，就是在山上打坑道，下山的时候都会让你背一块石头，就算干到筋疲力尽，也不会让你空手下山。石头背回去做什么呢？营房里修围墙，盖猪圈，修房子。背石头的时候，别人背多大，你要比别人大一点，挣表现。有人狡猾一点，背看着大其实轻的扁石头。我们连甚至有战士给连

戎马边疆创业歌

的七月，我们乘坐吉普穿过辽阔草原，来到一群叫做"天上地上无花版"的荒山野岭面前，齐的马踏，掩映在绿林中。
便是我们要访问的祖国北大门的忠诚守卫，京郡队某守备师部队的营区。

（一）

师是在一九六九年冬天来到北部边疆反修前村，在这没有树木、没有人烟的次大雪空中，就是要负他这个地方。然而，这里的山果，见见一排排拉转花房，这里的
又见清清菜畦，长着青嫩的角……到处生机勃勃，春意盎
……

（二）

……

（三）

边疆上有一种抗枝梅，人们叫它"永不落花"。它傲严寒，抗霜，就是把它吹干，花朵还半年枝头上，保持着那鲜明的繁红色。它不正是砌……

一个来自四川宜宾的小战士樊建川，他父亲当他……在发起的部队当炮手，小樊人伍时，父亲对他说："你去的正是我和我的战友战斗过的地方，那儿满
……
再说说北京青年刘伟伟，当连长罗保斌把他批准，他觉得戴上红领章，穿起绿军衣，多光采，可是，当他真正了解"战士"的含义，来到这里后，住的是地窝，吃的粗粮……得既冻彻骨髓，他的"理想"不见了。可是当他危屋了一个了不起的战斗后，他学受到了自己劳动的喜悦，这道变一天一变的进步，说……使他的决心越来越强，军里给他在城市里找好了工作，他希望留在边疆。军里给他在城市里找好了工作，被师党委称为城市青年扎根边疆的先进典型。

（四）

干部战士用自己劳动的双手在荒山野岭之中建成一片片绿洲般的解放军新村。它像一颗闪闪发光的明珠飘在了边疆人民的心上……军队与当地人民的关系……

新华社记者　阎番
《人民日报》记者　叶旭林
本报通讯员　凌志军

1978年10月14日《解放军报》表扬樊建川

戴着大红花去作报告

长跪下了，想请假休息一天。我也干得吐血，写信给我父亲，我父亲说年轻人干活累了，吐血是正常的，给我寄了云南白药，叫我去买瓶酒。吃一点云南白药，喝一点酒，把吐血治好了。后来身体慢慢强壮一些了，好一点。但那个苦实在是受不了，实在是太苦了。

三等功和《干枝梅》

我们军训在夏天，毕竟是守备师，必须训练。夏天有三四个月的天气比较好。我庆幸在守备师，不像其他师的兵，只会一种武器。20 世纪 70 年代的部队，机枪手就是机枪手，炮兵就是炮兵，炮兵里边也要分，总之只能操作一种武器。我们守备师的兵因为要守要塞，必须会多种武器。我学会冲锋枪、步枪、轻机枪、重机枪，还有炮。后来我到了炮排，一般部队没有这样的建制，我们连里就有炮排，有四个班，两个班是迫击炮，两个班是无后坐力反坦克炮，这两个班我都待过。我的军事技术还行，因为是高中生嘛，当瞄准手，几次迫击炮考核都是优秀。考试时，要不断地变换距离、密位，我都做得不错，打得也挺好。枪我打得更好，打枪主要是业余时间练习，虽然是近视眼，我还得过"特等射手"。我扔手榴弹成绩一般，四十米吧。刺杀比较差劲，老是拼不赢别人，不知为啥。我们连队喂有猪，喂有羊。杀猪、放羊，我都干过。我们连队有块菜地，我也种菜。我们的房子是窑洞，在半地下，我也修房子，什么都学会了，什么都会干，很多干得还不错。

雷锋是我们的榜样。我在内蒙古当兵时拍的第一张照片，就潜意识地靠近榜样雷锋。我在内蒙古两年多，立过三等功，当过标兵。这不像"特等射手"，它是一个综合性的，是一个好兵。《解放军报》报道我们守备一师时，只说了一个兵的名字，就是我，说明我是全师的典型。我在师里干活肯定排不了第一第二，甚至排不了第一百，但是，把我树成典型，可能是觉得一个城镇兵，学习毛主席著作，办黑板报，跟战友关系搞得不错，帮助他们写家书，施工又卖力，形成一个突出的综合表现。在部队我还写歌谱曲，我们驻扎的是一号山头，我那个歌就叫"一号山之歌"。只有我们团配了手风琴，因为我会拉，一般只配一把二胡。

20世纪70年代末80年代初，中国有部电视纪录片《干枝梅》，是宣传我们师的。当时只有两个典型，一个是我们师，一个是航空一师。"干枝梅"这个植物是我早先发现的。我日记本里还夹着干枝梅的花。一次，我在挖反坦克战壕时发现一种草，用手去拉，拉不动，枝很硬，刀砍都麻烦。它开红花或黄花，在地面大概只有三十公分高，根却超过两米。我写了篇文章，讲我们守边战士就像这种草，不张扬，但根扎得很深。后来部队著名词作家石祥到我们连来采访，我是典型，他采访我，我跟他讲了，他要我一定带他去看。他把这种草带回去找专家认定，取名"干枝梅"。"干枝梅"这个名字很有象征性，我不知道我发现这种草是不是叫干枝梅，我怀疑原来不叫干枝梅，为了取个好名字，造了这个名。石祥写《干枝梅》这首歌，80年代唱遍全国。纪录片也叫《干枝梅》，主题曲也叫《干枝梅》。纪录片里没有我，纪录片是我去读军校后一两年拍的，但干枝梅应该是从我这里开始的。

当兵第一张照片——雷锋也这样戴过帽子

内蒙古，练刺杀

后来，我被提拔到连队当文书。文书不是干部，是个班长，相当于连队的办公室主任。连部有几个战士：卫生员，通讯员，我就管这两个兵。我还负责连队的训练计划，管理全连的枪械，就是枪、弹药。谁当文书，谁就是军械员。我们连队的炮弹、子弹、地雷、爆破筒、水、饼干，全部放在坑道里，就一个人管，一个人去查看。想想，一个人提着马灯钻进坑道，拐弯抹角的，里面很幽深黑暗，只听得见自己脚步声在回响，老是觉得有什么响动。坑道门是个很大的防原子弹的铁门，我最怕进去后谁给关上，虽然人烟稀少，还是会有农民、牧民路过，如果谁把门关上，我就永远出不来了。所以我每次要进去检查，都会跟连部的人说我去查看坑道了，到时没回来，去给我开门。我进去的时候，会搬几个大石头把门顶住，意思是说里面有人，在工作，别关门。为了给自己壮胆，我会带两支手枪，顶上子弹。老兵讲，当年打坑道死了不少人，晚上有鬼火，还说亲眼看见马灯在坑道里边自己走，就是说有鬼嘛。一个人在里边走确实很害怕，老觉得后边有人，总想往后看。有时，真想拔出枪来打两枪，给自己壮壮胆。

　　当兵时，蔬菜基本上只有土豆：土豆丝、土豆块、土豆片，连饺子都是土豆馅。除了土豆，就是白菜了。一年可以吃一次苹果，从师里拉到连部分。苹果比毛桃大不了多少，一次能分到四个。我当文书后，分苹果这个活就由我来干了。通讯员把苹果倒在地上，一个班多少人，按一个人四个分，剩下的就是连长、指导员和事务长的，会多出来一些。我们会趁没有人的时候，一脚把苹果踢到床下去。我们的动作必须快，因为不断有人来领，很短的间隔，不能让人知道。最后，我、卫生员、通讯员钻到床下把苹果拿出来。没有水洗，就这么吃，很过瘾。但一口气吃六七个，怕拉肚子，怎么办？有卫生员嘛，卫生员让先吃三颗黄连素，吃完后又吃三颗黄连素。

我们连队的卫生员叫邴辉，当时只有十六岁，特别孩子气。他是炮团邴副团长的儿子，连长都要让他三分。找他看病的老兵特别多，肚子疼呀，感冒发烧呀，都找他。一般他诊断还是比较准，治不了的，转团里，转师里。他特别好玩，连里没有几种药，晚上他一个人咕叽咕叽的，把全部药倒一起捣成粉，包成一包一包的，谁来给谁一包，感冒的、拉肚子的，都一样。他也没把人给治死，真牛，是个大怪才。有一天我回去，看见他拿着削铅笔的刀吭哧吭哧在那儿磨，我问他磨刀干什么，他说炮排有个战士长鸡眼了，要给割掉。我说鸡眼长得很深，很难割。他说，怎么不能割，肯定能割，连长让我割的。我劝他转到团里割，但到团里边要有马车送，要耽误时间，他说连长不干。邴辉又没手术刀，铅笔刀磨了，在酒精里泡一下，真把人家按在床上割。当时麻醉药都没有，人家那个叫啊，我都不愿在房间里待，跑到外边去了。后来我回去看，地上有一摊血。十六岁的孩子干这样的活儿，胆大！我是班长，他什么事都会跟我汇报，他是城里的孩子，军区大院长大的，我们也比较谈得来。因为他小，爸爸又是副团长，大家都对他照顾三分。他也比较随便，经常像个小首长一样，抄个手在屋里走来走去的，不像我们那么谨慎。邴辉小矮个，长得挺秀气，离开连队后，我没有找到他。

为上军校，改了出生日期

在内蒙古当兵，日子很不好熬，一个连就几十号人，没有什么话说，也见不到当地的老乡。我们在草原上搭帐篷打靶，看见蒙古人就特别爽，蒙古人还给我们喝马奶子酒。那个时候也没什么想法，天天就是干活，很累很累。因为我是典型，后来部队想提拔我当排长，我不想当，确实觉得有点受不了，自然条件太恶劣了，还是想摆脱这种状况。我就去找教导员陈章元。陈教导员说，小樊，时代变了，要读书了，今后军队要军校生了，你要想想办法了。这时遇到智者，真是运气。我让家里寄来高考复习资料，同时向部队申请高考。因为是典型，又参加演唱队，办黑板报，在师里都很有名气，就同意我去高考。

一年半的知青，两年半的兵，这四年没有一点想法，天天就是干活，离书本很远了，手上脚上全是茧疤，就是个五大三粗的人。部队也认为我肯定考不上，因为离考试只有二十多天了，这二十多天本职工作还得做。当时不考英语，文科考五门：地理、历史、政治、语文、数学。家里寄来的五本小黄本子，很薄，没有出版社。我就把这五本小册子天天背在身上，有时间就看。后来去化德县考试，数学考了八分，极其不争气，地理、历史考得不错，总分算上线了。

按照当时的规定，部队考上地方高校的，毕业后还是回部队，就是说还得回北京守备一师，回内蒙古，这是我不满意的。这时，有个特别重要的转机——西安政治学院招生，毕业后到军队院校当老师。军队院校都在城市里边,能看见人。四年里我要么在农村,要么在边疆,没有见到电灯和自来水,没有见到红绿灯和汽车,甚至没有见到人群,所以特别向往回到城市,回到人群里边去。我跟部队说想去考西安政治学院,部队同意,因为我是过了线的,地方没有录取之前,可以去报考。

可以报考了,但面临一个几乎不可跨越的障碍:年龄。部队规定,满二十二岁就不能报考军校,限制在8月1号。我1957年4月4号生,到1979年满过二十二岁了。怎么办呢?正好我是文书,本连战士档案由我管,干部的由上面管,我把自己的档案拿出来,把4月的"4"字,改成"9"字。"4"改"9"容易,拉一笔就成"9"了。我把入团志愿书、入党志愿书等都改了,改得干干净净。很庆幸,我自己能改,找任何人都不可能改。如果我不改出生日期,连报考资格都没有,就读不成书,当时我特别想读书。

1993年辞职之后,我把我的档案都复印了,入伍通知书有,入党表也有。我1978年入党,1979年转正。改出生日期这件事,后来还是有点压力。现在看来很简单,就是为了读书。如果没有去西安上学读书,我就可能走另外一条路,就在内蒙古干下去了,当个排长。后来大裁军,守备师首当其冲,被裁掉了。所以,这个举动非常非常关键。但这件事现在给我造成了困扰,我的身份证是1957年9月4日,我想把它改回去。我要找到我的出生证明,找到"文革"前我们家的户口。我不甘心的是,我死的时候,寿命少了半年。

姓名	现名	樊建川		性别	男	家庭出身	贫农
	曾用名			民族	汉	本人成份	学生
出生年月		1957年9月24日		籍贯		山西省兴县马家窑经公社	
现有文化程度		初中		部、职别			
何时何地参加工作							

家庭主要成员的姓名、职业、政治态度、和本人关系。
祖父：樊香山，贫农。 祖母：樊介氏，贫农（祖父、祖母均已病故）
父亲：樊忠义，范员，转业军人，革命干部，现在生产指挥组工作。
母亲：谷慰华，转业军人，革命干部，现在相溪乡领社工作。
弟弟、妹妹都在相小读书

主要社会关系的姓名成份、社会职业、有否政治历史问题、反动党团社团组织者？
二叔：樊有财，贫农。现在山西老家务农。
四叔：樊天财，贫农。现在山西老家务农。
三叔：樊后儿，工人。现在太原煤矿工作。
舅舅：谷杰成，工人。现在山东淄博29号信箱工作。

何时何地参加过何种团体？任何职务？现在关系如何？
1964年在兴县市中心路小学加入少先队。
1971年在本校加入红卫兵组织。

何时何地何原因受过何种奖励或处分？

本 人 简 历

自何年何月至何年何月	在何地何单位	职	务	证明人
1964年5月-1966年5月	兴县市中心路小学			固建英
1966年5月-1970年8月	柏溪小学读书			高成风
70年8月24日	县二中			易陶

改过的档案复印件

特别的考试法

年龄符合要求了，赶快去报名，去考试。但是怎么考，不知道，考什么，也不知道。还是带上那五本小册子，从连队坐马车到二道沟，再坐长途汽车到化德县，再到土牧尔台，在土牧尔台上火车到大同，又倒公交车，叮叮咣当到军部。听说很多人考，心都凉了——我们69 军几个师七八十个人考，只招一个人。七八十个考生，要么是军部的电影放映员、宣传干事，要么是在领导身边的人，要么是在大城市里的人。总之，要么在师部，要么在团部，像我在连部一线的，几乎没有。当时觉得没有一点希望。

我记得很清楚，考我的教官是个大个子，正团级，姓李，"文革"前的大学生，粉碎"四人帮"恢复大学教育，部队把他调回去当老师。前年，西安政治学院聘我做教授，我曾找过他，因为我有线索，他是某高炮团来我们学校当老师的，当年我二十多岁，他四十多岁。我托的人说问到了，但我未见到人。

我进去以后，隔着一个桌子，桌上放了很多书，我没注意到那些书全是鲁迅的。他是主考官，还有两个监考官。他特别好，对我说，你坐下。我说，我站着吧，你是首长。他说，坐下，小伙子。他让我抽一本书，又让我随便翻到一页，给他念。我记不得是鲁迅哪篇文章了，我噼里啪啦念了一阵，他让我放回书，把念的内容讲一遍。念之前，他并没有叫我记，我尽量回忆，把内容讲了一遍。我在"文革"时鲁迅的文章看得比较多，如果我念了五分钟，回忆可能也用了五分钟，没有什么错，他特别满意。可能因为已经参加了地方高考，到这儿考就不动笔了，叫你念，就是考你的普通话怎么样，叫你讲，就是考你的记忆力。他又一次让我坐下。我坐下后，他东拉西扯地跟我聊，最后说，小伙子，到哪儿都要服从安排，当老师是个好职业，你当老师还是个好料子。当时这话对我没什么安慰作用，外边还有几十个人等着考嘛，一个军就挑一个人，我也没抱太大的希望。现在回忆，他是在暗示我，因为这次报考的正是"教官培训班"。

高考二十多天刚刚拼下来，又参加军校的考试，实际上一直很恍惚。回部队路上出了什么事呢？在大同上火车，火车开动以后，窗户是开着的，我却认定是关着的。六七月份，我身上就一个挎包，里面有我的全部资产：几块钱，还有牙膏牙刷毛巾什么的，我居然就扔出去了——我把包朝小茶几上扔的时候，以为车窗会挡着它。车票也没了，列车员见我是军人，也没为难我，怕我出不了站，还给我写了个证明。但我没钱啦，我还得从土牧尔台坐汽车回去。出了火车站，看见一个当兵的，穿的四个兜，是个干部，我就对他说我是北京军区守备一师一团一营三连的，把情况给他讲了。那个人挺淳朴的，说，你的事很简单呀，一团在这儿有办事处，你去办事处找他们就行了。我去办事处了，当时风气挺好，那个干部说，你是樊建川，我知道，我听过你作报告。他要我写个借条，回去把借的钱汇给他们就行了。当时我已经是第三年兵，拿到八块钱了。我说，干脆我就把这个月的津贴全部寄来。这样借了八块钱回去了。

回连队不久，通知书下来了。军队通知书先下。但部队不太想让我走，我去西安上学的话，就离开守备一师了，而我是守备一师的典型，走了不好交代。

我特别感谢我们的朱邦贤连长，武汉人，湖北话很重，后来在湖北新洲当派出所所长。他说，赶快走，通知书来了就去报到。军校才有前途，别等地方院校通知了。这里拉屎都不生蛆的，回来干什么？赶快走，你不要管了，我就装糊涂，反正他们没给我电话，只是口头通知的。

连里很够意思，马上找人来接我的文书工作。头天朱连长叫我赶快走，第二天早上，我用十分钟就把班交了。当初我当文书，接杨建朝的班，数地雷、数罐头、数子弹、数炮弹，老老实实接了一个礼拜。朱连长叫比我晚来的一位辽宁兵来接文书，名字我忘了，我是班长，他是兵提拔起来当班长的。知道连长让我赶快走，清单本子交给他，子弹多少，地雷多少，罐头多少……他一看就懵了，说，我们不去数一数？地雷呀那些够不够哦？我说，肯定够，不够你给我写信。我当然不能说子弹打了一些，装子弹的空箱子肯定放里边，外边肯定是有子弹的。我交了后赶快跑，拼命跑，怕部队把我叫回去。跑到大同，杨建朝刚好在家休假，他还陪我去看了晋祠，我还在他家里边住，他送我到的火车站。杨建朝后来当了教授，大校军衔，提前退役来帮助我，在博物馆里当副馆长，负责安全。

第六章

在西安当学生，
在重庆做老师

西安政治学院：第一个发表理论文章

到西安时不知有多狼狈，内蒙古的大头毛皮鞋、绒裤、棉裤、皮大衣、皮手套，全裹在背包里，背包上有我的小板凳、水缸，包袱皮里是换洗衣服、鞋垫，还有几本书。从火车站出来，我记得我站在马路边愣了好长时间，不会过马路了，汽车一按喇叭，吓得飞扑扑往回跑，觉得人太多了，特别晃眼，特别吵，行走特别困难。当知青时，农村没什么声音，在内蒙古当兵也没有什么声音，城市的噪音，受不了。

小雁塔就是我们学校，有许多树，有小池塘，天堂般的感觉。

住半地下室，拉开关，有电灯了，打开龙头，有水了，睡钢丝床，吃细粮，那个日子太滋润了。现在这个半地下室还在。用发的津贴和爸爸寄的钱，买了双三节甩尖子皮鞋，第一次穿皮鞋。周末请假到西安市逛的时候穿，擦得很亮，但还是要露馅儿，穿的是两个兜的战士装。

1979年刚恢复军校不久，我们的教室是简易工棚，教员从全军抽调，教学方式方法来自抗大，虽不太按章法，却有效。我们的校长陈赤虹，老抗大，曾做过志愿军政治部组织部部长。我的专业是政治经济学，我的学习成绩还不错。我们学经济学，从头到尾都没有用教科书，就直接学《资本论》。我的《资本论》基本上给揉搓得快散架了，现在还在我的书架上。读书是我的特长，我到学校前就读过许多书，《资本论》我学得很轻松。我有的战友就特别费劲，因为是翻译过来的欧式语句，他们不习惯。

我们共一百二十个同学，来自一百二十个军级单位。一百二十个学生中，我首先在《陕西日报》理论版发表了理论文章（1981年4月8日第三版）。不得了啊，学校才恢复正规招生，我们是西安政治学院第一批拿文凭的学生。当时得了一笔稿费，好像挺大一笔钱，请战友吃了顿馆子。这是我发表的第一篇文章，题目是《充分利用农业生产中的非劳动时间》。

为什么会写这样的文章呢？"文革"十年，农闲时农民做点副业就是走资本主义道路，就要割资本主义的尾巴，农民都被批怕了。我对比了农业与工业的劳动时间的不同，提出了我的看法：在我国耕地少、劳动力充裕的情况下，应组织农民开展多种经营和家庭副业。

1981 年西安政治学院毕业标准像

当时二十多岁，思考的问题与改革开放基本同步。这个问题当时也很尖锐，因为大家都怕嘛。当然，也是学习《资本论》的体会，马克思讲了农业生产时间和劳动时间的差别。

问认不认识樊建川，拉歌那个？都认识

在西安政治学院那期学员里，我是出名的。毕业考试，在一百二十个人当中，记得我经济学专业考了前几名。当时很得意。我们考试的时间很长，八个小时，前排桌上有牛奶、豆浆、包子、馒头，门口有战士带着手枪站岗，考场里还有学校医院的医生。有昏倒的，我班的副班长，姓王，他就考晕了，被抬出去了。可能全世界都没有这样考试的，就考《资本论》，考对劳动价值的论述，相当于写篇论文，还是开卷。我可能是最早交卷者之一，四五个小时吧。

拉歌我是最牛的。拉歌就是唱歌比赛，谁没有歌唱了，谁气势唱弱了，谁就输了。"一二三四五，等得好辛苦……再来一个，再来一个。"谁拉歌都拉不过我，我一拉，都把别人拉垮。如果问当时西安政治学院的同学，认不认识樊建川，拉歌那个？都认识。

有一件事也算出名吧，但把我搞得有点名声不好。学校鼓励我们周末学雷锋做好事，一般去扫街、理发、钉皮鞋后跟，也有修收音机的，还有到餐厅、火车站擦玻璃的，最文雅的是到书店帮着卖书，每个礼拜要报告周末做了什么好事。我们班长好像是坦克七师的，叫冯发生，山西人，特耿直，对我特别好，特听我忽悠。最近主动跟我联系上了，在山西一个县当县长。以前做好事，他都没有

听我们意见，就带着我们擦玻璃什么的。有一次他问我这周去做什么好事，我说其实真要做好事，应该去抓小偷。他问怎么抓，我说，我们班十个人，你带三个，党小组长带三个，副班长带三个，三三制，三个组，到西安最繁华的钟楼附近去抓小偷，只要一个组抓到了，一喊，另外两个组就跑来帮忙。班长说这个方法好。实际上怎么抓得到呢？80年代初哪儿有小偷呢？我们全是玩了，玩得特高兴。回去给学校汇报，政委觉得有点新颖，还表扬了我们。班长就表扬我，因为是我出的主意嘛。后来每次回去报告都说没抓到，领导就有点不高兴了，觉得其他人去干活，我们整天游手好闲。也有人去告状，说抓小偷就是为了玩。领导训班长，追问谁出的主意，我就被修理了，学员队领导认为我有点刺儿头。

读了两年大专，要毕业了，守备师派了一个干事来找学校，要把我逮回去，说我是师里的典型。学校说，我们是教员培训队，要分到军事院校教书，不能回去。但我们守备师是公事公办找到学院的，怎么办呢？还是叫我读书的指导员陈章元帮了我，那时他已经到守备师当组织科长了。我赶紧用军用电话给他打电话，我说，你放我一把，跟他们打打招呼，让我走。他问为什么，我说特别想回四川，回北方受不了，不适应北方气候。陈指导员就跟师部说，你们已经跟学校联系过了，学校说是培育教员的，我们守备师也不缺这样的人，让他回来当个排长副指导员，有什么意思？来接我的干事也就放弃了。

选择重庆三医大，是觉得自己身体不好，如果去了身体可能会好起来。重庆三医大也是重点大学，自己觉得很牛。1981年毕业，正好遇到宝成线大塌方，交通大瘫痪，大约一个月不通火车，没法去重庆三医大报到。当时县团级干部才能坐飞机，我就去找学院领导说，干脆让我坐飞机。学校觉得整个大楼就剩我没有走，不好管理，出了事也不好办，就同意了。第一次坐飞机，1981年，在同龄人中间算是早的了。

上飞机前，才知道有两件东西不能带，一个是我最重要的家产——煤油炉，一个是西瓜。我肠胃不好，一直用煤油炉熬中药，煤油炉是五块钱买的，我只好把它放在西安机场的花台上；西瓜嘛，一拳头砸开吃了。在飞机上一个多小时，想撒尿，憋得不行，飞机小，人又多，不知道怎么开口问厕所。

在西安学习的时候，还到了南泥湾，到了延安，在延安分校住了一段时间，到了黄帝陵，还到长安县给老百姓收麦子，听到秦腔，挺喜欢的。碑林常去，大雁塔、半坡也去了。不过，我不吃羊肉，也未去爬华山，至今也没去。西安的文化很厚，西安人很厚道。我2010年回西安政治学院讲演，虽然被许多所大学聘为客座教授，但被母校所聘，感觉不一样。去看教过我的老师，大都退休离校了。见到讲授《资本论》的一位老师，已是将军了。执弟子礼，鞠了三个躬。

重庆三医大：我是一个合格的老师

从本质上讲，我还是个南方人，是个四川人。当时重庆属四川，在重庆白市驿下飞机，好像回到故乡一样，有种亲切感。白市驿机场很小，当时还想，蒋介石就是从这里逃跑的吧。我在军队提干比较晚，1981年提排长，二十四了。因为高中毕业当知青，当兵两年后才上的军校，当老师的时候，老大不小了。

我是一个合格的老师。印象中我两三个月就上讲台当主讲了，一般要通过试讲，经过评审，还要得到资深老师的同意才能讲课。开始不放心我给本科生讲课，让我给护校中专生讲。我有当老师的本钱，我非常能讲，而且讲得清楚，讲得明白。学校评选好老师，学生们对我的评分都非常高。其实很简单，第一，备课认真，很敬业地讲。第二，我一直很注意社会的变化。20世纪80年代初，正好是中国改革开放起步时期，承包责任制啊，企业改革啊，风起云涌。很多老师只待在院校里边，不关心外界。我特别参加了一般老师不参加的地方学会——重庆市经济学研究会，拿着经济学会会员证，到工厂去调研，比如到重庆钢铁厂、长江航运、棉纺厂、搪瓷厂等。80年代，工厂的人都很淳朴，我就是一个普通的老师，以重庆市经济学会会员的身份去调研。让我很感动的是，我每到一个工厂，接待都很认真，就我一个人，他们都认认真真地给我介绍企业的情况，带我参观车间，招待我很好的菜。那个时候没有车，不会有车接送。记得到重钢参观流水线，怎么轧钢，怎么炼钢，了解了很多，印象很深的是看到洋务运动时进口的设备还能够运行。我在搪瓷厂看他们做脸盆，从创作花纹到把脸盆制作出来的整个过程都参观了，当时搪瓷厂在国营企业里边效益还算不错。我把这些调查结合教材讲给学生听，学生喜欢，说我讲得好。我要求学生只要及格，因为与他们的医学专业无关。结果到现在，这些学生见到我都说，樊老

重庆三医大宣传队，朗诵少不了我（前排左）

师，你当年讲的给我们的印象很深。因为我深入浅出，讲价值、讲货币，讲具体的事例，讲国营企业的改革、革新，甚至讲个体户——当时还没有私营企业，但已经有个体户了，考试的时候我就放他们一马。我的学生考得都比较好，我出题也很认真，所以学生对我很拥护，说我是个好老师。

我曾经在三医大的宣传队当过负责人，配合熊贵碧干事抓这项工作。我们三医大宣传队是不错的，1987 年 8 月 1 日在人民大会堂，代表总后勤部参加建军六十周年的汇报演出。我五六月份时已转业到宜宾地委研究室工作去了，专门为此回到三医大。我在演出队里做什么呢，有时在乐队里边帮着搞一搞，主要是领唱，还有朗诵。普通话不标准，但他们喜欢我这个气势。有次演出队一个人病了，进京演员人数有限制，乐队全减了，舞蹈演员也减半，所以我临时还充当了舞蹈演员。我从来不跳舞的，那次还跳了舞。这个舞蹈我最后拿到视频了，实在不能见人，保密。

一秒钟让你有个选择，你就不假思考地选择了

1983 年我当指导员，到成都新津县接八十个男兵。那是我第一次看刘文彩的"收租院"。我从新兵家里边借了一辆自行车，从新津县骑到安仁镇，二三十公里。印象特别深的是整个刘文彩博物馆里没有一个游客。1983 年，阶级斗争消退了，旅游还没起来，没有旅游的概念，没人看，也没有讲解员，阴森森的，我一个人在刘文彩博物馆里走，都有点害怕。那时不知道后来我会与这个小镇发生如

此密切的联系。

接兵后，把新兵带回重庆，我当指导员，赵向东是连长。新兵连是临时组编的，每年在教员中抽一个人当指导员，在军务处抽一个参谋当连长。接兵一个多月，训练三个月，就是四个月。结束后，新兵分到各医院，兵分完，新兵连就撤销了，我回去继续当教员，赵向东回去当参谋。我当兵这么多年，当过班长（即文书），毕业以后就是当老师，真正带兵就是当指导员。当时新兵都要求剃光头，主要是为了像个兵样子，我也剃了个光头。

当指导员时发生了什么事呢？八十个男兵，培养出来当警卫战士，当驾驶员，搞后勤。他们在足球场踢足球，学员队的大学生新兵正好在那儿军训，练习手枪射击。80年代嘛，大学生是天之骄子，我们新兵把球踢过去碰到了那帮大学生新兵，他们把球踩在脚下，我们的兵去拿，他们一个兵就踹了我们的兵，就引起了纠纷。我们八十个新兵都卷进去了，打起来了，成了一场混战。他们的人比我们多，手里有手枪，但没有子弹，就把手枪反过来用枪柄敲我们新兵的脑袋，大概有五六个人受伤了，头上被敲了很多个洞。这时我们的新兵就火了，新兵宿舍就在足球场旁边，有几个新兵，最典型的是连部的通信员，姓周，还有一个姓夏，两个人一人提一支步枪冲上去。对方是手枪，我们是步枪，虽然只有两个人拿着，没子弹，但是是真家伙，上了刺刀，而且也捅了一些屁股，虽然不严重。对方招架不住了，几百人开始逃跑，我们在后边追，前边是两只长枪，后边是几十个人。这个事件就闹得很大。第一，两个班打架，这算是很严重的群殴。第二，动用了武器。当时事态很严重，我被军务

带新兵，我也剃成光头

处的宋处长叫去。按照一般的处理，会很严重。我做好了最坏的思想准备，就是被开除军籍，或上军事法庭，就是说要断送自己的整个前程。但宋处长说，小樊啊，这个事没什么，解放军嘛，两个班之间，兄弟们之间切磋切磋，竞赛竞赛，梁山兄弟不打不亲，没什么。你回去吧，回去把班管理好，不能再打了，抽个时间，两个班联欢一下，这个事就这样啦。我纳闷，怎么没处分？其实原因很简单，对方教导员于建华的父亲于汉卿，当时是重庆市市长，两边打架，他很难处理我一方。我推测，一是学校不愿意出事故，二是给于市长面子。后来我们一起吃了顿饭，年轻人之间也不记仇，这事就了了。这件事我觉得很庆幸，就好像有谁关照一样，如果对方不是于建华，我估计处分是跑不了的，甚至会改变我这一生的轨迹。我和于建华不打不亲，1983年到现在，几十年过去了，成为好哥们了，经常来往。我转业的那天晚上，他和我聊天，从晚上吃过饭一直聊到天亮。天亮后，他送我到火车站。

还有一件事更大。我们除了八十个男兵，还有三十个女兵，军训快结束时要去打枪，打枪没问题，都过了，危险的是每个人要扔三个手榴弹——部队的手榴弹老出问题。我跟连长赵向东在歌乐山选了一片山地，一个很僻静的地方，我们站在山头往下扔，女兵扔不远无所谓，扔下去卧倒就行了。如果扔到后边了，后边也是山坡，趴下也没事，就怕扔两边，两边是山脊，所以我们两个就负责保护。八十个男兵基本上没什么事，女兵扔的时候，往往环和手榴弹一起扔到山下去，我们就去捡，重新扔。下一次山很不容易，我跟连长轮流一人一次，很累。当时年轻，也无所谓。但是后来的危险出乎我们预料。有个姓刘的女兵，班长，表现很好，北京石景山区的，个子很高，一米七几，很有劲。第一个就扔响了，扔响了后，我们就有点大意了。扔第二个时，她扔到了面前靠左方一两米的地方。只有三秒钟就会爆炸，我在右边，连长在左边。连长马上卧倒，还用脚去踹了手榴弹一下。我做了一个什么动作呢，抱住小刘的腰，一下把她摔在地上，趴在她身上。手榴弹炸了，就离我们几米，炸得我们一身都是土，连脖子里边都是土。硝烟散去的时候，我发现我们三个人一点伤都没有。小刘吓坏了。因为后面还有女兵要扔手榴弹，怕她说了后她们害怕不扔了，我就说，你别跟别人讲，先回去，回宿舍去休息。你下去叫后边的兵先别上来，说我们要休息一会儿。那些兵在一个更安全的地方——要拐过山坡，看不见我们扔手榴弹的地方。我和连长就抽烟，我发现连长和我的手都在抖，因为实在是太危险了，弹片几乎都是贴着头飞过去的。为什么没有炸着我们？有两个原因，一个是连长踹了一脚，踹出一两米，起了一定作用，因为手榴弹呈四十五度角炸起来，我们正好在一个死角；另外手榴弹离我们太近了，反而炸不到我们。我很庆幸在卧倒的瞬间把小刘扑倒了，我救了自己，也救了小刘。如果我只顾自己扑倒，当时把命保住了，小刘出事，我会一生负罪的，同时，前途也会完全断送。

后来我们去军务处跟宋处长汇报，奇怪的是他也没有嘉奖我们，本来是个英雄行为呀！我们的宋处长就是好玩，我们两个班打架，他没处分我，我立了这么大的功，他也没表彰我。算是功过相抵吧。但这件事真是惊心动魄，后来我做梦都梦见，因为太刻骨铭心了。在三秒钟时间里，卧倒就要一秒多钟，思考也只有一秒多钟。也许是长期教育的结果吧，来不及考虑了，说明我内心深处就是要把别人救下来。所以扑倒小刘这个动作是非常不容易的，一秒钟的时间让你有个选择，你就不假思考地选择了。后来，天津广播电台要我去做节目，我提了一个小小的要求，把赵向东找到，他们帮我找到了。赵向东来旅游时，我热情接待了他一家，因为我们是生死之交嘛。小刘现在在北京做商业工作，也挺幸福的。

为什么离开三医大

我在重庆三医大教书的时间不长，几年，但是发表了很多文章，特别是在中央级的刊物上发表的几篇，影响很大。按照现在的规定，凭这些文章都可以立二等功，提前晋级。但是在当时，不但没有晋级，每篇文章都给我带来了不理解和批评。1987年下地方不久，我写了《说话顺畅多了》（这篇小文发表在《瞭望》杂志上，当时是改革十周年征文，还得了个三等奖），讲了这些不理解。

一日行课，后排坐进一位上级机关官员。我讲："穷过渡"渡不进共产主义，共产主义最"嫌贫爱富"了。为此，猫抓糍粑——脱不了爪爪。认定我亵渎了神圣，无奈只好委屈口舌赔礼认错。

在辅导时被学生的一个提问憋了气，折腾一周写成一篇小文，大意说马克思的资本主义潜在过剩人口理论的局限和修正意见。民间性质的数学研究会让打印交流，上司不允，因涉及至尊，需要维护。幸好本人夜郎自大，犟着投稿。《经济研究》给登了，《新华文摘》

列入了论点摘编。……

买到本《宗教辞典》，正得意间，一位领导会上批评说：教马列的读宗教，是个问题噢。这次我对自己的口舌扩了权，据理力争打成平手。

我讲课讲得好，科研成果也多，我二十八九，老大不小了，还是个副连，一个教员，所以心里边不平静。特别是 1987 年三十岁的时候，也看到了自己的前程，如果在三医大继续干的话，最多就是一个大校，也当不了将军。现在我的三医大的哥们都是大校。然后呢，会在三医大校园里边慢慢老去。能够完全看到自己老去，这使我不寒而栗，这种平淡的看得清清楚楚的结果，我不能忍受也不能接受。我想还是换条路走，转业吧。要求转业的理由很充分，我当时已经结婚了，孩子还小，我妻子得了肺结核，家里边没人带孩子。整整两年，我女儿两岁到四岁是我在三医大带的，上午送幼儿园，晚上接回来，周末也带着她。有时周末要讲课，她就在教室外面玩，我在教室里一边看着她，一边讲课。她晚上生病，我就抱着她去输液。我一个人带着她管吃管喝管穿，实际上很艰苦。按照部队规定，营职干部爱人才能调重庆，这是很漫长的一个过程，所以还是觉得要转业。

转业之前，我申请调到了三医大宣传处。为什么要调去呢？当时为了转业有一个好看的履历，如果是一个机关干部，从机关转到机关就比较容易。宣传处跟我们是一个部——政治部，都在一个楼，在我们政治教研室隔壁。宣传处需要一个理论干事，给全校老师、干部讲课。我调去后，负责培训，正式称呼叫"理论干事"，帮着编校报；请人来讲课，比如请市长来讲课，请规划局局长来讲课，请经济学家来讲课。转业前的 1986 年和 1987 年，干了两年。虽然当干事，其实也是当教员，搞教育。

现在回头看，这两年对我协调能力的培养很有作用。军队机关跟地方机关不太一样，但公文格式什么的是一样的，包括组织活动也是一样的。在宣传处，要组织绘画展、书法展等，还要组织一些大型活动，比如重庆十几所大学的"校园之春"，轮到我们学校坐庄，我就要参与组织协调。这拓宽了我的思路，对我到地方适应机关的方式、节奏等，起了很大的作用。我调到宣传处的决定是非常正确的。从教研室跳到机关，再从机关跳到地方，这个过渡就非常自然。如果我是一个教员，转业到地方，就很可能被分配去教书，那我就没得搞了。

我提出转业申请后，三医大不愿意让我转业。当时三医大没有政委，主持工作的李副政委是我们山西人，我直接找到他，把情况跟他讲了。他呢，很仗义，讲老乡情，说，三医大也不缺你一个教员，你这么困难，回去照顾你家老人，照顾妻子和孩子。我和他素昧平生，但他同意我走，很亲切。后来我到宜宾当了副市长，他已经退休回京了，让我办点事，我还是很认真帮老首长办了。滴水之恩，涌泉相报嘛。

批准我 1988 年转业，实际上我 1987 年 5 月就离开部队，到宜宾地委研究室熟悉工作了。1987 年 12 月，我回三医大办转业手续，当了十年兵，转业费大概两千多块钱吧，就靠这笔钱，买了个彩色

脱下军装第一天。右二是我

电视机。

　　办完转业手续，我的学生说，樊教员，你转业到地方会非常忙碌，宜宾的医疗条件也比三医大差，你能不能让我们给你做个体检再走？结果发现胆囊里边有息肉。他们肯定那是良性的，叫我定期检查，有恶变的可能，就要把它拿掉。我想，我要去争表现，要去拼命，要去干事业，肚子里边有这样一个东西，很不利，干脆割了算了。手术是我的学生们张罗做的，住单身汉楼的好友孙卫忠，现在三医大一个医院的政委，他妻子杜老师一直守在手术台旁。我记得特别清楚，打开后，把胆囊取出来，杜老师说，建川，给你取出来了。我说，好。她又说，到时候给你做切片，告诉你是良性的还是恶性的。又说，建川，我看看你肝好不好。我说，看啊，打开了，你看一下啊。她就摸我的肝说，没有包块，很光滑，颜色也很好。我打了麻药，有酸溜溜的感觉，感觉她在捏我的肝。我说，别捏了别捏了，赶快缝上吧。现在我的肝上还有她的指纹哩。所以我特别感谢三医大，我已经办了手续，还把我这个手术做了，也没收我一分钱，其实可以跟我要钱，跟地方要钱。另外还要感谢我那帮战友们，做了手术，不能下床，我的战友余显礼、彭卫兵等昼夜守了两天，第三天可以下床走动了，我的弟弟才赶过来。做完手术四五天，我准备坐火车回宜宾，走之前，于建华和一帮战友，约着吃饭喝酒。那时切胆囊，刀口有二十多公分，我用纱布把它捆裹起来。吃完晚饭后，就坐在那儿聊天，聊了个通宵，所以战友之间的感情是非常深的。

三医大我每年也要回去，包括最近回去讲课。其实平平淡淡当个教师挺好，就是怪我不安本分。

我很感谢三医大。第一，三医大给了我当老师的机会，从1981年到1988年，让我变得很能讲。第二，我在北方当了几年兵，肠胃系统垮掉了，我在三医大把身体搞好了。第三，我在三医大一直在读书，读了不少的书，写作水平提高了。最后，永远要感谢三医大对我的恩惠。我父亲患肝癌，三医大肝胆科是长项，我将父亲拉到学校，虽已不能手术，三医大破例准我假，要我陪父亲走完才返校。为此，我记恩一生。

第七章

宜宾市副市长

笔杆子

我到宜宾后，有几个选择：可以到人事局当一个干部，我不愿意，因为不能发挥我的特长；可以到宜宾地委党校教书，我不愿意，重庆的书都不教，党校我更不教；最后到政策研究室做调研。我喜欢这个职业，政策研究既需要文字和理论组织的能力，又接触社会，跑动大。连级干部转业是没有职务的，我就到政策研究室做个普通的干事，搞农业。我做了很多调查，写了很多文章，发表率都很高。我去调查基层村干部的待遇，写了《村干部的报酬几多好》，发表在《乡镇论坛》（1990 年 5 期）上。我去搞贫困山区的烟叶生产调查，

下乡调查。没有添置衣服，仍然是部队装

写的文章《当前烤烟生产中的一些政策性问题及对策》发表在国家烟草专卖局、中国烟草总公司办的《中国烟草工作》(1989 年第 1 期)上。我去调查宜宾乡镇企业生产的酒,写的调查报告《酒连文化香更浓——下食堂村红楼梦酒厂经营成功的启示》发表在《中国乡镇企业》(1988 年 5 期)杂志上;这个杂志是中国农业部、乡镇企业局的杂志,也是国家级的。当时发表了很多文章,都在国家最高行业杂志上发表,成绩比较突出,在宜宾就有了影响。

关键是我们的地委书记孙文启注意到我的文章了,当时宜宾还是地区,我的这些调查报告,先报给地委,然后才在杂志上发表。地委书记就说,这个文章写得相当好啊,很有见解嘛。后来孙书记下乡调研时经常带着我。当时的省委书记杨汝岱到宜宾来,他陪,我随着做记录。

后来慢慢就变成参与大的文件起草,整成宜宾的笔杆子了,参与或主要起草地委书记的报告、地委工作的总结、地委工作要点等。孙书记到省上开会,我就跟着;文件拿着要传达下去,我就帮写传达报告。当时写的东西比较老辣,政策性强。我的适应性也很强:今天搞计划生育的调研,我写计划生育的调查报告;明天搞广播事业调研,我写广播事业的调查报告;后天搞农村教育,我又写教育方面的调查报告。由于我的写作和实际工作能力吧,他们就提拔我了,很快当了副科长。

记得有次在去云南昭通开会的路上,我突然有了个想法:在宜宾建立大林业开发实验区,即将林木、竹林、茶叶、桑树、果树、药材、油樟树这七类过去分属不同部门管理的植物,以及深加工企业如纸

我和我的炮在一起

厂、绸厂、丝厂、竹工艺厂、樟油厂、药厂等全部进行统筹管理，将林业局升格为林委，和山区扶贫结合起来，靠山吃山。这个建议跟孙书记提出来后，孙书记立即进京去跟林业部部长汇报，我们被国家林业部授予宜宾大林业开发试验区，今天都还是。宜宾的森林覆盖率因此迅速上升，孙书记得了全国林业劳动模范奖章。孙书记特别看重我，把我调到大林业开发办去做副主任，搞大林业开发，负责编写大林业规划等，这是我非常满意的一段工作经历。

1989 年，机关组建了民兵应急分队，我也参加了。最好玩的是他们查到我是炮兵，居然给我发了一门炮，虽是门 60 迫击炮，没有炮弹，是个摆设，但也有几十斤重，我还要背起它们跑步下操。后来，事情过去了，就将这门小炮上交了。

陪杨汝岱下乡，耳濡目染能学到很多东西

当时，杨汝岱的联系点是宜宾珙县。他到珙县来，住县委招待所。他喜欢早起逛市场，其警卫小曾对我说，明天你去跟着，你情况熟。估计他想睡个懒觉，一个政治局委员就交给我了。天麻麻亮，杨书记就出发了。那时电视不普及，老乡也不认识他，他就在这个摊摊和农民扯几句，那个摊摊和农民扯几句，兴致高得很。他最爱问价钱，问了又不买。有时见农民不耐烦，他就叫我帮买一棵白菜、几个萝卜什么的。

有次陪杨汝岱下乡，汽车开着开着，他突然叫停车，转到小路上去，可那并不是安排要去的地方。汽车一直开，没有路了，有家农户。

杨汝岱书记（左）下乡，我（右一）记笔记

他进去，把那家人的锅盖揭开问，你们就吃这个吗？没有大米吗？锅里糊状的可能是苞谷（玉米）糊糊。农民说，我们这里是山区，种苞谷吃，种红薯吃。大米呢，拿苞谷去换一点，过年过节吃一点。汝岱书记没有办法了，问第二句，那你苞谷吃得饱吗？我怎么没有看到你们的苞谷呢？那家人穷，又正是青黄不接的时候。农民看到有一大堆人陪着，有点紧张，他虽然不知道有省委书记，但看到乡长在，也不敢说没有。说，有，有，有。大家以为汝岱书记会停下不问了，他接着问，在哪儿呢？我看一下。大家紧张了，装粮食总有个桶桶罐罐嘛，但房子里没有。农民也没法了，指着阁楼说，在楼上，在楼上。我们以为汝岱这下不会再问了，可这次不只是问，他看到旁边有个梯子，说，把梯子搬过来，我上去看一下。他这个动作给我记忆太深刻了。我马上说，杨书记，我来给你爬。当时我瘦精精的，一百斤多点。我爬得快，乒乒乓乓爬上去。上面黑洞洞的，电筒又不怎么亮，我也没有看清，但我说，有，有几百斤苞谷。杨汝岱在下面哈哈笑了一阵。我下来后，对乡长说，赶快给人送点粮食和补助款来。以我当时的地位，虽然官职不大，但说话管用，乡长很快就给办了。

有趣的是我后来买到了杨汝岱的社员证，1952年12月9日，他入股三元于仁寿县十三区供销社。看来他有超前的经济意识。我建馆后，杨汝岱来了好几次，他还住在博物馆里。他跟孙书记是同期的县委书记，是好朋友。孙书记退了后，他们这批20世纪80年代的市委、地委、州委书记，大概十几个老哥们常在我这儿聚会，一般会请汝岱书记。当时，他们当地委书记的时候，都是杨汝岱的手下干将。汝岱书记精神很好，每次来看博物馆特别能走，印象中他一次看几个，把博物馆都看完了。生活用品馆有赵紫阳当总理时的报纸，他看了很久，问，建川，这个报纸现在还有没有？我说有，他说送他一份，我在库房里找到送他了。这天吃饭时，他专门站起来发言，说了很长一段话。他说，当年赵紫阳在四川当书记，搞承包责任制，民间有说法，"要吃粮，找紫阳"，全国人民也许可以忘记赵紫阳，但四川人民不能忘记他。汝岱书记对我特别称赞，特别支持，说我建博物馆特别有意义。

分管乡镇企业：帮卖芽菜、帮借钱

后来，孙书记找我谈话让我选择，一个到五粮液当副厂长，一个到宜宾市（县级市）当副市长。他让我考虑后给他个回答。我说不考虑了，就到五粮液。我觉得到企业去收入高，所以选择了五粮液。之后，我就开始交接工作，大家知道我要去五粮液酒厂，很多人就找来了，包括一些省级机关事务管理局。那时五粮液不叫公司，叫五粮液酒厂。五粮液很俏，孙书记忽然又找我谈话说，你别去五粮液了，还是到宜宾市去当副市长。

我到宜宾市上任的第一天是个下雪天，人大常委要开会表决，我做副市长的第一件事就是去开会，接受通过。做副市长管什么呢？管乡镇企业，管体制改革，实际上我的任务就是发展乡镇企业。

宜宾的"碎米芽菜"公司是我操办的，这算是我在短暂的当官生涯中做的一件事。今天这个公司是非常好的一个企业，宜宾特产

"碎米芽菜"已经走向了全国市场。之前，宜宾芽菜用大坛子装，没有工业化生产。有个民营企业家，叫金平，把芽菜朝现代化方向做，但缺乏资金，我组织了几千万资金，帮他买了地，把工厂建起来。芽菜生产出来以后，我还帮着扩大影响，就在地摊市场卖，大声吆喝卖。这一卖大家都知道了，报纸也去了，电视台也去了，当时没有市长去摆地摊，一般放不下身段，觉得怎么可能跑去市场卖芽菜，而且是帮一个企业卖。《四川日报》还有篇文章《樊市长摆摊》，宜

左为五粮液酒厂厂长王国春，他特别喜欢我，希望我去五粮液酒厂，摄于1993年

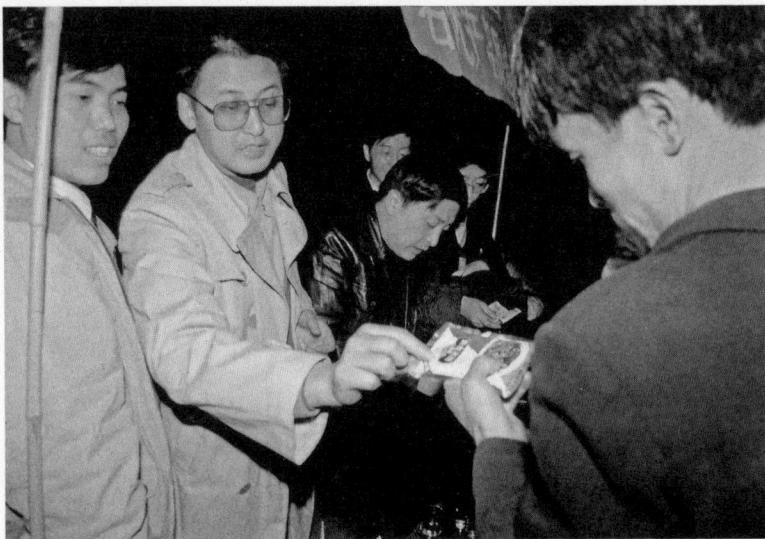

宜宾副市长卖芽菜

宾电视台拍的《市长摆地摊》好像还获了个新闻奖。采访时我说了这么一段话：实际上就是体验市场经济。我是一个学经济、教经济、管经济的，是否也该随着社会变动给自己一个机会，检验自己能否干经济。

有一个姓郭的企业家，年轻时曾有过一些磨难。他办了一个包装厂，没有周转资金。当时几十万是个大数，因为他历史上有点问题，加上企业没有抵押没有担保，银行不贷款给他。我找到公安局的郭局长说，你们都姓郭，你们公安局就帮扶这个企业，定点帮。郭局长硬是帮他解决了流动奖金，这个企业就发展起来了。

我还干过什么样的事呢？有次开会我说，我们宜宾很穷，就是要向省上向中央部里边要钱。宜宾的特点不是打子弹（抽烟），是扔手榴弹（喝酒）。一定要跟省上的领导多喝，跟中央的领导多喝，送和喝。我说，因公喝酒，喝醉了，算公休，算上班；喝病了，动手术，算工伤；喝死了，算烈士。后来领导真找我谈话了，纠正，不能这么说，特别不能说算烈士，喝酒喝死了怎么能算烈士呢？评烈士的标准是很严格的呀。我还真去纠正，照样开会说，上次说的话啊，改一点：因公喝酒，喝醉了，可以算公休；喝病了，肯定要给治，但是喝死了就不能算烈士，算意外死亡，所以你不能喝死。当时还没有社保医保，都是公费医疗。这件事后来传得比较多。

当市长时做了那么多好事，也犯过一些错误。比如管理乡镇企业的时候，引进山西一个焦煤厂生产焦煤，它会污染一条小河。当时环评没有现在这么严格和复杂，环保局局长不同意，不签字。我很生气，把局长叫到办公室来说，你不同意也得同意，你必须签字，你不签字，我直接签，逼着他签。后来这个厂慢慢被停被关了，别人纠正了我的错误。这算是我很内疚的一件事。当时不是分管环保，是分管企业。只管办企业，其他我就不管了，屁股指挥脑袋。

很简单地就把职辞了

从1988年到1993年，我在宜宾只干了五年。五年中间，工作有很多变动、升迁，和同志们相处很融洽，自己努力干，也得到领导的信任和培养。在孙书记身边工作时，其他领导对我都不错。专员周成美，一个很有才华的领导，他很欣赏和关心我。后任专员是刘鹏，他经常跟我谈话，给我指导。他在宜宾干的时间不长，后来到国家体育局做局长了。他口碑好，真舍得干。2010年9月中秋节期间，他陪他九十岁高龄的老父亲来参观，我陪他看馆。他说，我们有二十多年的交情了，一直看着你充满热情地工作，今天看到你热情依旧，我很高兴。我在四川工作的时候，曾经多次去过你的文物库房，你说要建博物馆。几年不见，看到你建起了这么多博物馆，规模这么大，内容这么丰富，有这么多人来参观，我很高兴。

为什么要辞职呢？一是觉得我不太适合干这个工作，嘴巴太快了；二是觉得当公务员收入太低了；三是觉得宜宾偏远，不适合我搞收藏；四是当时我当常务副市长，风闻说要让当市长，我实在担不起这个担子，所以就下决心辞职下海。

辞职的时候反响很大，《宜宾日报》1993年6月30日还有篇文章：《市长辞职众说纷纭》。有人觉得我辞掉市长很了不起。我觉得从三医大转业更了不起。第一，我是从大城市朝小城市走；第二，我是从高工资朝低工资走。这个决定比我辞掉市长还要动脑筋，还要伤筋动骨。辞掉市长是往大城市走，往上走，往收入更高的地方走，出来收入怎么也比当市长多。实际上这个没什么值得去考虑的，我一点也没有犹豫，没有铁饭碗很重要的概念，没有什么特殊的想法。我妻子也特别好，我决定后告诉她，她很平静，说，好吧，辞就辞吧。可能中国人把当官看得非常重要，但对我来讲，只是个小官，也没有很好的收入。有人可能觉得可惜，对我而言没有什么可惜不可惜的。

给刘鹏讲解

对我来讲，这是一件微不足道的事情，因为社会变了，所以我是很简单地就把它辞了。辞职前，我学会了开车，利用职权去考试，交警还说，樊市长，你这个技术太糟糕了，你还是小心一点。当时想会开车方便一些，找工作好找一些。

我觉得副市长、常务副市长要不要都无所谓，下边有局长，一

做市长时跟天宝书记（中）汇报工作。天宝书记已经退休，但他是老革命，支持我们

个副市长实际上是一个大局长，真没用，还搞这么多。比如说乡镇企业局你在管，实际上乡镇企业局有局长；体改委你在管，下边有体改委主任；财政局你在管，下边有财政局局长。你这个副职跑得勤快一点，可能有点作为，跑得不勤快，一点用也没有，所以我辞职的时候，不用交班。不用交班是什么意思呢，就是说还不像一个军械员，军械员还要把枪炮交出去，副市长不用交班，没有你照样运转，没有你，局长就把事办了。我就很清楚，我辞职走了就走了，直接把报告交了就走了，不签字，没有你可以签字的事。有人说副职是个锻炼的位置，其实直接从局长上市长就可以了，发达国家都这样，部长直接上总统。我觉得一个城市给市长配一个助理就可以了。

第八章

理论探索的高峰期
及理论探索

在经济领域发表见解

前面讲过，在三医大那段时间是我一生发表论文最多、论文级别最高的一个时期。我在《经济研究》1984 年第 11 期上发表了一篇论文：《潜在的过剩人口已经不是资本主义相对过剩人口的基本形式》。到今天为止，林林总总的经济学家，在大学里教书的教授，在《经济研究》上发表论文可能是他们梦寐以求的事情，可能一百个人里边有一个人有这样的机遇，一辈子在《经济研究》上发一篇文章。因为《经济研究》一年就十二期，每一期就是十来篇文章，而十来篇文章里边主要是部门文章，是以单位的名义发的，比如说国务院研究中心、计委研究中心、社科院；以个人名义发表文章的少之又少，可能一期就几篇，一年就几十篇。中国搞经济研究的可能有几十万人，我不过是讲经济学的一般老师，我在20世纪80年代初，二十五岁时就在经济研究级别最高的杂志上发表了论文，这是我特别大的满足。

现在看来，这篇论文非常有预见性。根据马克思的理论，潜在的过剩人口，即农村中的过剩劳动人口这一源泉是长流不息的，农村人口不断流向城市是以农村本身经常有潜在的过剩人口为前提的。我分析了几个所谓资本主义国家后，认为农业人口向城市转移是工业革命的产物，在资本主义国家，潜在的过剩人口已经不存在了。我还说，农业人口向城市转移有它自己的阶段性和特殊性，也就是说，工业化完成后，农村也没有过剩的人口存在了。

在当时，胆子是算大的，从中国的发展来看，实际也如此。发达资本主义国家用了一百年时间将农业人口从百分之九十降到百分之三十五，这几乎是他们共同的道路。我们要搞现代化、工业化，也会有这么一个过程，也会经历农村人口持续减少、转移到城市的过程。这不是资本主义特有的规律，应该是人类经济运行的规律。

这篇文章后来被《新华文摘》转载了，《新华文摘》也是一个很了不起的杂志，所以当时我很自豪。

《红旗》杂志社"内部文稿"

《社会主义生产目的是多层次的》发表在《理论交流》1985年

9月15日第11期（总第160期）上。《理论交流》属于《红旗》杂志，这篇文章也是站在很前沿的角度来说的，所以被放在"内部文稿"栏目里。"内部文稿"就是探讨性质的，引起人们对这个问题的思考。我在文章里主要说什么呢？说斯大林对社会主义生产目的的认识不完全，不准确。我最初的标题是《对社会主义基本规律中"生产目的"的质疑和思考》，可能杂志社觉得这个标题太直接，改了。我这个文章不长，两三千字。这篇文章发表以后，影响很大。《青年晚报》（1985年10月30日）有一则《小人物提出惊人见解》的评介，说我在前边提到的两篇论文的观点"基本上被学术界承认，在一些文章中加以引用"。

中国社会科学院《未定稿》

《未定稿》是中国社会科学院内部刊物，是改革开放时比较前沿的杂志。《现阶段个体大户的净收入构成因素分析》这篇文章，发表在《未定稿》1986年11月10日第21期上。

当时还没有私营企业，只有个体户，或者说万元户。因为他们收入很高，比平均收入高出许多，一般人冷眼看他们，理论界也是保守的，或者说持保留态度，认为万元户们雇用人，就存在剥削。我在文章中明确提出，这些万元户的收入是合理的，他们的主要收入不是依靠无偿占有工人的剩余价值。

为什么我的看法与当时大多数人的不一样，而且敢这么讲呢？我把万元户的收入结构分析得清清楚楚，一目了然，结论当然明确。

文章比较长，上万字。这么重要的一个问题，万把字说得这么清楚明白，很不容易。为什么上《未定稿》？就是当时这个问题才提出来，还没有人有这样的认识。

与何满子的笔墨官司

这是转业后发生的事了。刚转业到地方，很年轻，跟何满子在《瞭望》杂志"珍珠滩"栏目上的笔墨官司延续了十多期。

1988年3月，何满子在《瞭望》（周刊）上发表了一篇文章：《对艺术和人生的庄严感》，批评沙叶新的话剧《马克思秘史》，批评张贤亮的《男人的一半是女人》。我很不以为然，给《瞭望》杂志投了一篇稿：《论张贤亮和马克思谁更值得维护》。

很奇怪，可能是那帮青年编辑打何满子，何满子威望太高，我又是在宜宾的一个普通公务员，所以加了一个编者按，希望大家参与讨论。

我的文章是1988年7月第27期发表出来的。7月第28期，有文章支持何满子，批评我。8月第34期，有文章支持我。8月第35期，杂志发表了何满子的文章《对答：谈谈张贤亮的小说》，这下更热闹了，好几期都在争论。一直到这年底才没有再登双方的文章。

我就是这样的观点。马克思肯定有性，为什么不可以谈呢？马克思没有性，他女儿哪儿来的呢？至于马克思有没有性，我觉得何满子没有资格谈，燕妮才有资格谈。我没有与沙叶新见过面，后来见到了张贤亮。张贤亮第一次见到我就笑，说，何满子骂我，我知道，也知道一个姓樊的帮我说话，但是你的名气太小了，也不知道是从什么时候什么地方钻出来的。原来是你呀。张贤亮后来跟我成了莫逆之交。他来成都喜欢住在我博物馆里，我们见过七八次面。

我对土地承包制也提出了意见

我一直关注土地问题，一直觉得这是个根本问题。

1990年5月，我在《四川日报》发表了《浅议农村承包地的调整周期》一文。当时，土地承包实行的是"大稳定，小调整"。"大稳定"比较明确，当时是十五年；而"小调整"，各地不一样，有十五年一调的，有五年一调的，有一年一调的。根据调查，我对土地承包的小调整提出了建议：五年。就是说，在十五年土地承包期限中，每五年有一个微调。

当了那么多年的公务员，有一些经验，观察到中华民族一个最严重的问题，也是中国最大的问题——土地问题。我下海之前，准备写一篇论文：《深化农村改革的突破点：承包制走向劳动农民个体共有制》。我把观点、结构等都拉出来了，因为下海，处于疲于奔命的状态，就找到文大会老师，两个人合作来写这篇文章。我把他叫来，给他讲了观点，把想法提纲给他。

我提出的基本观点是：要建立劳动农民个体共有制，把土地卖给农民。

我分析了联产承包制的历史功绩与弊端，特别指出：耕地地力持续下降。因为土地不属于农户所有，加上不知何时要"调整"，农

122

药、化肥过量施用,土地变质现象十分可怕。这种过程虽然是缓慢的,但后果是灾难性的。我提出的解决办法是:由家庭联产责任制走向劳动农民个体共有制。

劳动农民个体共有制是我提出的一个概念。文章把这个概念解释得很清楚:"劳动农民个体共有制是专门针对土地这一特定经济资源而言的。其含义是,将现行完全归集体所有的土地所有权,分割为地底权和地面权两个部分:地底权归集体所有,地面权则以一定的土地价格,转归劳动农民个体所有。地面权归个体农民所有之后,拥有地底权的集体可以凭借地底权收取公积金和公益金(相当于地租);购买到地面权的农户则可以永远使用土地,但需向集体交纳公共积累基金(即公积金、公益金)。地底权和地面权,从理论上讲都应该可以在市场进行买卖或以其他方式转让(譬如赠送)。但考虑到地底权的特殊性质,可以先认为地底权不能转让或在一定时期内不准转让,或只能在国家与集体这两个层次上进行转让。这样,土地的所有权既归农民个人所有,又归原所有者集体共有,所以笔者将它命名为劳动农民个体共有制。"

对劳动农民个体共有制,我提供了理论和实践依据。我说"土改"是成功的,"土改"后的公社化是错误的。现在搞联产承包责任制是权宜之计。"家庭联产承包责任制称得上历史性变革。但由于受当时政治气候及经济体制局限,本来应明确回到'土改'立场上去的土地所有权未受丝毫触动,不免使承包制深深地打上了传统计划经济体制的烙印,从而'命中注定'了它的寿数不会太长。"

我还提出具体的操作方法,提出了措施:第一,由国家组织进行进一步的研究和讨论，先在国务院规定的农村综合体改县试行，探索实践路子，总结经验后，再向全国农村宣传、推广，争取在三五年之内完成这一"转制"工作。第二，地面权归劳动农户所有不是无偿均分，而是有偿购买，即由农户向集体购买地面所有权。第三，地面权归农户后，应允许土地在农户之间流转，但不能改变农业用地的用途。第四，为使土地"转制"不致引起过大的社会震荡，并使配套措施的制定、完善和土地市场的建设有一个准备时间，可规定在一定时间（譬如十年）内不准买卖土地。

全世界——像朝鲜这样的国家很少，苏联都垮了——的土地都是有主人的。联产承包责任制，土地是没有主人的，所谓的主人是国家，但国家是虚无的。地土无主，全世界没有先例。中华民族几千年文明史，奴隶制也好，封建制也好，任何时候，土地都是有主的。有主，土地才有人来爱护它，用农家肥，少用化肥，保持土地的属性，使其越来越好。而我们的土地联产承包制，是破坏土地的行为，一是劳动力低下，更重要的是不断地损坏土地，而损坏土地是我们看不见的，总有一天，土地会没有收成，或者收成越来越少。中华民族只有十几亿亩土地，十几亿人就会陷入灭顶之灾。所以应该回到"土改"立场，把土地分给农民。改革开放，市场允许有资本家，为什么农村不能出现地主？农村的地主就是资本家。林业的地主，就是林业资本家，牧场的地主，就是牧业资本家。我们允许资本家出现，而不允许地主存在，这是一个政治上的误区。

这篇文章先在《经济研究参考》1993 年第 67 期上发表。《经济研究参考》是经济类的综合性大型内部刊物，作者主要集中在包括中共中央研究室、国务院研究室、国家计委、经贸委、体改委、特区办、中编办在内的中央国家机关各个经济综合、管理部门。选题着重权威、系统地反映经济领域中的重点问题和方面。因为这个杂志是个内部刊物，我们又把文章拿到《马克思主义与现实》杂志去发表，发在1993年第2期上。这是个季刊，是中共中央编译局办的。这篇文章得了四川省政府颁发的全省第七次哲学社会科学优秀科研成果三等奖，有八百块钱的奖金。当时还有一个通知寄到宜宾，要求把获奖通知书装入我的档案。

这篇文章发表后，重庆市体改委副主任肖健康拿去作为依据，在一个乡的范围内试点。当然，他们也许还参考了其他人的意见。但是，中央派工作组到重庆调查，进行了严厉的制止。"新土改"也就夭折了，把钱退给农民，农民还是承包。

《民主与法制》当时是月刊，1998年第1期发了两篇关于重庆试点的文章，一篇是记者调查《让农民购买承包土地符合中央政策吗？》，一篇是评论文章《荣昌县的"改革"试点要不得》。评论文章说社会主义把土地卖给农民是违法。该杂志在同年又发表了跟踪报道《荣昌县"改革试验"已被制止》，改革就这样中止了。

当时我已经下海当老板了，公司也有点小成就。有一天新华社河南分社的刘社长找到我办公室来。他怎么找到我的呢？在重庆搞试点的人肯定要申述，说他们改革的依据与樊建川写的文章有关。我当时还是有点恐慌，我说，我写文章，发表在刊物上，不应该来找我哦。刘社长是个老资格，应该是正厅级吧。刘社长说，你写文章是你的自由，他们这样干是有问题。新华社追踪调查，我只是来聊一下。我一听，定心汤圆有了。刘社长详详细细把这件事的处理情况说了。我把我的想法说了，说得很恳切。我说，如果在人口问题上犯错误，四亿五千万整成十几亿人，最后中国十几亿人实在吃不起饭，大家抓阄儿，抓到就活，没有抓到，拉出去枪毙，中国还是没有问题，中国人还是可以延续下来。但这十几亿的命根子，十几亿的耕地，处于无主的悬空的状态，土地一年年变坏，我们感觉不到，总书记只干十年，下个总书记干十年，也许八个总书记干八十年，土地就不能用了，就沙漠化了，贫瘠化了。农药堆积，重金属堆积，因为土地没有主。土地承包只有十五年，这个后患太大了。刘社长在我的办公室里走来走去的，可能感觉到了问题的严重性。他问，你说的这些我能不能给中央写个材料？我说可以。后来他还专门给我寄了一份，这个内参叫《国内动态清样》。后来国家很快将十五年承包期改成三十年承包期，估计和这个内参有一定影响有关。能给高层决策提供一些参考思路，我很满足。

我们最好的时候做到四川省行业前十名

1993 年辞职后我最想去的是牟其中那里。牟其中是四川人，南德集团前董事长，当时做得很大，也很红火，买卖飞机。我给他写了封信，奇怪的是我的收藏意识一直这么强，他的回信我竟找不到了。他说，你的情况还可以，我们同意你到北京来。我就拿着这个信，准备到北京牟其中的公司去了。到了成都为什么要停留一下呢？毕竟是省会，我在宜宾工作期间交了不少朋友，虽然都不是一些有实权的，我还是要听听意见。我这个人生来就有躲避灾难的本能。我总觉得有点不妥，就是一种感觉，我就停住了，不想北上了。我给牟其中那边写了封信说，我还是在成都找工作，谢谢他们的厚爱。幸好走到成都就没走了，去了还要漂泊。

我就在成都找工作，到了一个港资的房地产企业。那位老板问我，办公室主任你做不做？我的第一句问，办公室主任一个月拿多少钱？他说三千，我想我当市长三百，这边给三千，可以，我就给他当办公室主任。当了一个月，他觉得我还可以，就让我做总经理，给我八千。1993年，八千块钱相当可以了。我努力地给这位老板管理企业，包括他下边贪污的，吃回扣的，我发现一个抓一个，他给我的待遇也不错。

其实这是一个未经考虑的入行，但是入对了，到了一个很能发展、能获得利润的行业。因为经济出身，教经济，在地方又管经济，很快就知道房地产是怎么回事：土地成本是多少，其他成本的构成，获得土地的渠道，跟政府部门打交道，卖房，税收，等等。

1994年初，我和几个朋友凑了一百多万起步，办起了"建川房屋开发有限公司"。又向银行贷款一千多万，开始买地修房子。当时贷款好贷，加上我当过市长，别人了解了，觉得我有些信用。

第一块地在成都西边，有二十亩，建两万多平方米的房子。但我买地买贵了，比如地本来是一亩四十万，我给了八十万，很仓促就把地买了。二十亩地，一亩贵了四十万，二十亩地就是八百万，那八百万就是利润。所以别人房子卖一千四百块一平方米还能赚上二百元，我卖一千四，只能赚五十元。可当时的市场一千四百元一平方米的房子也不好卖。房子封顶的时候就没钱了，公司陷入了困境。正好双流机场要买职工宿舍，我们一套没卖，就成了最大的优势，房子全部卖给双流机场了。双流机场把房子作为职工宿舍用了十几年，又卖掉，据说还赚了不少钱。

记得最清楚的是交房前舍不得花钱请清洁工，我还带头打扫卫生。当时公司只有八个人，每个人负责一个单元。我打开窗检查，把灯打开看看，房间里边倒是比较干净，楼梯还有些脏，我就从七楼往下扫，居然扫了两撮箕垃圾，最后用擦布把楼梯扶手擦了一遍。

第一个项目很重要。第一个项目做完，供电局、自来水公司、天然气公司、规划局、国土局这些地方要办什么全知道了。最辛苦的就是跑这些政府部门，开始没车，骑自行车去跑，把合约要盖的公章放在口袋里，站在门口排队。这些批文，都是我自己跑。公司八个人里边有两个财务人员，一个出纳，一个会计，还有销售人员要去守销售，还有工程师守工地，说是董事长、总经理，实际上变成了董事长、总经理兼跑手续的手续员。

有次去规划局办手续，办事员说报告不行，要重新写。规划局门口就有打印店，我守着赶快打出来，再把口袋里边的公章拿出来，啪，盖上。办事人员很惊诧，咦，刚退回去你怎么又来了。我说，门口不是有打印店吗，我打印了就重新送回来了。他说，你公章呢？我说，盖上啦，在身上啊。他说，真是皮包公司。

做房地产时，对成都不熟，只要有点时间就骑自行车到大街小巷去转，当时成都市还不是太大，二环路以内全部转通了。转到什么地方，饿了就吃饭，吃了继续转。路是怎么生起的，哪儿的配套好，哪儿的绿化好，哪个地方有学校，哪个地方有医院，哪个地方有单位，因为要盖房子，都要熟悉。

第一个项目还是赚了钱，因为是整卖的嘛，以后每个项目都做得很顺。我们做项目有几个特点，该赚一块钱的时候赚八毛，这是第一。第二，我们是打广告打得最少的公司之一，基本上不打广告，舍不得投广告费。第三，我们很实在，包括物业管理都自己做，不做花架子。我们做得特别老实，这么多年，银行是三个 A 的信誉，税务是优秀纳税企业。我们不跟别人打官司，别人不告我，我也不告别人。说一点矛盾都没有，那是不可能，但是没有太大的纠纷。第四，我们的建筑质量相对比较好。最大的证明就是都江堰的房子，当时我是都江堰城里最大的开发商，但是"5·12"地震，我们的房子一点问题都没出，一些小区的业主打着横幅感谢我们。

我们最好的时候做到四川省行业前十名。按照统计局的税收和产值算，我们在几千个房地产企业里做到前十名，从 1993 年起步，到大概 2001 年，七八年的时间，还算是努力的了。前期土地基本上都是从别的房产商手里边买，成都本地的老板，土地项目也比较多，觉得这个项目不太赚钱就卖给我。我就天天去谈判，买别人不太愿意做的项目。前期我们没有通过官方拿到一块地，后期就是到市场拍卖土地了。我做生意还算个好手吧。主要是勤快，天天都在工地上，从做基础开始，每个环节我都在现场，工地上有很多问题，基本上都是我发现的。有一次把跃层的楼梯修反了，他们都是学工程的，没发现，是我在现场发现的。

我们做房地产，要对市场有一个判断，因为房子卖不掉的话，就还不起贷款。比如建川商厦那块地，拿地的开发商觉得地太窄了，怎么算账都觉得没有赚的，我拿过来以后全部做商业，重新根据市场定位，重新规划楼梯怎么放，临街的房子怎么放，怎么防噪音，怎么分割内部，那就是很具体的事了，别人算账做不了，我要做，就要重新裁剪。

为什么我不是学建筑的而去做房地产呢？我善于学习，学什么都学得快，包括认那些材料，像认花岗石，都是现学的。我做这么多年房地产，策划和营销都是以自己为主干，这是我最大的一个特点。后来我做房子就很精了，不用算账，一看就知道成本该多少，该卖多少钱，知道能不能卖掉，市场感觉都非常好。因为天天去钻研，天天在工地转，知道水泥是怎么回事，钢筋是怎么回事，水、电、气是怎么回事，很深入地去做每个环节，就学习得很快。

只有八个人的时候，就有了企业文化

做房地产十多年后，我们不仅做房地产，还做金玉满堂酒，做文化产业建筑公司、物业公司等，成了一个小小的集团了。能够一路走来，发展到今天，和我们的努力有关，更和我们的企业文化、公司理念有关。

在骑自行车办公的时候，在只有八个人的时候，连个作坊都算不上，我就写了《说"忠、礼、勤、信"》，制订了企业文化，企业就有了志向，至今未变，算是建川公司的"企业宪法"吧。有些企业是在做大时才来考虑企业文化，而我们在公司成立之初——没有钱，整个公司办公地就三十多平方米，出纳、会计都在一间房——就开始创立自己的企业文化，而靠这个企业文化，一直支撑到今天。

说"忠、礼、勤、信"

建川公司是新开张的幼小民营企业，要在这种商业竞争白热化的恶劣环境中生存和发展，艰难性不言而喻。

商战无情，适者生存。在天时、地利、人和三者中，人和为重，人为灵魂。毛泽东说"人定胜天"还是有些道理的。

在公司的组织里，上层有董事长、总经理，中层有部门主管，基层有职员。能力、职务、分工、待遇都有差异，但作为一个团队，合力的方向是一致的。

我认为：公司的有形资产是拥有的土地、资金、房屋、汽车等，公司的无形资产是名气、商誉等。而更为重要的资产，则是忠诚于公司的员工。

我认为：业主和员工都企盼这样三条，一是企业日渐光明的前景，二是内部公正、和睦的工作环境，三是大家稳步增长的福利待遇。

我认为：步调统一才能走向胜利，而步调的统一依赖于理念的一致。公司的理念浓缩为四个字：忠、礼、勤、信。

忠：大家都把公司作为安身之家，表里一致，巴心巴肝地忠诚企业，竭尽全力维护和发展公司的利益。自我约束，遵守章法，全力服从，令行禁止。忠还应该做到对社会负责对朋友忠义。特别是在公司员工之间要互相关心，互相帮助，心胸开阔，坦诚相待，不传小话，不疑神疑鬼，"家"和才能万事兴。不能把忠简单理解为"听话"，其实察言观色、乖巧转舵正好是不忠的表现。独立思考，独立见解，坚持原则，不看脸色，大胆建议，开拓工作才是真正意义上的忠。忠表现为工作上的自觉性、投入性和创造性。公司奉行以劳取酬，任人唯贤，官无常贵，人无常贱，有能则举之，无能则下之。

礼：礼之用，和为贵。平和中庸，以柔克刚，终究受惠。公司有严格的等级制度，这种礼数是必需的，有规矩才成方圆。形成决定之前应该讨论、争论，一经决定，就应该像军队一样，一级服从一级，不能有一丝一毫的含糊，这是公司战斗力的源泉。我们是在90年代产生的现代企业，大家要做文明人，整衣冠，讲礼貌，多读书，善学习，多发展有益身心健康的业余爱好。热情、诚恳、大方地去待人接物。公司不讲排场，不慕虚荣，不假眉假眼。公司员工之间应和睦相处，相互体谅。对人要忘怨忘过，念功念恩。

勤：古往今来，勤兴家国，勤补拙笨。脑勤，多思考。嘴勤，常请教。手勤，干活路。脚勤，舍得跑。不论你干管理、经营、工程、财务、销售、行政或者是驾驶工作，都要不断充实自己，追上瞬息万变的社会，七十二行，行行出状元，公司希望大家都是本行业的顶尖高手。要以勤的姿势来完成本职工作和交办任务，不要说一句，应一句，支一下，动一下。自己的工作，光光生生，自己的环境，干干净净。大事要干，小事也要办，特别是对细小勤务之事，要能扑下身子去干好。

信：大丈夫信义为重，言而无信一定会砸自己的牌子，中华民族、民间最讲究诚信为本。公司要求大家当好人，不要求大家当英雄。智巧诈伪可以获一时之利，成一时之事，但终究不如笨拙而诚实来得稳当，行得久远。公司是经济实体，理应追逐利益，不过，君子爱财，

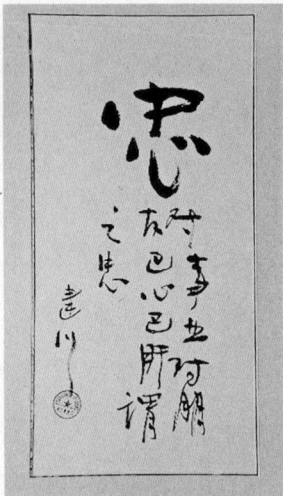

忠

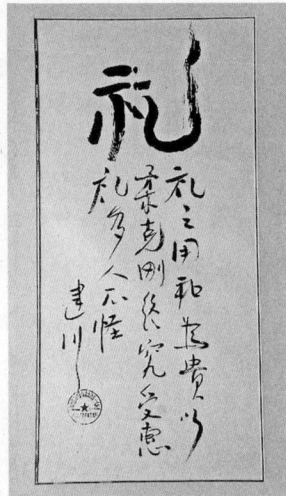

礼

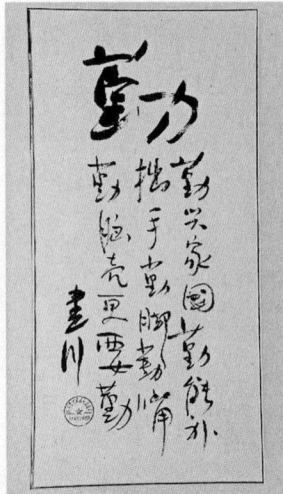

勤

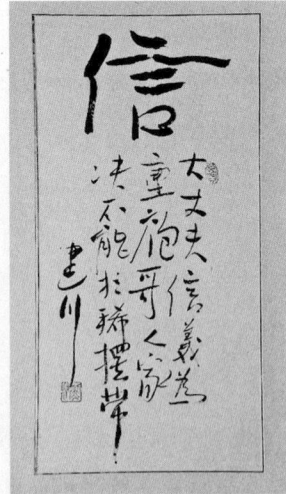

信

取之有道。即使可赚一元，只赚八毛又何尝不可。老百姓说"吃得亏，打得堆"，仔细咀嚼，余味无穷。关系是生产力，朋友是财富，我们不断交往朋友，路终会越走越宽的。大家看我们公司的标志，它的基本特征是稳重、明白、带泥土气息，这就是我们信的结晶。

忠、礼、勤、信说来容易，干起困难。我愿与全体员工共勉，大家一起来身体力行，相信终能成仁、成功。

在企业很小的时候有远大的理想很不容易。当时提出这个企业文化时，我就坚信我们能做大。我们做大后，每开一个分公司，我都题写"忠、礼、勤、信"四个字勉励新员工。我们曾经就"忠、礼、勤、信"开展过一系列的活动，包括演讲比赛等，还专门编了一本书。后来公司不断发展，最早的这几百字是非常不容易的。

房子是自己建的，住着安心

从宜宾到成都，我在成都租的第一个房子四十多平方米，现在还在。万年场当时是郊区，因为要住便宜的，是农民的拆迁房，在城乡接合部。后来我的妻子和女儿来了，我也从香港那个公司辞职，自己创业了。我在离文殊院不远的金马街租了一套四十多平方米的小套，客厅可能就十个平方米，一个吃饭的桌子靠墙边放都摆不下。1994 年至 1996 年，我在那里住了三年。当时出租的房源特别少，租金比较高，达到八百元。现在出租房多了，价格不会高到哪里去。我的邻居都是劳动阶层，比如蹬三轮干体力活的。有一天半夜警察敲门检查，因我未办暂住证，要求我去派出所接受审查。我妻子、女儿有点恐慌。我来到楼下，与没办暂住证的七八个人一齐去派出所。靠什么救了呢，靠我的宜宾市人民代表证，证上还有职务：副市长。警官不太相信，但是代表证是加了塑封的，是真的，就放我回去了。第二天去办暂住证。现在暂住证都还在，里边还有"成都市暂住人口出租房屋治安管理费专用收据"两张，八块钱。

以后都有钱了，都发财了，还住在那里，住惯了小房子也没什么。那儿离我办公地万福桥很近，女儿在人民北路小学读书也近。我现在住市区两百多平方米的房子，说大不大，说小不小，房子是自己建的，住着安心。

收藏意识一直有

别人问我为什么收藏这么多，收藏这么多年，我想，是一个自然而然的行动吧。从小就特别喜欢收集在别人眼里微不足道的东西，收藏意识一直有，一直在做。

四十多年了，保守一点讲，应该从1966年算起——就是我九岁那年收藏的第一枚毛主席像章和一些传单，再往早算，是那张为了不让小朋友知道我父亲名字而把父亲的名字撕掉的幼儿园的成绩单。把成绩单收藏起来会很骄傲，很幸福，因为同学们都没有，我觉得它好玩。我自己从小学到初中到高中的证书、照片，一整套，包括从高中开始每天记的日记，我都保存了。我有四十多年的记日记史，每天都没落下。我的日记很棒，各方面的事都记，这对一般人来讲也是挺难做到的。

什么时候起有明确的收藏意识的呢？应该是"文革"。刚开始就是想知道父亲为什么被批斗。传单、小报，特别是牵扯到父亲的，都收起来。我现在都有关于我父亲在宜宾的一些资料。由于好奇，碰上北京、宜宾红卫兵撒油印的传单时就捡一点。袖标别人不可能给我，他自己要做纪念。只有把自己红小兵的袖标收起来。初中高中时，除了自己的东西，也只收了一点烟盒和糖纸。知青的时候就更少了，接触面更小，没有交流，基本上见不到东西。但我一直保持着收藏的姿态，把自己的东西，比如工分本啊、奖状啊收起来。当兵的时候，一个连队就那几十个人，也不会有什么信息。1979 年到西安读书后，情况也差不多，就是把自己的东西收藏起来，也捡了一些毛主席像章和语录，仍然不多。

二十世纪七八十年代，一个家庭就是三四十平方米的房子，东西就堆在那不动。垃圾桶里面没东西，连个香烟盒、废电池都没有，连个纸片都没有。整个社会是凝固的，火车站没有几个人，飞机场根本就没人，人都不挪动，沉闷得像一潭死水——整个社会就是一潭死水。

在重庆三医大教书的时候，收到一些东西。三医大的资料，他们放在柜子里边，我有职权，清理时拿走了。宣传处有一些回收的毛主席像章，可能有半麻袋，二三十斤，把它提走了。

在三医大的时候，也没有市场，但是工资高了，就到废品收购站去买，找到一件算一件。到父亲或者岳父老战友家拜访时，跟他们要。记得一个姓刘的老红军有一个缴获的日本饭盒，已经七歪八翘了，他用来放盐巴。我把盐巴倒掉拿走了。

我还在垃圾堆里面捡。走过一些垃圾堆的时候，会注意一点，比如我们机关宿舍的，三医大的。里面有什么东西呢？毛主席的石膏像，有点残缺；印有"文革"语录的脸盆，下面烂了两个洞，因为生活好起来了，补的钱还不如买个新的，就扔垃圾堆了。最厉害的一次，捡了一把小提琴，背板开了，上面有毛主席语录。这时，茶缸、脸盆、毛主席像虽然能够捡到一点，但是实际上都很有限，一个月能够捡到一件东西都会很兴奋，会把玩半天。

转业回宜宾的时候，还是没有市场。地委孙书记家有个泡菜坛，上有"斗私批修"字样，我买了个新坛子换走了。陈再道是开国上将，我通过朋友认识他的儿子，带着两瓶五粮液去见他，他非常高兴。当时五粮液也很贵，政府也管得严。我没有想到他会给我题字。他写字就那么凑，也没有什么笔画顺序。写完后拿着笔笑，说：你看你看，我们放牛娃写的字，我们放牛娃写的字。他问我怎么样，我说写得好。他说，你别说，我这个签名还不错。的确，"陈再道"三个字写得挺顺畅。他给我题词："植树造林"。他说，当官，晃就过，多栽树。

虽然一直在收集，但是范围很窄，量也不大。很不容易找到一件"文革"时的东西，很不容易找到一件抗战时的东西，因为没有市场，没有买卖。古玩市场兴起的时候，也只卖唐宋元明清的东西。近现代的、抗战时的，想收的很少。改革开放以后，进入90年代才开始好起来。从 1990 年到现在，才叫收藏。以前就是要，就是捡。你认识一个人，就跟他要，不认识，就找不到东西，永远找不到。你可能总共认识一千个人，一千个人里边最多十个人会有东西，而他要给你，就非常非常不容易。一个国家，收藏没有市场的时候是很可怕的。

我收东西是靠全民大搬家

搬家是 90 年代开始的。搬家是我收东西的一个原动力，是我收藏的一个最大源泉。我收东西是靠全民大搬家，那些东西噼里啪啦地全出来了，搬家太愉快了。中国每一个家庭可能在这二十年间都搬了一次家，有些还不止一次。搬家，总得搬掉一些东西嘛。

大搬家时，我就拼命捡"破烂"。比如 90 年代初收购宣传画，每次赶场要买两三捆，手提肩扛，满头大汗。开始，许多收藏界人士认为我不入流，我却从头到尾笑嘻了。现在他们才明白，一般文物的价值十年增长十倍，"文革"文物是十年增长五十倍，三五元一张的幸福维持了七八年，价格转而扶摇直上，至今，增长百倍。而我丰收了十余万张宣传画，特自豪。

我收藏"文革"镜子也很有意思。这些镜子都是历史呀，比如"大海航行靠舵手"。当年我是怎么买这些镜子的？在全国，特别是在北方，小皮卡（小卡车）里拉很多新镜子。有大喇叭，在村里一边走，一边广播：乡亲们，好消息，好消息。现在四川有个特傻特傻的傻瓜，准备用新镜子换你们的老镜子，还给补点钱。老乡说有这么傻的人吗？用了几十年的能换成新的，还能加点钱？哇，一下子来了五万面。

90 年代以前就三个渠道：一个是自己的，一个是向亲友要，第三就是在垃圾堆里捡。1990 年以后就有点市场的感觉了，1992 年邓小平南方讲话这一年，一下子就有市场，有拍卖了，我买了些很好的东西。

更重要的是，本来市场里面没有我需要的东西，我把它买出来了。看到毛主席像章我就买，没有了，我说你去找。有信息了，他就知道，哦，毛主席像章可以卖钱，就找来卖给你。以前靠那三种方式搞了很长时间，搞几箱子就算很不错了，还为那一点东西陶醉，但是有了市场，一下就变了。比如烟标，过去一个月都可能找不到一张新烟标，因为只有那几个牌子的烟，你眼睛亮，也很难发现一张熊猫，一张中华。收到一千张的时候，可能花了十年，但是有市场后，不费吹灰之力就收到一两万张。运用市场杠杆就好办了，把风放出去，都给你送过来，一天就可以买几百张。

有了市场，可以逛地摊了。成都古玩地摊可能只输给北京。从 1990 年到现在，我淘了二十多年地摊。逛地摊很快乐，是会上瘾的。首先是结交五湖四海的高人。其次是捡漏，有次我只花了两元钱就买到了宋哲元将军的家谱，高兴得不得了。再次是地摊的无拘无束、自由交易、琳琅满目，让你幸福而不觉时光流逝。

在成都租房子住时，我以前收集的几箱子东西都没有搬来，有自己的房子了，那几箱子东西才搬过来。你会发现，十几年辛辛苦苦搜的东西，不如在市场上买两年。以前，像章收到七八十斤，了不起了，但买的话，一天都可以买一两百斤。有市场是件很幸福的事情。

全国近现代文物收藏市场的兴起，其中有我的功劳

有市场就好办了，这么几十年，每一个城市，都有我的联络站，大城市小城市都有人帮我收文物。比方说，上海就有几个朋友为我收集东西，他们平时可能就是古玩商人或者文物收藏者，我们定期会见面，我会告诉他们我最近需要的东西。这是我们的主渠道。另外，我们在全国建立起一个非常重要的网络，因为光靠自己去找是不可能的。比如收手稿，自己一次能找到一份，而靠收藏网络，花接近上百万的钱，能收到各类名人的手稿，几大箱子。网络速度是很快的，最多的时候，一年可能收到上千件。所以，我不是一件一件地找，是一批一批地找。比如 2005 年，我们收到的集装箱有三百个。从全国各地来的，平均一天一个，每天都有车到成都火车站去拉。

这么多年花不少钱买东西，全国任何一个古玩市场，只要是收集近现代文物的，没有人不知道我，都跟我有直接或者间接的关系。他或者把东西直接卖给我，或者卖给别人，别人再卖给我。像我这样的收藏，是绝无仅有的。全国近现代文物收藏市场的兴起，跟我是分不开的，其中有我的功劳。比如说，一件东西我买成一万，省一级的可能买成八千，市一级的可能就六千，县一级的可能就四千，乡镇可能就两千，到了收破烂的地方可能就三百，这样层层都有钱赚，市场就起来了。

我现在还是经常要到市场上去走，实际上我不出去，东西也会源源不断地来。每年我们会告诉大家，最近需要什么，比如抗战系

列中重点是收与汉奸相关的，因为汉奸馆要开馆了，希望找到更好的文物。另外有几种东西从来没有停止收藏，一是这一百年来手写的档案资料，还有日记、照片、家书。资金再紧，注重点再转换，这些都一直没有停顿地收。

我的藏品几乎都是火爆爆的

我的收藏跟别人不一样，别人都收藏梅兰竹菊、春花秋月、才子佳人，我收藏的大多是些火爆爆的东西。

"文革"遗书我收藏了很多，一般人都不忍去看。有份20世纪70年代的遗书，上面有很多黄色的痕迹，我看的时候很认真，没有注意到，看完了才发现是尸水印记。写遗书的人自杀前跑到山上树林里，写完遗书放进衣服口袋后把自己挂起来。从材料上看，革委会在找他，很多天以后才找到，天气热，尸体已经腐烂，遗书放进档案袋子里时没有处理。知道黄色的斑点全是尸水后，我也没有觉得有任何的不妥或者不安，一般人可能做不到。还有一件东西我印象也很深，是一张报纸。当时我很奇怪，一张报纸怎么会放在档案袋子里面作为一个重要的证物呢？仔细看了才知道，这个"坏分子"解大便的时候用有毛主席像的报纸擦屁股。这张报纸收进档案时肯定还是擦了一下，但毛主席像附近有很大一团黄色斑点，就是大便。看的时候不知道，玩了半天发现后仍然没有不舒服。看那些档案，都是虫啊，灰尘啊，却一直非常喜欢，没有任何抗拒心理，反而还有一种探索发现的愉快。看春花秋月的瓷器字画等产生欢愉是很正常的，但对刚才讲的那些东西产生一种欢愉，自己评价比较病态，我觉得我的收藏就是一个癖。我感到每件文物都在跟我说话："哗——"把你推到天上，"哗——"把你拉到地下，高度紧张。虽然明明知道这些资料里面有很多悲剧，进去后也会很伤心，但还是觉得这是我的生活，觉得是一种体验，一种享受。看的事多，经历的事多，我很有福气。

当年我收"文革"、抗战、"大跃进"、反右，别人收唐宋元明清，殊途同归，证明我不是捡破烂。另外，这二十余年我捡了两万余本日记，时间将证明，这是更有价值的藏品。我是想保留一些历史的细节，我想，对我们国家，对我们社会肯定是有用的。

由于这四十几年的历练，在全国要再找到第二个像我这样的人，估计很难。原因很简单，第一，我懂这些近现代文物的价格；第二，一般的收藏家有某方面的特长，要么瓷器要么铜器要么字画，瓷器中，他又特别擅长分辨清代或者元代，而我不是这样，金、银、铜、铁、漆、木、石头、布、纸，包括像章、警报器、武器装备、飞机碉堡，都阻止不了我。所以像我这样收，包罗万象，成千上万的品种都收到了相当数量和一定水平的，在中国没有。这需要相当的鉴别、欣赏和判断能力，而能力的形成完全靠时间，是慢慢积累起来的。我在《一个人的抗战》一书里讲马相伯的那个碗，别人不认识"相伯马"是谁，也查不到。我一看，是"相伯马先生"，就是马相伯，有名的百岁抗战老人，我就捡了漏。有一个李宗仁的烟灰缸，不知是谁送给李宗仁的，李宗仁字德邻嘛，别人不知道，我把它买到了。什么东西我都能去分析，去辨别。现在用一个赝品来骗我，只要我用心看，几乎骗不倒。当然，这几十年，我买的赝品也该装满一个房间了，所以对付用各种材质造假的方式方法，我都基本有效，这是时间、金钱、教训堆积的本事。这个不用谦虚，看近现代文物，我应该是一个人才，算是一个眼水很不错的收藏者。

我的收藏会随着认识的变化而变化

"文革"文物是几千年文明藤上结出的畸形瓜。艺术品一般都有传承，而"文革"生活艺术品离开了传统的价值观、人生体验、艺术要求，在那个年代拐了一个大弯便止步不前，感觉很漫长，其实放在历史的长河里只有一瞬间。从个人角度来讲，"文革"十年，生活贫困、压抑、疯狂，精神上不自由，本身就留有许多不愉快的记忆，加之"文革"后，对"文革"的集体的强烈否定和批判，便导致了一场全民销毁时代痕迹的行动。人们对那个十年没有什么留恋，"文革"生活艺术品使人们产生厌恶感，产生一场集体的、传染性的、步调一致的"遗忘"——"文革"中经历的个人痛苦、卑鄙行为、不幸遭遇……仿佛都烟消云散。人们成功地完成了注意力的某种转移。1979年以前，"文革"生活艺术品被大量破坏，很多打着"销毁"二字的文物是在送往销毁站途中被抢救回来的。

"文革"文物，我最先喜欢收藏瓷器。瓷器易碎，但收藏得好可以保存一万年。"文革"瓷器贵重，几乎都是制作精良的官窑作品。"文革"瓷器是"文化大革命"的"清明上河图"，所存不多，我收了四万多件。我还专门编著了《"文革"瓷器图鉴》一书。

在瓷器收藏中，我最想收的是毛主席的塑像。毛主席对中国的影响持续时间很长，可以说直到今天，他对每个中国家庭都还有影响，所以毛主席像的收藏极具象征意义和历史价值。当时，一般是得到哪儿有"文革"瓷器的消息，就马上赶到哪儿去。有一次我在外地买到一座真人大小的毛主席胸像，坐飞机过安检时要求我严格包装，可我时间太紧，就不顾一切地抱着瓷质像上了飞机。在飞机上我也抱着，生怕摔着，非常狼狈，水也不能喝。一位好心的空姐在飞机尾部给塑像找到一个空位，我给塑像系上安全带，坐在旁边扶着。塑像引起了乘客们的注意，每个乘客上卫生间经过时都伺机摸摸。

文物市场上有个熟人，我们都叫他陈二胖。他在成都小关庙开了一家羊肉汤锅店。一次，我去他店里吃饭，看见一座毛主席塑像赫然立在店中央，先央求他卖给我，他不肯，我只好甩下八百元钱，抱起就走。后来他告诉我，从我把塑像抱走后，没有镇堂之宝，他的生意就垮了，合伙人与他在经营方向上出现分歧，导致了分道扬镳。

开始着迷于瓷器，后来转向了。我意识到"文革"时期的传单、小报、书信、日记、检讨书、照片、遗书和外调通知、抄家收据、揭发材料等，才能深入地反映那个年代，便开始收集。比如我收藏的一份造反派头目因颠倒口号跳楼自杀的档案。"打倒刘少奇，保卫毛主席"，根据我所整理的"文革"资料，这句口号颠倒性最高；而变成"打毛保刘"之后，反动性又最强。这份档案很完整，有事件的过程，有上百个人揭发检举的检举书，有玻璃割腕后肉翻开的照片，有割腕未死、跳楼脑袋摔裂、满脸是血的照片，有后来平反的全部过程记录和平反通知书，有解决一个子女就业的处理结果。另外有一个遗书也非常有价值。女的姓刘，非常漂亮，有辅仁大学的毕业证，也有照片。整个档案可能有两寸厚，有"文革"外调时查到的北京是沦陷区时她参加国民党的党证——实际上她是冒死抗战；有她说过什么话的检举信，有遗书。遗书非常典型，说，丈夫，你要原谅我，我就这样走了。你要忘记我，你把你那五个孩子带好，让他们好好劳动，不要读书，当一个规规矩矩的劳动者，不要上刘少奇的当。遗书就落了一个"浦"字。年月日写了后，又写了一句话：孩子长大了，你要耐心点，及早给他们安排婚事。档案里有上吊的照片。遗书是从她的口袋里找出的。像这类的文物，对今后研究"文革"一定非常有价值。

"文革"文物是我最大的收藏，多达几百万件，仅仅手写资料就数十吨。我的"文革"收藏具有绝对的引领水平，这是大家公认了的。

进去以后，就知道有多少激情，多少责任，多少感动了

刚开始觉得把一件事情搞清楚很好玩，慢慢一件件事连起来，越来越觉得好玩，觉得幸福、快乐，就跟吃鸦片一样丢不下了。然后觉得还不够，还要查更多的资料，读更多的书，收集更多的文物，了解更多的事情，就这样进去了。

我在《一个人的抗战》一书里讲了许多收藏的事。比如一位我特别尊重的抗战老军人的后人转让给我的一把杉山元的扇子，上书纯熟的"忠烈"二字。我知道杉山元是日本陆军大臣，可令人不解的是，查遍了能找到的资料，怎么也查不到他。我查过1945年蒋介

石核准的日本战犯名单，单上列出的十一名战犯当中，没有此人；在东京远东国际军事法庭受审的二十八名主要战犯中，还是没有他；后来我又查阅了中国文史出版社 1994 年版的《日本军国主义侵华人物》，书中列出的六十名侵华人物中，仍然没有他。我开始怀疑自己，但仔细看后，总觉得"忠烈"二字后面大有文章。我又开始新一轮的查找，最终找到了这个军国主义分子的罪证。

收到一个东西，就特别想知道它背后的故事，想认识这个文物的主人，想知道这个文物是怎么留下来的。有时特别想搞清楚，但就是搞不清楚，因为是从市场上买到的，一般到我手里，已经倒了五六次手，卖的人也不知道是怎么来的了。每件文物都会给我带来意外的惊喜，把一个问题解决了，那种喜悦是无法形容的，很多文物可以互相佐证。进去以后，就知道有多少激情，多少责任，多少感动了。比如川军抗战时守长治，死了上千人，没把日本鬼子挡住。很多老百姓不理解，埋怨他们没有守好。尸体都没有人收，是一些商人出钱来收殓，我有这方面的原始资料。像台儿庄，王铭章将军和五千人全部战死在那儿，很悲壮。我觉得我们今天吃的一点点苦，今天受到的一点点挫折，跟他们比，根本什么都不算！

对历史文物进行考证是件艰苦的事情，年代、品质的考证是一方面，而与其相关的历史事件的考证似乎更吸引我。因为追问历史的过程，也是寻找、考证自我的过程，比如考证沈醉和黄维。沈醉1962 年亲笔写的《军统对叛徒的运用和防范，以及叛徒在军统的情况》手稿在我这儿，读完后我失语。沈醉二十八岁时就是军统少将，后来，战犯、特赦、政协委员。黄维将军研究"永动机"的心得体会、设计理念、图纸以及书信，一大堆，都在我这儿。他还给华国锋、邓小平写信，信稿也在我这儿。黄维将军犟得很，不骂蒋，不检举，不检讨，一心研究"永动机"，他认为"永动机"才能解决中国的能源问题。我把这两个人的历史查完后自问：若图圄中，沈将军？黄将军？这种唏嘘感慨，恍然顿悟，其中的乐趣是搞收藏的人所独有的。

我收藏文物有三个标准，一是对记载历史有意义的，二是特别容易被人遗忘的，三是标志性的，反映社会变迁的。比如三鹿奶粉，肯定是重要的文物，比如大哥大，肯定是重要的文物。现在找一块清朝的牌匾不难，可要找到"文革"时期写有"某某革委会"的牌匾非常难。这些东西大多被砸、被毁。"文革"的匾，现在出价很高了，超过民国、清代了，但我也得咬牙抬着走，没得选择！

第
十
一
章

抗
战
系
列
收
藏

收藏战争文物时，我收全民族抗战、团结抗日的

在我的战争文物中，看不到内战的东西，虽然这也是战争，但不属于我要收的战争系列。因为搞收藏的原因，我接触了数千老兵，国共两党都有。他们说到抗战杀鬼子时，眉飞色舞，绘声绘色，声音高亢，特别爱讲述细节，而谈到内战，往往轻描淡写。我父亲在谈解放太原时曾说，山西人打山西人，老乡打老乡。内战，内耗，内伤。认真收藏，如实陈列，理智叙述。不必要表演，不必要渲染，不必要弘扬。内战，兄弟相残，极其不堪。岁月弥合伤口，光阴淡化血痕。

我不重视收藏内战文物。到手的红军手榴弹、苏区石刻、解放

军家书，有点爱，终撒手。其实，从长远看来，内战也应该收藏，这也是真实的历史，这中间也有正义、情意、经验、教训。

这些年，我几乎是倾尽所有，收集了两百余万件抗战文物，其中国家一级文物上百件。其他民间收藏家很难有一级文物，一是一级文物就是国宝了，必须反映重大历史和具有重大史料价值；二是评成一级文物即不能买卖流通，丧失其经济价值，所以许多民间收藏家不愿意拿出来评。

由爱好变成责任

我之所以把抗战文物作为收藏对象，缘于我的军人情结。我的父亲和岳父都是抗日战士，我自己也曾有十一年的兵龄，这使我对战争有一种天生的关注。父辈是在面对面的拼杀中亲历战争的；我们这代人是在《地道战》《地雷战》《小兵张嘎》等文艺作品中知道战争的；我们的下一辈享受着日本先进的科技产品带给他们的舒适，至于"日本鬼子"，仿佛只是遥远的传说。

虽然一直有收藏意识，一直在收藏抗战文物，但激情是被电影《血战台儿庄》点燃的。电影里，川军师长王铭章中弹负伤，浑身是血，仍挺身大叫："拼上去，中华民族万岁！"真是惊天地泣鬼神。中学时，老师私下讲了一点国民党的抗战，但我了解到的很少。于是我开始收集川军资料，阅读、研究川军抗战史，一串数字让我震惊了，内心的震撼促使我必须做些什么！

我常常想，一个国家的光荣，可以让十三亿人中的每一个人去分享，而国耻，同样也需要每个人都承担。作为我来讲，经商有了一点资产有了一点钱，我想做一点事。以前是东一件西一件地收藏，单枪匹马地干，是一种爱好，这时我利用在全国建立起来的网络收集，变成了责任。我这样做，对自己是一种满足，我实现了理想、愿望；对社会也有一些帮助。所以一旦有值得收藏的抗战文物，我会在第一时间前往。

2000 年 7 月，北京某拍卖公司准备了一批珍贵的抗日史料，其中有日军投降时交出的系列机密公文，上面列有一百一十三个驻华名称番号等，它是日军侵华的铁的罪证。拍卖目录刚一寄出，听说就有买主从四面八方赶去，又听说有海外商人筹足资金准备"豪夺"，有一名神秘买家放下大话，势在必得。我担心自己的资金无法与海外的富豪相抗衡，我希望找到卖主，晓之以理，动之以情，让他给我开个价，然后撤拍。可卖主在哪儿呢？我到北京，又到天津寻访，发动大量"线人"查访，其过程非常艰难。或许是天意吧，我终于在拍卖的前一天找到了卖主。我的真情与激情打动了他，他愿意撤拍，而我也以远高于起拍价的价格将这批史料留下，留在中国人手中。

2004 年底，我偶然得知重庆有一藏家藏有大量援助抗战的支票。我花了两个多月与对方讨价还价，对方终于将几麻袋的支票打包作价数万元卖给了我。运回成都后，我一头扎进这堆支票中研究鉴别。经过一个多月的鉴别，选出了一百多张非常有价值的支票，其中一张有宋子文的亲笔签名，还有一张有"蒋宋美龄"的毛笔签名——这张支票的金额是九百九十九美元，是当时美国华侨的抗日捐款，必须宋美龄签收，而且还注明此款用于救治伤兵。我太惊喜了，手

从天津拉到建川博物馆的侵华日军碉堡

都在抖，仅这一张支票就值那几麻袋票据的价。最后经国家文物部门鉴定，这张支票是"国家一级文物"。

到我们建川博物馆，第一眼就能看见耸立的一个碉堡。碉堡是日本鬼子留在天津的，我把这巨大的水泥钢筋砣子切成十几块，分装在卡车上，奔波两千里运回安仁。碉堡是我目前收集到的最大的一个抗战文物：高五米，直径五米，壁厚约二十六厘米，重达数十吨。我把它安在博物馆的入口处，具有震撼人心的效果。我这样做，是有目的的：侵略者的碉堡被打烂了，当年的碉堡变成一个"盆景"了，碉堡上的绿树、鲜花象征中日之间今后的和平。

到日本去"反扫荡"

在国内收藏中，特别是在拍卖场中，我曾有几次失手，后来我了解，是日本的收藏家与我争夺这些文物，日本也有收藏"二战"的专家，这很正常，他们也比我有钱一些。后来我想，你能到中国来买东西，我也能到日本去买。套用当年战争时期的语言，你可以"扫荡"，我也可以"反扫荡"。

1996 年我到日本去，在京都、奈良等地逛街时，发现当地的文物店铺里和地摊上竟有大量的日本二战时期的杂志、画报等物，其中有不少与中国有关。我取消了到其他地方的行程，就收集这批东西。我见到就买，仅购买、翻拍的图片数量就超过三十万张。我是一次就把东西买了，装进集装箱给拉回来的，一次基本上就把市面上的全部给买走了。比如说当时的画报，我一次买了一千余本，《历史写真》《支那事变写真》《日支事变画册》《北支事变画报》《国际情报写真》《跃进之日本画报》等，还有上千张日军的明信片，还有作战地图，日军的信件、钢盔、望远镜、指挥刀、绑腿、指北针……

抗战胜利"八一五"那天的报纸，国内的我收集了很多，《大公报》《新华日报》《中央日报》等我都有。1996 年到日本，我就想一定要找到日本投降这一天的报纸。东京有一条卖旧书报的街，我找了一个留学生带我去。一个书店的日本老头说阁楼上好像有 1945 年的报纸，让我自己去翻。那天特别闷热，我在里面翻了整整三个小时，终于把这张报纸找到了。《每日新闻》1945 年 8 月 15 日有日本天皇颁布投降诏书的情况，很少的内容。这张报纸后来与《中央日报》《新华日报》、《黄埔军校》号外、《抗大》号外等 1945 年 8 月 15 日的诸多报纸一起，被评为一件（套）国家一级文物。

我还去了靖国神社。那里不让拍照，管理员拍我的肩膀，让我别拍，我装听不见，啊啊呀，装哑巴，我想了解他们的做法，拍了几百张照片，当时是胶片的。我觉得我搞抗战博物馆，必须研究和了解靖国神社。

因为去看过靖国神社，我坚决抨击靖国神社。靖国神社绝对是军国主义的，是特别丑恶的狭隘的民族主义和军国主义的一个馆。2002 年 4 月 21 日，日本小泉首相参拜靖国神社，我第二天就约见新华社驻四川记者，详细叙述我所知道的靖国神社。我说这里不但供奉战犯，还陈列了飞机、大炮、刀剑等战争凶器，在这里他们歌颂、美化侵略者，是一个战争博物馆，不只是简单的烧一炷香那么简单。

新华社记者很快写了一个报道《樊建川认为靖国神社是"军国

主义教科书"》，成为"内参"，这个"内参"还是"机密"(《国内动态清样》2002年4月29日第1099期)，记者寄了一份给我。我在上面写道："终有此结果，心慰也。"

其实，靖国神社中统计的二百余万阵亡日本士兵，也是老百姓，人死为大，家属去祭祀也是正常的。但是供奉战犯不应该，里边宣扬军国主义不应该。

2000年1月，日本老兵东史郎在他的日记里详细记载了他的分队长桥本光治在南京大屠杀期间虐杀中国人的情况，却被桥本光治以"不实""毁损名誉"为由告上法庭，说根本不存在东史郎说的杀中国人的那个池塘。看到报道后，我第一时间从我的收藏品里找到了民国时期的《最近实测新南京市详图》，向媒体公布了这幅地图。而这幅地图就证明了老兵东史郎日记中记载的池塘确实存在。

我在日本搜文物得到三种人的帮助，一是有正义感的日本老兵，如盐谷保芳先生，前后给我捐了七八次文物；二是中国留学生，他们经常不辞辛苦，开着车带着我到处寻访；三是在日本开文物店的华侨商人，经常给我提供一些珍贵线索。我在日本的收集"络网"，一直发挥着很好的作用，至今犹是。

《荻岛静夫日记》

2004年初夏的一个傍晚，我接到一位与我们长期合作的文物商人的电话，他说天津的一位姓王的先生藏有一套日军的日记。关于侵华战争，虽然留传下的各种资料有很多，但日记类的东西在中国文物市场上却从未出现过。我简单问了一些情况，即刻飞往天津。

第二天一早，我见到了这批东西，多年的收藏经验告诉我，这批东西是真品，而且千金难求，旷世难得。

日记一共有七本，加上附带的一本影集共八本。每一本日记只有小孩子手掌大小，正好可以放入口袋中。本子是当年的日本军队的制式出品，专为前线军人制作的，附页上还有军人守则、常用"支那语"对照、伪满洲国的地图等。日记本上的附件记录，这些东西是一位叫"王襄"的人于1950年收藏的。

我当即掏钱买下了。我之所以这么做，有一个很重要的原因：我不想让这批最真实最直接地反映抗日战争的东西再东游西荡，我不知道它会再到什么地方去。

回到成都，立刻找人翻译。当翻译完成，我几乎是迫不及待地开始阅读。日记提供的东西，远远大于我起初对它的想象。

日记的作者叫荻岛静夫，曾是个"火葬兵"，专门负责焚化战死的日本兵尸体。仅仅在淞沪会战一役中，他就焚化了近千具尸体，足见当时战况的惨烈。之后他当过传令兵、武器发放兵。他从自己的视角记录的淞沪会战等重大战役，虽不足以构成完整的历史，但许多历史细节，对研究中国人民抗日战争历史有着十分珍贵的价值。从1937年8月参加侵华战争，到1940年3月回国，日记几乎没有中断。日记中，日军扫荡、烧房、杀人、抢劫、强奸的内容比比皆是。他们杀中国的俘虏，不需要任何手续，不需要任何报批，对中国战俘非常非常残暴。像这样的文物，是日本人自己写的，是铁的证据。

这套《荻岛静夫日记》被评为国家一级文物。可以肯定地说，这是目前国内存在的侵华日军最完整详细的战地日记。2005 年人民文学出版社出版了该日记，并选配了一些照片。

去云南等地收藏抗日文物

我去云南收文物至少有十几次，云南的那些战场基本上都跑了，腾冲、瑞丽、松山，包括 1942 年 4 月炸掉的怒江上的惠通桥也去了。但更多的是在昆明，因为很多都是把东西送来，我在昆明验货。

最吃苦的一次是我跟博物馆的何新勇去收大油桶。那天下着雨雪，皮鞋泡成了水鞋，走路呱叽响，只有扔了，在昆明街上买了双胶鞋。到了乡下，买了一些钢盔、刺刀。听说后山村里有个油桶，上面有许多英文，可能是美军的，我们就去了。到了那家，只有个五六十岁的老头。我看到了桶，但没有看到英文。他说，你不相信？他把桶里的米倒掉，我看到桶底全是英文，确实是美军遗存的物件。他不愿卖，说在装米，很好用，老鼠进不去。最后商量用五个米桶的钱买下。但那么重，体积也很大，拿不走，我们抬出农家就抬不动了。我们就滚，但下过雨的路，上坡下坡滚了一二里路，也滚不动了。路是两米左右的机耕道，当地农民打电话帮我们找来一辆拖拉机，当时很冷，我们在拖拉机上冷得够呛。下面一个村子靠公路，我们租了一个小货车。到了昆明，我们吃了最大份的米线，碗比脑袋大，放了很多辣椒。油桶现在放在美军馆，挺漂亮，挺大气。

最好玩的是收那把"公"字座椅。飞虎队的飞机坠毁云南，难得椅子保留得如此完整。领导青睐，1957 年"大跃进"时，公社书记说，这把椅子还结实，留下吧，于是它成了书记的座椅。为了表示这是公共财物，书记用红笔在前沿写了个"公"字。公社改乡后，一位退休书记把它抬回家里。电话里说好五千元转让我，到家搬椅子时又舍不得了，说，坐惯了，我走了你找我儿子要吧。我不干，从成都到昆明再到乡下，我容易吗。我晓理动情，终于到手。

由于在云南购买的抗战文物数量比较多，还引起了一些误会。有关机构的个别同志公开说不欢迎我到云南收购抗战文物。

我在四川汶川宝顶山寻找美机残骸花了比较多的时间，前后好几年。2007年下半年，我们得到一个山民的报信：在宝顶山海拔四千米的地方，1944年有架美国飞机摔在那儿。2007年冬天，我们派了一个搜索队上去，很艰苦，好不容易找到了，由于太大，只好切割一部分带回来。2008年汶川地震后，我们第三次去寻找，耗时十天，把两具起落架残骸运回来。我们用两具起落架组成一个胜利的"V"形，安放在中国式的亭子里。我给它起名"飞V"。"飞V"是我创造的中英文混合的词，意思是"飞行与胜利"。

我们还派人到西藏搜寻抗战期间驼峰航线的飞机残骸。已在西藏的某地发现三架飞机残骸，我跟有关方面打报告，在适当的时候，我会派人去把这些沉睡雪山的残骸拿回来。

第十二章

博物馆是吃
百家饭长大的

一些私人物品就得上门讨

我的文物，百分之九十五以上都是花钱买的，但很多重要文物是花钱买不到的，是别人捐赠的。一些名人的东西，他可以选择捐给国家博物馆，你就得上门讨，让他同情你，让他觉得你的博物馆比国家的博物馆办得有意思。

黄埔军校的课桌课椅课凳三件成一套，上面有军校的烙印。据我了解，这是一套孤品，在四川省黄埔同学会手里。黄埔军校的本校抗战时就在成都。国内许多大博物馆都想征集这套珍贵文物。后来，经同学会集体研究，捐赠给了我们。我想，一是觉得我这里有个专门的"正面战场"馆;二是离成都近,他们随时可以过来看看;三是相信和支持我这个人,大家相处,有了感情。

彭嘉衡是原飞虎队老兵,我 2007 年 11 月到北京拜访他,我取了他的手印,还得了他收藏多年的飞行罗盘。

元帅、大将、上将等这些老元勋的后代,我总是千方百计去认识,找他们要东西。一次我到聂力中将家去,在她家待到很晚了,她说,建川,聊得差不多了,你该走了。我说,我不走。她问为什么,我说,你没有给我东西啊!她说,哪有你这样强求人的嘛。后来她又磨蹭半天,把聂荣臻的一个皮包给我了。我请她写个说明,说明这个包是聂荣臻抗战时期用的包。这个包和说明已经陈列了。要让大姐把如此珍贵的文物交出来,是很不容易的,说明她对我的信任。

开国大将罗瑞卿是四川人,我想方设法找到了他的长子罗箭少将。罗箭 1938 年在延安出生,那时条件艰苦,连裹孩子的布和褥子都没有,罗瑞卿就用分到的一床缴获的侵华日军毛毯来裹罗箭。这条毛毯跟着罗箭七十多年,一直都在用。我知道后一直追着他要,软磨硬泡好多次,要了三四年。2010 年 12 月的一天,他打电话说,建川,你来拿毛毯吧。我去取的时候,他还是舍不得——肯定舍不得,内心是很不情愿的。从什么地方判断呢,我一般拿了东西要赶紧走,因为有教训,怕被要回去。我拿了毛毯正要走,他叫"建川",我心想,糟了,要被要回去了。他拿过毛毯摸了又摸才又交给我,我出他家门后,他"嘭"地把门碰得很响,这样他是在给自己下一个决定,或者给自己一个理由:樊建川已经拿走了,要不回来了。

最好玩的一次是 2008 年 12 月到台湾访问,连战推荐我见郝柏

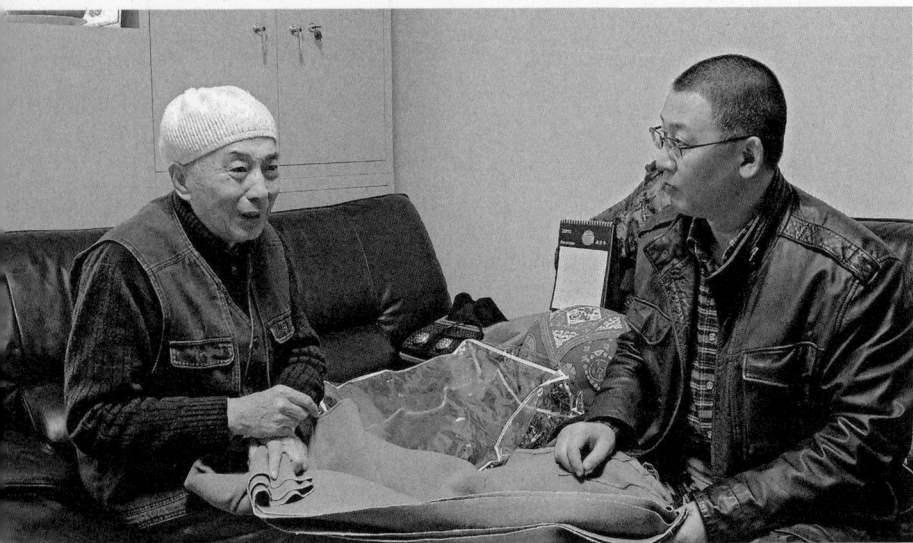

罗箭介绍毛毯来历。他特别舍不得这床毛毯，最后还是捐赠给我们了

村先生，说郝是抗战研究专家。我到郝老家，与他交谈许多抗战事。原来郝老在抗战时曾任过炮兵连连长，我向他征集文物，他苦笑，说什么都没有了，只能给我几张照片。我发现我俩之间的茶几上郝老之杯是原"行政院长"李焕所送。告辞时，我说，李焕先生参加过抗战工作，此杯，我馆要收藏。郝老天真地说，我正在喝茶呀。我说，倒了即可。郝老抚额大笑答应，叫秘书倒茶洗杯。离开郝宅时，他的秘书苦笑着说，先生大胆，敢抢院长水杯。出了郝家，我高兴

得大叫了好几声：我抢到了！我抢到了！有些时候为了要到一件文物，我几乎就是"抢"啊！

还是那次在台湾，我在国民党党史馆看到蒋经国的办公桌上什么办公用品都有，笔筒里的毛笔有好几支。我想连蒙带抢拿一支。我说，蒋经国先生抗战时在赣南做专员，也为抗战做了不少的事。他们开始以为我开玩笑，不知道一个收藏家这么不讲礼貌，这么要横。看到我直接从笔筒里拿了一支毛笔插到上衣口袋里，他们急了，硬要要回去。我实在不想还他们。这时，国民党副主席兼秘书长吴敦义说，樊先生，理解你的心情，这样，下次到你那儿去时，给你带去，这边总要办个手续嘛。我只好交出了。看来，有时能抢到东西，有时也抢不成呀！

看了感动，就支持你

开博物馆，陪人是免不了的，但有时候就陪出一些东西来。我有个朋友，叫杨伟，杂志上总称他为"歼 20 之父"。有天，他打电话让我陪客并亲自讲解，又不告诉我客人的姓名。我老老实实去当讲解员。客人看得很认真，看战俘馆和地震馆，他眼角还有泪花。中午吃饭时，他忽然说捐我一架飞机，我有点发晕，他说，真的，捐你一架歼 5 战机。这个时候，我才知道这位客人姓林，是中国航空公司的负责人。现在这架飞机已经到场了。他说今后还要继续支持我们。他认为我们的博物馆对社会有正面意义。

2010 年 2 月的一天，我照例在馆里转，见到微服的成都军区田副部长。我招呼寒暄，他说陪首长，我说你是首长你陪谁，原来他在陪军区新上任的田政委——云贵川渝藏的战区首长。田政委着便服，很平易，看馆仔细认真，无须讲解。田政委对我说，像个退伍军人干的活，我支持你，可以给兵器馆补充一些退役枪炮。田政委还对我们抗战馆的布展做了一些指导。

经常有军队的将军来这里参观。我和军队有种天然的联系和亲近感，我常常得到他们的文物支持。有解放初期在西藏平叛的老军人捐我藏枪，带权的那种；有打印度的老军人捐我缴获的印军装备。记得空军乔司令来时，就将"5·12"地震时中央领导专机上的座椅捐给我了。

谷帷澂是抗战飞行员，九十三岁那年，专程从台湾来，捐赠他保存了六十多年、在抗战中穿过的原中国空军飞行服装及勋章、奖章。

葛德纳的父亲是原援华美军少校葛顿南，曾参加1945年的南京受降仪式。葛德纳多次捐我文物，包括他父亲出席受降仪式的代表证、他父亲在现场拍的照片等。有一次，他捐我八件文物，其中五件被评为国家一级文物。

戴维克尔的父亲是抗战援华美军飞行员克尔中尉，1944年驾机轰炸香港启德机场时被击落，跳伞时落向市区。侥幸，一阵怪风将他吹进观音山。日军上千人搜索未果，被困二十八天后被袁庚所在的东江纵队营救。袁庚之子袁中印看过我们馆后，动员戴维克尔将其父亲抗战时的军装、地图等物品捐赠给我们。2010年12月，我在北京与戴维克尔座谈后，他第二天就从北京飞成都，看了我们馆后把东西全捐给了我们。

王锡仁，四川老乡，《太阳最红，毛主席最亲》是他的代表作。他将创作手稿捐给了我，还写了说明。他前不久去世了。这是件国家一级文物。

刘文辉的长子刘元彦老先生把一些珍贵文物，包括刘文辉将军任部长时的讲话稿捐给了我们。

《潜伏》讲述军统天津站、北平站的故事。平心而论，抗战时他们干了不少重活。有天，一位老人侠义助我，送我抗战时军统头子戴笠使用的办公桌。来历清楚，传承有序，连隐蔽处的电铃都还在。

加思，新西兰老人，见面即指责，馆里有白求恩，为何没有路易·艾黎？我答，没有他的文物。他说，我给你。原来，加思先生是艾黎基金会发起人。艾黎20世纪30年代即参与和支持中国抗战，而且是坚持在基层做基础工作，值得尊敬。真是人在馆中坐，物从海外来。

中直育英同学会抗日后代参访团2010年10月来了四十人，有胡乔木之女胡木英、杨勇之子杨小平、张闻天之子张虹生、博古之子秦铁、邓子恢之女邓小莲等。参观后，与他们座谈，原计划一个小时，两个半小时才结束。大家都表示要支持我们。

陈守仁（Jimmy Chen），美籍台湾人，五十多岁，海事收藏家。不知道他是怎么知道我们博物馆的，今年夏天跟我们联系后来了。他跟我聊，非常受感动。他给了我一个他的长官希尔少校拍的录像带。希尔1937年就是美国特工，公开身份是商人。录像带特别重要，是没有见过天的。我看到淞沪大战，看到上海被日本轰炸的情景，还有一些逃难记录。希尔老人已经去世，在世时陈先生与之交往了比较长的时间。陈先生说给我密苏里战列舰上三号锅炉铭牌，我当时觉得这是不可能的事情。1945 年 9 月 2 日，日本在此舰上正式向盟军投降，对一个收藏者来讲，这是何等珍贵的一件抗战文物呀，百分之百国宝。当时真不相信。今年 10 月他专门送来。我看到后，才相信这不是做梦。陈先生还要给我们东西，希尔上校的女儿有几百件东西。

非常多的人受感动，帮助我们。有些人觉得捐文物还不够，还要做其他的事。比如将军李康，还有我在三医大工作时的老首长——曾当过第一军医大学少将校长，他们来博物馆做过义工，一住就是一个多月。这些事太多了，讲不完，这些年来，很多人侠义相助。博物馆是吃百家饭长大的！

库房——道具库

很久以前，古玩行中人士叫我收破烂的樊傻儿（傻瓜）。全国往成都发集装箱。我的仓库，五千多六千平方米，堆山堆海填满了东西。看过的人都会说两个字：震撼。

陆川拍摄《南京！南京！》，我在文物、图片上给予他很大帮助，以至他在银幕上打出我是该片的顾问。冯小刚拍摄《唐山大地震》，他来看后，我给他发了两个集装箱的"文革"实物。我敬重的导演李扬常来我这里。他想同时拍两部电影，一部"文革"，一部抗战，要用我的文物。张艺谋拍电影《山楂树之恋》时，他的舞美、道具工作人员也在这里住了七八天。韩三平来看了我的库房说，恨不得挂个"中影道具库"的牌子。

我们现在最大的困惑是文物太多，库房没法登记。以前收集的没有登记，现在收集的也只登记了很少一部分。我们一年要买四十万件文物，每件拍照，量尺寸，按规范的来做，当年的都登记不完。库房登记最多的一年是二十多万件，所以，新买的文物实际上是十倍、二十倍地堆在那儿。总有一天，我不买了，加上资金充裕一点，再加一点人手，登记速度会快一点。但是大的数据都在我的脑子里，八九不离十。比如"文革"时的文物：

手写资料二三十吨。

书信三四十万封。

日记一万五到两万本。

像章上百万枚。

票证上百万份。

公章一万多枚。

唱片十几万张。

瓷器大概五万件。

镜子大概五万件。

座钟一万座。

生活照影集上万本，以一百张照片计，有一百多万张。

宣传画十几万张。

电影拷贝近万个。

"文革"的烟标、请柬、奖状，各种结婚证、袖标、红旗，都分别上万件。

"文革"的搪瓷件、收音机，都上万件。

老报纸、大报，包括每个省的机关报，上百吨。小报也以吨计。

教科书的版本也上万个。

毛主席像的绣品，都是以万为单位计算。

…………

启功给我题了很多次字

我的馆名是请启功题写的。在为我们题写馆名前，他已封笔了。我没有见到他，由于我《一个人的抗战》的编辑宗颖与老人家是邻居，很熟悉，常去跟老人家说我们博物馆。实际上启功对我非常了解，对我说了很多话，宗颖还专门写了篇文章《心的祭奠——启功老人鲜为人知的抗战情怀》。

启老有次很激动地给宗颖打了三十分钟的电话，宗颖也跟我说了。启老说：

一个贼，你问他承认不承认罪行，他至死都不会承认，因为他是贼。

贼不承认，我们不用老管他，老跟他说也没用，关键是我们自己要强大。

我们驳斥日本否认侵华罪行是一回事，我们更应该把事实摆出来，事实胜于一切。他们编他们的教科书，我们也编我们的，文物胜于一切，让小孩子们知道历史的真相。

我去日本访问，曾参观了长崎原子弹坑。美国本来是准备炸长崎和广岛之间的一个日本武器库的，结果没有扔准。为什么美国的两颗原子弹扔在日本而不扔在中国？因为日本所犯的侵华罪行激起了公愤，全世界人民都没人承认日本是对的。

我做这个展览的顾问，感到很光荣，越多的人参加越好。我认为如果全中国十二亿人民都在这里签名，会把日本帝国主义、日本否认侵华事实的右翼分子给淹死！

启老认为不能叫"为了和平，收藏战争"，战争怎么能收藏呢？他觉得不符合语法，不符合规范。他是按照他的老学问来讲的，他说应该叫"为了和平，收起战争"。

启功让宗颖给我带了很多话，说，你告诉樊建川，抗战博物馆可以建，"文革"博物馆叫他别建了。是灾难，不能建，建了要惹事，要惹火上身。这件事，就是他们干的，他们是姑表亲，辈辈亲，砍断骨头连着筋。

不知道为什么，每次我都没有见到他。每次去见他，他又不好，在医院里边。有次都说好了让我去北京见他，也没有见上。但他给我写了很多字，还送了我一个"寿"字，用红纸金粉写的，意思是你一定要长寿，才能把活干完。因为我曾经托宗颖跟启老说过这样的话："文革"博物馆，现在建不成，三十年后我也要建。他写"寿"字的意思，就是希望我能活到三十年以后。这个字，放在我的卧室里，一个朋友特别喜欢，一再说给他，我就送给他了。启老给我写"旁证"，写那么多，一张纸东一个西一个，写了七八个。他一直很支持我。

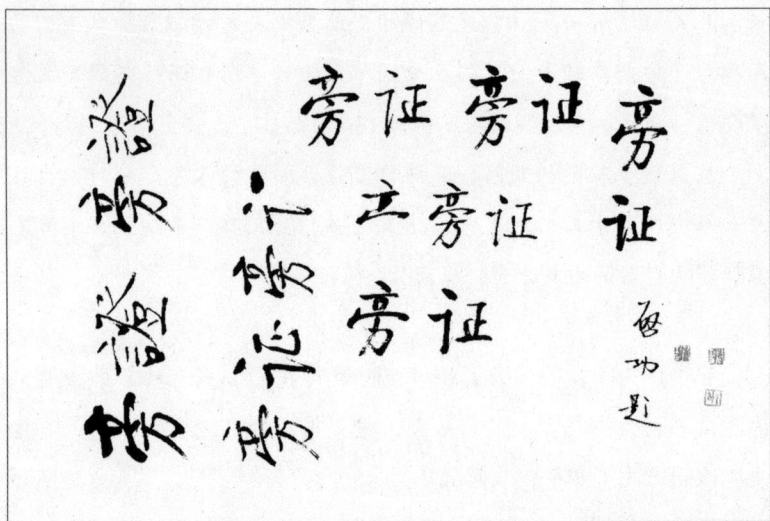

启功题"旁证"

第十三章

2005 年
开了五个馆，
创造了一个奇迹

博物馆是神圣的，高不可攀，我怎么可能建一个呢

尽管有这么多的收藏品，但我当初没有想到可以建博物馆聚落，对自己信心不够。1999 年 9 月，建川博物馆成立。申办博物馆，主要是以博物馆的名义购买文物可以避免一些法律上的纠纷，比如东西是抄家抄出来的，卖给房地产公司，就是犯法。当时并没有想马上要有一个物质形态的固化的博物馆，只想在哪个地方修一个房子，两间，几百平方米，东西搬进去就叫博物馆了，不敢想一个大的博物馆，大的博物馆是神圣的，高不可攀，我怎么可能建一个呢？从来没有想过。

2001 年觉得很有必要搞一个展览，就花了二十万，4 月在成都四川省博物馆租了一个场地，办了一个展览。我请了卢沟桥中国人民抗日战争纪念馆的馆长、军事博物馆的馆长来剪彩，他们看到我的藏品就吓倒了。卢沟桥的馆长说，建川，你能不能到我们卢沟桥来做一次展览？卢沟桥中国人民抗日战争纪念馆是纪念中国抗战的顶级殿堂。我说，我这些东西可以吗？他说很好，我便到卢沟桥去做了一个月展览。我发现我的东西不比别人的差。展览完后，国家文物局的领导专家过来看，也大为吃惊。他们有点搞不懂了，民间收藏怎么有那么高的水平，一方面怕是赝品，另一方面也想鼓励民间收藏，问我能不能做一次鉴定。那一次，在北京当场就鉴评了十四件国家一级文物。我想，卢沟桥可能有成百上千件国家一级文物吧，顺便问了卢沟桥馆长，他说，只有几件。

我忽然有了底气，一下子觉得自己的文物不比别人差了，不管怎么说，办博物馆首先是文物。我又仔细观察了卢沟桥的房子，我是做房地产的，觉得也没有什么了不起。后来我们又到香港办展，影响也很大。

到香港去展览，我是用拉杆箱把文物直接拉去的。在香港展出后，回来就被理抹（追究）了。开玩笑，未经报批就把国家一级文物拉到香港，文物局就通报批评我们，要我写检查。我只有写，还盖了我们的章。也是万幸，没有丢失。丢失一件都会被判刑——那是国家一级文物呀！

这时，我才开始有自信——我也可以建博物馆了。本来想收藏后捐给一个博物馆就完了，在北京、香港展览之后，我完全改变了想法。第一，原来我的藏品那么好，第二，原来我也可以修博物馆，这两点让我觉得我也可以做。

知道博物馆做出来一定是赔钱的，但我一直想做。2005年是抗日战争胜利六十周年，这是一个甲子，是我们民族的一个大事，我想，我必须有所舍弃了。

因为我是控股的嘛，我说服我的股东，大家一起来做博物馆，他们也很支持这个想法。四川有两千家房地产开发商，少我一个没关系，收藏战争更有意义。中国十三亿人，要有一部分人去承担责任，去考虑一些更长远的事情。其实我有点蠢，有种使命感，觉得这个事就该我干。

博物馆聚落

最开始想修一个大房子，把东西全放进去，但是不行，有"文革"时的东西，有抗战时的东西，还有一些民俗的东西，我就郁闷，这个房子很大啊！我又比较其他博物馆，觉得博物馆建得庄严巍峨，实在是有点扯。我又想建三个房子，把三类东西分别放进去，但还是觉得不对。四川天府之国那么漂亮，能不能把景观、建筑和题材融合，让博物馆小型化？于是三个系列的博物馆变成了三八二十四个，加上还有一些题材要放进去，就形成了更多的博物馆。

有了这样的想法，理念就建立起来了：一定要多。让别人来看，不要看一个馆跑很远，像我在北京、上海，包括外国，跑很远看一个奥斯维辛，跑很远看一个诺曼底。在一起就好了，可以省时间。

那么，一个馆要建多大呢？小时候我觉得一节课四十五分钟是老师说的，大了看书才知道是科学。于是，我就很明确地按四十分钟的参观时间来建馆，保证新鲜感。我不建大博物馆，转四个小时，最后疲惫不堪。另外，不要把不同内容的文物放在一起，一定要细分，不要一幢大房子里边装许多东西，像纽约的大都会博物馆，包括埃及的，中国的。当时这样做有道理，今天我再这样做，就没有道理了。

有人可能觉得奇怪，樊建川为什么没有把抗战系列、红色年代系列、民俗系列放在一起？其实这是生活常识。我们读书的时候，课程的安排都是分开的，数学完了语文，然后是美术、体育，没有一个学期全讲化学。为什么分开上课？就是转移兴趣。那么，观众看完川军抗战馆，换个题目看兵器馆，看完兵器馆，又换个题目看三寸金莲馆，看完三寸金莲馆后看红色瓷器馆……我想让观众一直保持新鲜感。

现在叫博物馆聚落，是一个很文质彬彬的词语。刚开始的想法是叫"博物馆超市"，即把博物馆的神圣性打破，使之成为一个邻家的普通的文化业态，每一个馆花几块钱看，价廉物美。我们中国有博物馆的时间很短，百年左右。在欧洲，博物馆也不过几百年历史。我总觉得博物馆被赋予太多神圣性，很庄严，我觉得博物馆要扑下身子，卸下架子。平时我需要买一个可乐或者火腿肠，就去超市，这是生活的需要。有心理需要的，就去博物馆超市，博物馆就是提供精神产品和文化产品的超市。我一直认为"博物馆超市"比"博物馆聚落"好，但是大家都反对，就随了大流。"博物馆聚落"这个名字也是我想出来的。

既然是博物馆超市，就可以通过十年二十年慢慢扩大，做一些配套，像客栈、酒店、餐厅、影视、夏令营、培训、茶馆、古玩店、旅游商店、会议室等，这样就可以发展旅行商业地产，养活自己，博物馆就可以存活下去了。

这些问题想清楚了，博物馆聚落是个什么样子也就清楚了。第一，建筑应与题材和文物吻合；第二，我的馆聚集多了，就有更多的商业空间；第三，符合人们的文化休闲需求。

然后就考虑规划用地，先想一百亩，又想两百亩。看了宋城，觉得五百亩是适中的。筹建博物馆的时候，别人最不理解的就是为什么要五百亩地。一般省博物馆三五十亩地，一般市博物馆二三十亩地，我坚持要五百亩地，我的想法非常超前。但现在看来还是偏小，如果当时再敢想一点，有八百亩地，一千亩地，更有余地和空间，那就更牛了。

哪有五百亩地给我做博物馆

为了选择落户的地点，我去北京、上海、重庆等很多地方考察过。因为我是房地产商，他们认为我是骗他们的——五百亩地拿到手后，二十亩地用来建博物馆，剩下的四百八十亩地来搞房地产开发。当时我是都江堰市区最大的房地产开发商，也找了都江堰市很多次，他们怎么也不相信建博物馆需要五百亩地。领导们觉得我是在圈地，以建博物馆的名义忽悠他们，甚至有官员明说，我们这点经验是有的，你建川也当过市长，别来害我们嘛。我口水说干了也没有人相信。

后来大邑县相信了我，他们相信我就是对了，我果然就把五百亩地全部用于建博物馆。

建川博物馆落户安仁，有时候我觉得这是天意，老天爷安排的事情，一个人想努力是办不到的。大邑县安仁古镇，是"取仁者安仁之意"而名之，始建于唐朝。安仁镇的人文环境和我们的博物馆一脉相承。一是安仁公馆群是民国建筑，与我百年收藏的方向吻合。二是刘湘是抗战名将，它又是一个抗战之镇，与我抗战系列馆吻合。三是刘文彩是阶级斗争人物，刘文彩的庄园在"文革"期间是拿来做阶级斗争教育的，所以它是一个"文革"之镇，与我"文革"系列馆吻合。四是2003年时，只有安仁镇能拍卖到五百亩地，价格也便宜，几万元一亩。五是安仁镇是历史文化名镇，建筑高度不能超过十三米。这样，永远没有烟囱、高楼来压迫我的馆。

2003年4月，安仁建川文化公司在大邑县注册成立。同年，我们出资五千万收购了十几个老公馆。安仁建川文化公司最初在刘文辉公馆办公，一办好几年，奢侈哟，又很气派，博物馆修好后才搬离。2003年的安仁镇，黑灯瞎火，从成都过来开车要两个多小时，很多人都觉得没有希望，都认为我会彻底栽在这个镇上。

作为商人，赚钱是本职工作，但安仁这个项目我确实是求名不求利。我相信安仁这个项目肯定会被记入史册，哪怕有一天我离开了，人们都还会来安仁。如果有人给樊建川竖个大拇指，而不是说樊建川糟蹋了安仁，我就心满意足了。我把户口迁到安仁镇树人街44号，正儿八经是安仁镇居民了，县委县府聘我为安仁镇荣誉镇长。"樊镇长"，我很喜欢，可惜没有人这样称呼我。

一生最忙的九个月，完全是拼命了，硬是打开了五个博物馆

公司4月成立，5月，建川博物馆聚落项目被列为成都市人民政府重点项目。6月，《安仁文化旅游策划》方案通过省市县有关部门及专家审定，在建川博物馆的建设有了比较明确的方向后，我在2003年12月的员工述职报告扉页上写道：

安仁项目是特别的，在中国、在全世界也是特别的。是空前绝后的事情。我们从事这项工作，充满了挑战与创造。当然，大家都有自己不同的岗位，将自己的本职工作搞好，就是参与这个伟大的事业了。

元月七日

我的第一个目标：2005年8月15日开八个馆加一个广场，后来改为五个馆：中流砥柱馆、正面战场馆、川军抗战馆、援华美军馆、抗日战俘馆。抗日战争胜利六十周年纪念日，建川博物馆必须在这天开馆，这五个馆必须抢出来。虽然时间紧了一点，但觉得问题不是很大，因为我们已经冲上跑道了，可后来谁也没有想到遇到了土地问题。

2004年4月开始挖地撬土，中途等了几个月的土地批文，真正大规模的开工，已经快年底了。2004年11月到2005年8月15日，

传 阅 文 件 名
二00三年公司、部门、员工年终工作总结
员工十二月述职报告

安仁项目是特别的，当然，这是世界
也是特别的，是空前绝后的工作，
我们做的是这项工作，就满了挑战与
创新。当然，大家都有自己不同
的留你，将自己的工作做好，
就是尽责，与这个伟大的工作相提并论……

注：请签上传阅时。

2003 年 12 月员工述职报告扉页

178

2005 年抢工期，晒那么黑

前后不到九个月。九个月建五个博物馆，那完全是拍着脑袋说干就干，还干出来了。从打桩修房子，到最后陈列好，灯光什么都做好，真是不可思议。当时，每个馆的工地上都立着倒计时的木牌，我经常晚上睡在工地上，垫几张建材包装用的纸板，睡两三个小时。我有一张照片，晒那么黑，天天在建筑工地上骂人，死打难缠，这边装电梯，那边装玻璃，顶还没有封，就开始布展柜，8月15号开馆，三天前都觉得不行，就是这么拼出来的。

全世界都没有九个月建了五个博物馆的。说实话，现在让我拼也拼不出来了。不是因为年龄，是无知者无畏。留下许多隐患，开馆后再慢慢来改造。改警报，改通道，改安全设施，一塌糊涂地改。

我一直认为，这是我一生中最忙的九个月，硬是打开了五个博物馆，创造了一个世界奇迹。当时人人都不相信，没有人相信能完成，包括成都市的市长书记。他们说，九个月，把房子修好都不错了，还要陈列，陈列至少要几个月呀。现在我们陈列一个馆也要几个月。那时还不知道陈列、布展、灯光、安防等有如此麻烦和复杂，真正是乱干、蛮干，好在抗战先烈的在天之灵保佑，干成了。

预展是一个借口，实际上是硬干，硬上

五个博物馆于2005年8月15日如期开放，我叫"预展"。为什么呢？因为还未审批下来。中流砥柱馆相对简单一些，正面战场馆、川军抗战馆、援华美军馆、抗日战俘馆、壮士广场、手印广场都有麻烦，都是新鲜东西，上面没遇到过，程序走得慢一点，可以理解。

审批可以慢慢走程序,但"八一五"这个日子到了,怎么办?"预展",征求观众意见嘛,开了再说。预展是一个借口,实际上是硬干,硬上。这需要胆量,如果其间出个问题,哪怕出个公共事件,比如一个人摔死了,可以直接判你的刑。这个很危险,但我把它开了。

开馆前,8月1日《人民日报》有报道:"樊建川先生筹资建立的大型系列博物馆,是向中国人民抗日战争胜利六十周年的隆重献礼。拟于今年开馆的其中五个分馆:共产党抗日军队馆、国民党抗日军队馆、川军抗战馆、援华美军馆和抗日战俘馆。专家们还认为,该馆规模大、实物多、品级高、陈列新颖、建筑精美,完全有条件成为高规格的青少年爱国主义教育基地和学术研究基地。"8月13日,中央7台《乡约》栏目播出了有关我们的四十分钟的专题节目。8月16日,中央1台晚间节目有我们的专题报道。陕西电视台《开坛》栏目也播出了专题节目。

8月17日,《人民日报》要闻版刊发了《从历史走向未来》的评论员文章。文章说:

四川建川抗战博物馆在8月15日这个具有历史意义的日子里如期开馆了,这是对中国抗日战争胜利六十周年的纪念。

…………

尤为令人感动的是,这个反映中国人民抗日战争历史的博物馆,是由民营企业家樊建川先生个人筹资建立的。为此,他付出了二十多年的努力,所属企业几乎所有的经营收入都投入到博物馆的建设之中。二十多年来,从收集文物到整理陈列,从筹集资金到购地建馆,樊先生经历了怎样的曲折与艰辛，耗费了多少的心血与精力，是常人难以想象的。对于这样一个了不起的义举，人们表示由衷的敬意。
…………

预展三个月，参观人数近十万。我们收到很多留言，相当一部分人与我们联系，要将家中多年保存的抗战文物捐给我们。预展后，我们根据上级部门的意见做了一些整改，比如一些馆名改了，共产党抗日军队馆改成中流砥柱馆，国民党抗日军队馆改成正面战场馆，抗日战俘馆改成不屈战俘馆。12月27日上午，在红色广场有一个千余人的开馆仪式，算是正式开馆。

开馆那天很奇怪，开馆仪式上我有个简短的发言，讲话时忽然下大雨，刚讲完话，就不下了，稿子上还有雨点子。我在稿子上写了几个大字："苍天有眼"。后来，了解到就博物馆这块地下了雨，我不是摆玄龙门阵，有录像为证，还有上千人作证。巧合吧，锣鼓喧天，鸣放礼炮惊动老天爷了。

馆长自白

这是开馆时写的。因为很多人不太理解，方方面面的，说什么的都有。我想，总得告诉人们为什么要办这个馆，同时想把它传承下去，交给国家。大概半个小时就写好了。

为了未来、和平、族魂，收藏教训、战争、民俗。建川博物馆与安仁镇有缘，因为仁者安仁。

厚积收藏卅年，借抗战胜利甲子之机，勃发而出，是人意，更是天意。不同内容、风格的博物馆聚集；不同行业、形式的服务业聚集；精神产品与物质产品融为一体，就是"聚落"的含义。可能与传统博物馆有差别，但这是民间博物馆的生存道理。

社会宽松，政治清明，和谐为本，盛世收藏。

建川博物馆是时代的产物，是社会各界关爱的结果。

多谢了，多谢四方众乡亲！

举办博物馆艰难，维持博物馆更是艰难。祈愿众人继续出手相助。人生苦短，百年而已。而文物长寿，行话说："纸寿千年"。木器、石器、铜器、瓷器、玉器寿命更长，他们应该与民族休戚相伴，绵绵相依，直至永远。我与同仁们的工作，仅仅是一个开始。

建川收藏百年文物，盆地聚纳世纪风云。

博物明志，宁静致远。

博物休闲，身心双安。

前车之鉴，后世之师。

中华民族，永远平安。

现在回过头去看，由朦胧地想建一两间房子放藏品，到做博物馆聚落，这是一个自然形成的过程，不是什么很自觉的行为，它就是一种由喜欢产生的热爱，或者叫一种狂热吧。因为对文物的认识和喜欢，就想要把这个博物馆建起来。

第十四章

世界级的建筑群
与建筑大师

交方案的时候，每个人都是惴惴不安的

　　文物，建筑，展示方式，三位一体很重要，要围绕一个主题来说话。比如战俘馆，就是一个监狱；川军馆，就是一个吊脚楼；美军馆，就是一个军舰。要让建筑说话，就要让建筑大师参与。大师来做，思想境界毕竟不一样。另外，大师的作品，至少能把中国上千万对建筑感兴趣的人吸引来，这样又增加了一个观众群。现在有许多建筑学院的学生专门来看建筑。

　　因为开初有这样的认识，总规划找的是张永和与刘家琨，这两个人算是青年才俊了。2003 年 9 月 8 日，我在安仁刘文辉公馆和张

永和谈总规划，我强调聚落要有商业功能，否则就不能生存。第二天，因为张永和是早上的飞机，我五点半钟起床，六点带他到五百亩地去看土地现状。

两个月后，《"建川博物馆（聚落）"控制性详细规划》完成。主要思想是：第一，博物馆必须散，要散排；第二，必须是园林式；第三，必须把商业做在里边。他们当时的想法是把相同主题的馆放在一起，比如抗战的一个区域，"文革"的一个区域，民俗的一个区域，我不同意。我说一定要混搭，不要集中。他们的想法也有道理，也有好处，对游客来说可能方便一点，但如果那样，后来的地震馆就放不进去了，还有邓公词、航空馆就不好放。我的想法也许更加跳跃，有丰富性，有野生的感觉，不循规蹈矩。现在看来，散排比较符合我后来的发展，好安排，像四川的一个场镇，自然生长。一个场镇不可能姓王的全住在一起，姓张的全住在一起嘛。

由于办过一些展览，我们已经有一些声望了，我们就发"英雄帖"，召集全国有名的建筑师到安仁来。找一个建筑师来做完全可以，但是，会很单一。每个建筑师的手法不一样，找不同的建筑师来建，就实实在在体现了博物馆聚落的理念。张永和提了一个名单，我们根据名单发信。我跟张永和商量，根据每个人的气质特点来定建什么馆，写帖子时就说了，同时也说明如果不愿意建这个馆，可以来商量。一般都没有怎么商量，只有一个要商量——程泰宁院士。

2003年11月29日，当时中国一批最牛的建筑师在安仁参加"'建川博物馆（聚落）'建筑方案研讨会"。博物馆聚落本身吸引了这些大师，任何一个分馆的定位，在中国都是前所未有的，而对他们来说，用建筑语言来诠释各个分馆的寓意是一种挑战，身为建筑师，都想挑战自我。

他们跟我谈的时候，都不计报酬，都是一个劲想把博物馆做好，没有一个人说我不干或者说钱太少了，因为一个人就十五万，这些钱就够机票钱，他们可能在别的地方挂个名字，让别人做事情都要收五十万。对大师们的身价而言，这些象征性的设计费用等于没有给他们钱。我发现他们有一个共同的特点，那就是有强烈的社会责任感和知识分子的良知。

上午，我带他们去参观了安仁老公馆。下午，我重点介绍了二十个馆的内容，张永和讲设计规范。这个规范是我和他讨论了几次定下来的。在什么地方修，有什么要求，实际都画地为牢了。大家又一起去五百亩地现场考察，当时根本没有路，绕了半天才到现场，一片荒野河滩。晚上宵夜后，又坐在一起聊天。这群建筑师真正个个身怀绝技，才华横溢。第二天，11月30日，建筑师们到成都文物仓库看文物，当时东西全放在清江东路"建川商寓"中。会议结束后，订协议，催他们交方案。中间，一些人给我打电话，谈方案，一些人又单独来。

2004年2月8日，"博物馆单体建筑设计汇报会"在成都五粮液酒店召开。这次会很重要，建筑师们来交卷，晚上，我和建筑师们聊天到十二点。9日下午，二十个设计单位到齐，有几位大师未现真身，让助手代言。每个馆都做了一个模型，模型放在各自的位置上，聚落是什么样子就出来了。总体效果令人振奋至窒息，因为一个世界级的建筑群出现了，内容和形式达到一体化之高度，既整体又独特。

当时我就觉得战俘馆出人意料的好，觉得美军馆要收敛一些，钝化一些，与周遭环境更加谐调。

第二天上午继续开会，我主题发言，讲了三点：一是天时地利人和催生了建川博物馆；二是一个镇，一个馆，强调二者之间的历史传承和联系；三是博物馆的生存之本，活力之本。我也点名评说了一些博物馆设计的毛病，直言不讳。张永和、刘家琨发了言，大家讨论，每个人谈自己的创作，大家提意见，看方案能不能通过。当时发言都很激烈，具有建设性和推动性。

对这些建筑师，我特别尊重，他们特别努力，都很认真。交方案的时候，每个人都是惴惴不安的。都是大师呀！张大师怕比不过王大师，王大师怕比不过陈大师。每个人放幻灯，小心翼翼地说我这个馆要怎么做，同行在那儿看，都特别紧张。看得出来，不像做一般的房地产，每个馆都是自己亲手做，每个馆都要爱惜羽毛，都要跟别人竞争。每个人，包括彭一刚、邢同和这些院士，修的过程中都悄悄来看效果。

建筑师设计前，我们要提供文物清单，给他们讲故事，要他们根据文物特征和题材来设计，每个馆都有交流。有些馆通不过，原因很简单，建筑成本高。我要求每平方米的建筑成本控制在二三千元，这是硬要求。我没有这么多钱，别给我设计成什么不锈钢呀，让我修不起。我强调，一定要把博物馆做成我们的一个邻居。通不过的另外原因是太耗能了，需要空调呀，灯光呀。要控制成本，就要自然采光，自然通风。当时我强烈要求这样做，现在恰恰符合低碳、环保理念。当时是被逼的，我深深知道，不能安空调，我没有运行费，空调每个馆都要开的话，一天电费要几万块。现在做出来的效果特别好，把博物馆放在自然中。川军馆，馆里有竹林。章钟印馆，开敞的效果特别好。还有朱亦民的"文革"生活用品馆，采光和通风都非常好。朱亦民特别好玩，特别跳跃，把生活用品馆做成斜的，馆是斜的，门也是斜的。通不过的最后一点是跟文物不太一致，太孤芳自赏，太炫耀自己的建筑技巧。每个方案达到了我心目中想象的，才可以修。

一片荒凉之地，寸草不生，会成为这么一片博物馆群。现在很多著名建筑师找我，愿意给我们建博物馆，基本上是不收费，就是愿意站进来，愿意参与。和这些建筑师交往，我体会到了"得道多助"，体会到了"才华横溢"。

张永和具有一种大师气质

因为做房地产，对建筑设计界有所了解。张永和是中国建筑界的一个领军人物，是刘家琨介绍的。我请他做总规划，是觉得他具有中西文化兼容的特质。安仁在 20 世纪 30 年代就有汽车、发电机、网球场、四百米跑道、钢琴、电灯、电影机，是融合了东西方文明、引领时尚的地方。张永和是一个理论家，是一个很有内涵的人，具有一种大师气质。当时张永和在中国建筑界有领袖的地位，在中青年建筑师中具有一定的号召力，和老一代的建筑师也能很好地沟通。张永和的年龄承上启下，五十多岁。他父亲是张开济先生，中国历史博物馆、钓鱼台国宾馆、天安门观礼台，这些很厉害的建筑都是

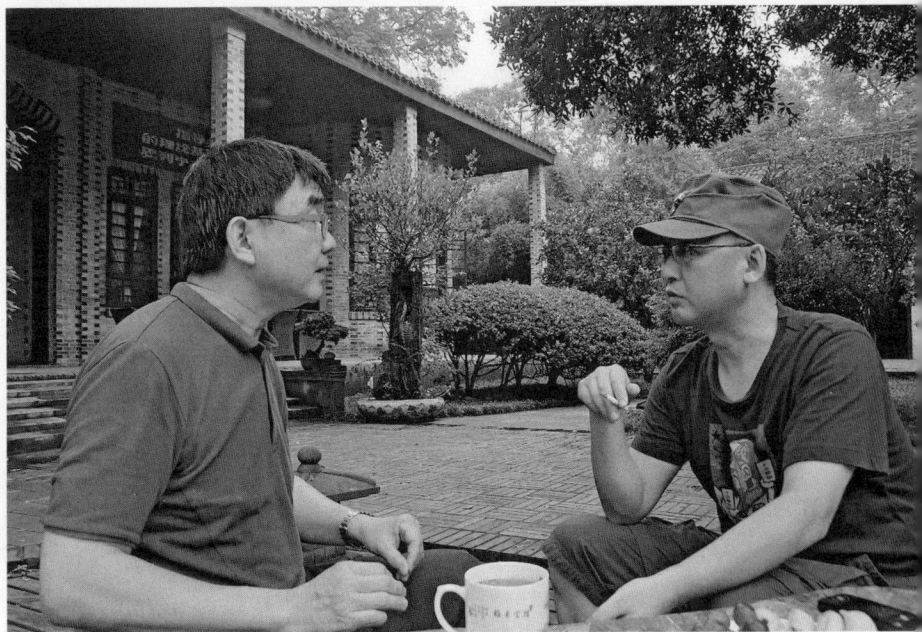

听张永和（左）谈想法

他父亲设计的。我这里需要老的建筑师，需要有阅历的人来做。张永和做博物馆总规划时，他父亲还在世，也参与了提意见。老人家说做得朴素一点，不要做得太曲折，就是横的，竖的，像北京的胡同一样，一个四合院接一个四合院；博物馆的楼高、间距，相互之间要照顾。一个四合院没什么，一片四合院就有意思了。

　　我觉得找张永和找对了，我不后悔，因为没有耽误我时间。我

2003 年想这个事情，他的规划 2004 年做好，我要赶在 2005 年抗战六十周年之际开馆，所以没有时间，没有选择。现在我觉得我当时做了最好的选择，后来很多建筑师都说张永和真的很全面。在 2003 年，张永和就坚持道路铺设透水砖，以补充地下水，这点也非常有前瞻性。

张永和是一个比较斯文的人，比较爱读书的一个人，非常君子。好玩的是，有一次我出了他的"洋相"。建博物馆初期，我和张永和、刘家琨颠沛工地，我想让他们休息一下，请他们到浴脚房洗脚。哎哟，哎哟，张永和一个劲儿在那里叫。原来，他是第一次洗脚，哪儿都不能摸，摸着就跳、就叫。他认真说，这是第一次，也是最后一次，别人再邀约洗脚，他坚决不去了。

有一次，我从徐州，他从上海聚会成都，然后到安仁镇。饿了，我们在安仁路边专为过路货车司机服务的店吃牛肉面，这种面油大味重，搭配泡菜、面汤。斯文的他稀里哗啦吃了一大碗，赞不绝口。我问，那你在美国怎么办？他说，夫人鲁茄身体不太好，自己做，吃得清淡。

他设计的一个馆——"文革"十年主题馆，外形像一座桥。这个馆造价大，我一直缺钱未修，放了几年。2010 年，我有点钱了，把这个馆启动了。7 月，他来了，拎着包，死沉，说，建川，给你带了点东西来。我想，会不会送我什么文物？我一直索求他父亲张开济的文物。他慢条斯理地说，建材样本……我告诉他要把闲置的粮库做成"粮仓创库"，他要我带他去看，还愿意担当设计。我还带他看了我的老公馆之一——陈月生公馆，我想把它做成会所，他说了

谭云（右一）、刘家琨（右二）、朱成（左二）等在粮仓

一些看法，很有兴趣。张永和的性格有点像玉，温文尔雅，从来不发火，你一辈子看不到他发火，他像传统的中国士大夫。

刘家琨：没有形状，非常有文化的建筑师

刘家琨是我的好朋友，当年刚露头角，这八九年一直辛勤创作，成果越来越丰硕，名气也更大了。

在这里刘家琨的作品是最多的，已经呈现出来的有三个。第一个是章钟印馆。这个馆当时做得很漂亮却不太好管理使用，是我误导了他，后来他进行了调整。第一个房间做成阶梯快餐厅，放一些桌子，可以拿上盒饭在那儿吃，也可以开会。第二个房间做成老报纸销售厅。第三个房间才做成博物馆。他做了几个漂亮的空间。快餐厅的空间非常漂亮，报纸厅的空间非常漂亮，大公章的空间特别漂亮，他的贡献是在这些地方。另外他把"文革"的钟整成千佛崖一样，感觉特别棒。这个馆是刘家琨才华横溢的体现。

第二个馆是国家地震馆。这个馆的设计任务非常急。我跟他讨论，达成共识：第一，集体主义；第二，中央意志，国家意志；第三，英雄主义；第四，具体就像人民大会堂。他设计出来后非常雄壮，带有俄罗斯或者德国建筑的那种国家意志，包括五十六根大柱子，将地震的再生砖运用进来也很巧妙，只是广场处理不是特别理想。

第三个是胡慧珊馆。地方是我帮他选的，在一片树林里。特别令人感动的是，这个馆是他捐建的。博物馆不在于大小，这个馆很小，十八平方米，但他做得特别有情感，特别棒。当时我给他建议，由胡慧珊的妈妈来写馆名，他采用了。这个馆的陈列也是他做的，他是一个很有人文情怀的人。这个馆做得令我佩服。

在我的博物馆建设的整个进程中，他一直在跟随我们做，包括矶崎新设计的侵华日军馆，他完成具体的细节，报审图纸等工作。

刘家琨是一个非常正直、非常有责任感的人，他写过小说，是一个有文化的建筑师，是个没有形状的建筑师。很多建筑师会有形状，像许多作家一样，而家琨恰恰相反，没有形状，没有风格。他跟我讨论过，说是不是要有自己的风格。我说：一定不要，有自己的风格就完蛋了，一定要跟着变化走，不要让人一眼就认出这就是刘家琨。比如范曾，包括齐白石，一看就是他们。有些大师就是风格化，但是有些是没有形状的。所以我对家琨说，你一定要走这条路，一定要让我们想不到。他也接受了我的意见。我觉得家琨在不断地超越自己，有很大的进步。他不是那种特别特别聪明，聪明透顶的人，他属于一直在路上的人，就像撑杆跳高一样，他一直一毫米一毫米地提升自己，而且他在变，他做的每一个新作品，都让你有期待。

徐尚志、彭一刚、程泰宁

徐尚志

徐老是国家级建筑设计大师，曾是中国建筑西南设计研究院的总工程师和总建筑师，四川第一座五星级酒店锦江宾馆就是他设计的。特别令我感动的是这件事，当时我有些犹豫是否让他设计川军馆，他快九十岁了，一般九十岁的人思维都枯竭了。他看出我的心思，一言不发，喝酒的时候，不喝红酒，说来白酒吧，把七个三钱小杯的白酒倒在一个大杯子里，二两，一口干了。他什么话都不说，就望着我。我立刻明白了，说，你建吧。其实他是表明一个决心。徐老设计的川军馆进馆之路曲折漫长，我不解。徐老说，川军穿草鞋走到淞沪，走到山西，参观者当多走几步才对。徐老是亲眼看见了川军抗战的，他听过川军将领的讲演，当时他正上大学。川军馆进馆之路桥下，徐老当时考虑为水池，我将其改为种油菜和水稻，徐

2009 年我陪徐尚志参观川军馆

老赞赏。老人还安慰我说，川军馆坡道进去，又可以作为残疾人通道，为你省了部电梯。

现在看，川军馆的设计很棒，特别是采光通风做得很好。所以，像这些老人，是很值得尊重的。如今，老人仙逝了，这个馆也是对他永久的怀念。

听彭一刚意见

彭一刚

彭一刚院士设计的正面战场馆，很整体，很坚固，像个堡垒。他在门口做了一片水面，水波映在墙上感觉特别好。但我把水池改为水田，寓意庄稼人抗战。春天到了，菜花飘香，秋天到了，稻谷累累，很实际，很还原，很丰收。开始他反对，后来他看到效果，就不吭声了，本来就是农民抗战嘛。

这个馆前有一雕像"哀兵",寓其"哀兵必胜"。彭一刚院士专程来成都,将雕塑小样照片拿给我看,对这个雕塑非常重视,他认为是建筑的一部分,是建筑的点睛之处。后来,我请四川雕塑院的谭云院长做了小样,他认可了。还有一件事印象很深。他认为进门那个玻璃造型角度不够,太平坦了,让我换。我觉得可换可不换,就拖延了。老先生很生气,和我吵架,坚持意见,逼着我立即换,我换了,他才高兴。彭一刚是个非常好的人,非常耿直,非常有学问。

程泰宁

汉奸馆的设计比较难,不好把握,恐怕也有建筑师的忌讳在中间。我安排程泰宁院士干这个馆,他不愿意。我就使劲找理由劝说,比如天下第一呀,极具挑战性呀,程泰宁说不过我,不吭声了,我以为他答应了。最后他上飞机前对我说,建川,我跟你说,我做战俘馆,说完就上飞机了。我很善于劝说,有人说天上的麻雀我都可以哄下来,但是他不给我机会,飞走了。

在建筑界他是很牛的,院士,参加过北京人民大会堂、南京长江大桥桥头建筑的设计。交方案的时候,他将战俘馆图纸一拿出来,大家为之眼亮。战俘馆修到中途,顶上的竹模印很漂亮,墙上也呈现出有力的粗犷,本来按照程老师的设计,还要精加工,继续施工,我觉得已经呼之欲出,下令停工。我认为这就是战俘馆。程泰宁就不干了,说,建川,你不能让我的一个作品裸体在那儿呀。我说这样才是战俘馆。他坚持。我也坚持，包括墙上的痕迹，泥巴，铁钉，我都没有动。当时，他确实比较担心，抵触情绪也很大，但很快，他理解了，赞成我们的意见。结果这个馆是最受好评的一个馆，入围中国建筑设计最高荣誉奖——"中国建筑学会中华人民共和国成立六十周年建筑创作大奖"。很多很多的观众，在参观这个馆时，深受触动，热泪盈眶。有的观众看了一半，实在悲痛，就退出了，效果确实非常好。

邢同和、李兴钢

邢同和

抗战系列中的中流砥柱馆，是由工程院院士邢同和设计的。他2003年6月21日单独来过。我们开了个座谈会，他提了一个建议，把博物馆做成一个研究基地。他认为我们的"文革"、抗战藏品是全国最具权威性的，因而在设计的时候，可以将博物馆作为一处研究基地，增设图书馆，吸引全国乃至国际的有识之士来参观、体会、研究、发展，延续几十年几百年。这次座谈，他对自己的馆说得不多，反而对"文革"馆谈了不少。大体意见是，国内建成的博物馆大多数有雷同之处，但"文革"馆这个题材比较特殊，"文革"是一段历史，在设计的时候思想应该超出生活的时代局限，不要用现在的眼光去审视评判，重要的是还原当时本来的真实面目，体现那个时期众多矛盾的集中。

他设计的上海博物馆、邓小平纪念馆是很有意思的。为建川博物馆聚落设计中流砥柱馆，进门处体现了他的苦心：从一个夹缝里面进入，寓示了八路军、新四军的艰苦奋斗和迅速成长。

作为一个建筑大师，他知道我们博物馆在中国建筑史上的意义和作用。他说过这样的话：建川博物馆是特殊的，甚至是另类的，对建筑师来说是一种机遇，也是一种挑战。

李兴钢

李兴钢的一个馆变成两个馆，是我给变成的。他设计的红色年代镜鉴馆，已近竣工，2008年"5·12"地震后，我给他打电话说要变成两个馆，吓了他一跳。他说，我那个就是一个馆呀。我说，我走了几遍了，变化串通可以搞成两个，增加一个"5·12"地震馆。现在两个馆纵横交错，不搭界，一个是地震馆，一个是镜鉴馆。

李兴钢在两个方面贡献很大。一是一个馆变成两个馆，电话里达成一致，他在北京看图纸，又跑过来协助我们。他连续跑了四五次，每次来都非常认真，往现场跑，作为一个建筑大师是非常难得的。另外一个是镜鉴馆的陈列，我们的意见高度统一，一定要做得形而上，空灵，不繁杂，要跟其他馆有区别。镜鉴馆一定体现折射、欺骗、迷茫、假象……这个馆一直提的是迷宫，实际上不敢建成迷宫，但还是经常有人出不来，在那儿呼救。我曾笑着跟李兴钢说，要做个提示：进馆后可能出不来。李兴钢加了内容：出来以后重新走。

当时李兴钢设计得更复杂，转弯处的门是旋转门，全是镜子，转的时候会产生许多假象，不知道推哪道门，让人迷路。李兴钢在北京自己的办公室里做试验，找最好的据说是做鸟巢的配件来做。

与李兴钢在地震馆水泥墙前。2009年1月

现在这个门还在他办公室里。馆里陈列的门根本不关他建筑设计的事，是做陈列的事，但他就是要坚持自己的效果，后来没有用。我发现会出事故，一个人在这边推，看不到另外方向有没有人，会把人推倒。如果是个老人，推倒了怎么办？所以只有放弃。李兴钢特别舍不得这个门。李兴钢把这个馆里边做成白色，在自己办公室架钢板，喷上白色氟碳漆来看效果。李兴钢很高兴地告诉我这个馆得了"2010年度国际建筑奖"。这个奖是奖励新锐设计的最高建筑奖。

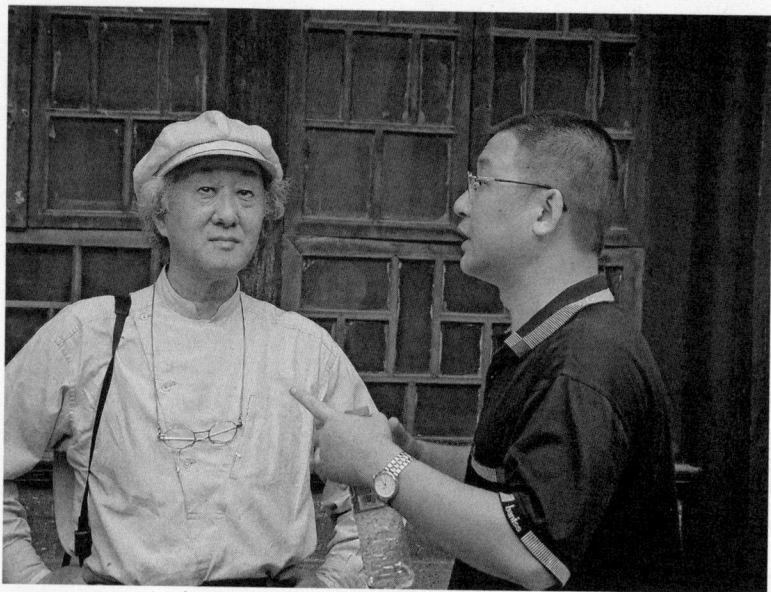

和矶崎新交流

矶崎新、切斯特·怀东

矶崎新

2004年矶崎新就设计了侵华日军馆，因为我的资金原因，直到去年才修建竣工。矶崎新是日本建筑界的大人物，他曾设计了巴塞罗那奥运会场馆，设计了路易斯安那州现代美术馆等。

为设计这个馆，矶崎新前后来了好几次，第一次来时，他要求住在刘文辉公馆里，而且就住在我的办公室里。当时抬了一张床，因为厕所是旱厕，要走很远，还为他准备了一个痰盂。偌大的公馆，就他跟保安住在里边。2004年7月，他来交建筑方案，还到市场考察建筑材料。2009年8月，他来为设计做最后修改。这次他告诉我，日本右翼给他写信，威胁他说，矶崎新，你是我们大和民族的骄傲，是我们最好最优秀的设计师，为什么给中国人设计抗战博物馆？他回答说，这是为了中日两国友好，为了中日两国的长期和平相处。

矶崎新的父亲也是个左派，当年反对日本的侵略战争。矶崎新曾对我说，你不给钱我也做。他的理由是：从前，两国人民都是受害者，今后若要有好的未来需从理解开始。理解来自沟通，博物馆是沉默的沟通使者，他的设计也是沟通。我曾担心日本右翼找他麻烦，他说，我这把岁数不会考虑这个，我考虑的是道义和未来。

在设计过程中，关于色彩、高度等问题我与他的沟通都十分顺畅，他很理解我们，是真正的大师。

切斯特·怀东

切斯特·怀东，曾任美国国家建筑师协会主席，是美国威尔考特建筑事务所的创建人，代表作有美国日裔国家博物馆、奥切西裔博物馆、圣莱德图书馆等。当时怀东的报价是很高的，因为是收美金，但知道我们是为美军建博物馆，只收了我们两万美金，几乎算是免费。

他说，我们要感谢你们为我们美军做这个博物馆。这个博物馆像一艘军舰，安排在一片水面上，很有意思。著名雕塑家朱成还在旁边做了陈纳德将军飞行的雕塑。

给切斯特·怀东看我的收藏品

川军抗战馆：
让人们知道川军和整个四川在抗战中的悲壮

收藏研究，研究收藏，就把川军的情况弄清楚了。我发现大家
对川军抗战的情况了解很少，研究更少，因此就想建一个馆，让人
们知道川军和整个四川在抗战中的悲壮。川军参加抗战实际上是两
个概念：一是正宗的地方军阀部队，大约三十万，在刘湘上将率领
下出川御敌；二是 1937 年至 1945 年，四川作为大后方，国民政府
每年征兵四十万，共征兵三百多万。两者相加，约三百五十万之众。
这八年中约有一千二百万战士轮流上战场拼命，川人占四分之一强。

川军抗战馆

　　看电影《抓壮丁》长大的一两代人，脑袋里可能也有固定模式，把壮丁弄成贬义词了。三百多万人怎么抓？抓去之后每人还发枪弹，怎么可能嘛，而且川军的牺牲也是巨大的。王铭章五千川军，最后死在滕县。本来他可以撤了，他已经完成了李宗仁给他的任务。参谋长说，师长，我们可以撤了。王铭章问了一句，李长官下命令没有？说还没有收到命令，王铭章就没走。在遍地瓦砾和残肢中寻找王铭章将军遗体，也费大劲了。我有老川军的回忆文章，说是因为王铭章嘴里的金牙才确认身份的。正因为王铭章有几房太太，有金钱，他为民族战死才更令人感动。刘湘就更了不起了，刘湘是我们安仁镇的，刘湘已经到了肺结核晚期，经常大口吐血，但他说，我刘湘从清朝末年到民国当兵，打了一辈子仗，杀了不少人，杀的全是中国人，我以为我这辈子盖棺论定了，我就是一个军阀，没想到日本人来了，给我一个机会，日本人给了我们川军一个机会，我们以日本人的血，洗清我们四川军人的耻辱。然后把三十万川军带出四川，把四川让给中央，刘湘晚节何等伟大。临走的时候，又病了。他的将军们说，司令你就别去了，我们替你打。他说，我必须去，我死都死在前面。最后果然病逝在第七战区司令的岗位上，留下一句：日军一日不退出中国，川军一日不得返川。还有在中条山牺牲的李家钰将军，在泗安牺牲的饶国华将军，在常德牺牲的许国璋将军。川军有六十四万人埋骨异乡，这是什么概念！

　　川军馆有一面"死"字旗。北川县王者成大爷当年要去打日本，但征兵的说他年纪大，他就让儿子去。临行之前送儿子什么东西？一块白色的布，中间写一个大字"死"。在旁边写，老父本来准备去打日军，但是年龄大了，不让我去，幸好我有儿子，儿子去打。他叮嘱儿子，负伤了用这面旗子来擦伤、擦血，死了就用它裹尸。父亲让儿子去死，这是什么样的父亲！民族到了最后的关头，就是《义勇军进行曲》里面唱的，"中华民族到了最危险的时候，每个人被迫着发出最后的吼声"。

　　川军馆还有一个文物，一个杯不像杯、碗不像碗的青花粗陶杯，杯身正面写着："我只记得八年抗战，我和日本昨（作）战，我的腿上中了一弹。"背面写着："我坚决打到底，没有下（火）线！1966（年）9月15日。"这就是川军，前边是川军当年的英勇，后边的日期表明这个川军在"文革"中的遭遇。这是国家一级文物。

川军当年是穿着草鞋走几千里去打日本的，川军的装备最差。川军在内战中战绩平平，与红军交手更显窝囊，但在与日军交手中，越战越勇，血脉贲张。大家评价其是"内战外行、外战内行"。一位老川军告诉我："开玩笑，在川是打内战，出川是打国仗。""国仗"二字，重量千钧。

日军一直想进川，曾溯长江打到石碑，曾绕道贵州打到独山，曾从缅甸长驱直入进入云南。日军数次兴奋，终而望川兴叹。重庆数次惊魂，终而转危为安。作为大后方的四川，当时交给国民政府的钱占了三分之一，出的粮食也占了三分之一。

一个四分之一——上战场的男人，两个三分之一——粮和钱，所以我专门建了川军抗战馆。现在，我不仅收藏文物，也在收集川军抗战资料，采集老兵的口述。

我觉得四川人是特别有意思的一群人。四川人敢为天下先，为国分忧，这是第一；第二，四川作为整个中华民族大战略的后方，包容性很强。四川人的特点：爱好和平，安分守己，服从中央，顾全大局，有担当；但在危难时，又不怕牺牲。这是一个很冲突的概念，他平时不轻易出手，但在大灾大害面前，爱憎分明敢打敢冲。

2006 年 4 月，全国政协副主席李蒙参观完川军抗战馆之后，在留言簿上这样写："四川人民在抗日战争中功不可没！"《亮剑》主演、北广传媒副总张光北来参观后曾想拍摄《川军》，我们谈过此事。我想，川军馆的作用就应该是如此。

不屈战俘馆：请抬头凝视这些抗俘的脸

我父亲也曾是一名俘虏兵。小学时我和同学吵架，同学当着很多同学的面说："樊建川的爸爸是俘虏兵过来的。"因为这段经历，我对战俘的命运特别关注。但是，中国战俘惨到没有数字。一百万中国战俘，是我首提。我还提出了"抗俘"这个词。为赶走日本侵略者，他们作出了贡献，但却遭受了太多的苦难和误解，历史不应该忘记他们！

侵华士兵荻岛静夫 1937 年 8 月到上海参战，他在日记中写道："今天，使用了掷弹筒之后，队长带着我们，将几名俘虏杀掉，用于试刀。"试刀，用战俘人头来试；几人，是三人还是五人，如此轻描淡写。仅南京一役，日军就杀我八万战俘。想起就痛。

战俘身受三重痛苦：敌方的残暴杀戮和残酷折磨；我方的沉重鄙视和入骨误解；己方的无休自责和无穷懊悔。三重苦难，一重沉于一重，如影相随，让战俘生不如死，死沉深海。

有一个领导，看了战俘馆出来说了一句话：他们为什么不自杀？这个话很尖锐。他是一个部级领导——正部级领导。

不屈战俘馆

当时我很郁闷——我不能用其他言语来表达我的心情,我哑口无言。我虽然是比较土匪,但话到嘴边上还是不敢说,因为他是领导。我想说的话是:某高官,你出这个门,上来三个歹徒,两个人一人一把手枪对着你的心脏、脑袋,另外一个拿一把杀猪刀,抵住你肝脏说,钱拿出来!你就自杀?你就往枪上撞?往刀上撞?你肯定不会吧,你肯定会把钱,包括信用卡全部给别人,然后伺机抓住这些歹徒。我觉得我们的判断不能分裂。

还有一次陪一位领导,他问,赵一曼是战俘吗?我说,是,两次被俘,最后被杀害。他说,赵一曼怎么会是战俘,我只知道她是民族英雄。

写《抗俘》时,我经常头埋在桌子上写不下去。有次看到一张照片,蒙蒙阴雨中间一群战俘打着白旗站在那儿——这个白旗是日本人强迫他们打的,有的裹着毛毯,有的裹着大衣,凄风冷雨,很丧魂落魄的样子。但是,他们是中国人的战士啊,他们没有躲在后方,他们上战场了,他们技不如人嘛,火力不如人嘛,兵力不如人嘛,战斗力不如人嘛,当了俘虏了嘛。当时我有一种冲动,特别想跟他们站在一起,接受那种屈辱,甚至被日本人枪杀。我觉得我就应该跟他们站在一起,一起去面对凄风冷雨,一起去接受凌辱或者一起去被日本人杀掉。

这个小孩子叫季万方,很有幸的是日本人给他留下了名字,他的两只脚是立正的四十五度,非常标准的军人姿态。他现在面对的是我们,当年面对的是日军。他的这种凛然正气,这种坚强,这种对侵略者的仇恨,都令人非常敬佩和感慨。

小战士季万方

十岁小战士

　　这个男孩子，是我收到的照片中年龄最小的一个，十岁。十岁的男孩子现在在干什么？家中的小皇帝，吃麦当劳还得哄着他慢慢吃，而当年这个男孩子已经上阵跟日本人拼命了。看他被抓后的眼睛，对日本军人的这种仇恨，特别精彩。日本军官很纳闷，很惶恐，甚至还有一种惊慌失措。哇！中国人是这种拼命法！这是第一次长沙会战，这个军官带领日本士兵攻占了一个村庄，结果发现对手是三个孩子。

　　实际上要感谢日本的随军记者给我们留下了这么一个瞬间。这三位孩子——三位抗战的少年，我认为也是一尊完整的塑像。

"军爷，抬头，我要记住您的脸。"

中国战俘捧器埋头吃饭，形象难看。众鬼子嬉笑围观。失格？不，升格。当时日本的记者注释表明，这位军人十天未沾水米。他坚持战斗最后落入敌手死也做个饱死鬼。狼牙山壮士弹尽跳崖，无名军爷粮绝殉职。弹尽无奈，粮绝也无奈。所以，我曾在微博中贴出此照片，并说："军爷，抬头，我要记住您的脸。"我们都应该记住他。

女兵就多了一层痛苦，就是做"慰安妇"。她们被迫做"慰安妇"。成本华这张照片，后来广为人知。在安徽和县，她是指挥官，被日军俘虏。这张照片是我很大的一个贡献，我居然找到这张照片。据考证，她被日军俘虏以后还活了四个小时，甚至受到凌辱。当时日军的胶片还是比较珍贵的，我估计可能就这两张照片，但是她一

成本华

直就是这个姿势，笑，微笑，很不屑的，她就是要舍生取义，就是要牺牲。她这种牺牲的底气在于她知道她的牺牲是有价值的，是为民族的利益牺牲的。她的笑很重要，是一种胜利者的笑，一种成仁者的笑。虽然她知道战斗失败了，她要死了，但她看到抗战会胜利，这个民族一定会胜利。就像谭嗣同、秋瑾一样，她愿意去死，甚至渴望去牺牲。一个民族的新生，需要用一种血液来浇灌。她的笑就是一种舍生取义，就是一种神圣，所以她这种笑容特别珍贵。我觉得她是中国战俘中最典型的一个。她是永远使我们的民族向上，使我们一直往前走，令我们鼓舞，伴随我们的一个先辈。这就是抗俘，英雄，壮士。

战俘馆的陈列是我做的，以我对战俘的了解，我已经不能让任何人来做这个馆的陈列设计了，必须我亲手做。这个馆的陈列是目前聚落中最成功的，也是最感人的。不是我有多厉害，是战俘们太厉害了，太令人过目不忘了。

我写的前言，倾注了我的爱憎。

抗俘

"抗俘"是指十四年抗日战争中被日军俘虏的我军将士，这个词是我首提的，唯有此词，能传达其形象，能意会其魂魄。抗俘是一个被历史遗忘的群体，对此，我们长期以来采取了回避、隐匿、淡化、掩饰、失语的集体立场。他们绝大部分未留下姓名，甚至没有留下一个抽象的数字。十万？一百万？还是二百万？

与德国法西斯交战的苏军，在不到五年的时间里，被德军俘虏了五百七十五万之众。而我们与日本法西斯交战长达十四年！

我冒昧提出一个数字，我军被日军俘虏的将士至少在一百万人以上。仅仅南京战役，日军就俘虏我军八万余人，而且，几乎全部被日军残杀了。

请抬头凝视这些抗俘的脸。第一，他们的表情令人震撼。第二，这些照片绝大部分是日本随军记者拍摄的。第三，作为当时的普通中国人，这很可能是他们一生中唯一的一张照片。

当国家民族面临亡国灭种之时，他们慷慨从军上阵了，他们上阵与日军奋勇搏杀了，他们身不由己被敌人俘虏了，他们中大部分人被敌人杀害了。他们是我们的先辈、先烈，他们是保家卫国的壮士。他们是受了太多艰辛、苦难和误解的中国军人。

没有他们的奉献和牺牲，就没有我们今天和平、和谐、幸福的生活。

所以，记住他们是必要的，必需的。

专门反映战俘的博物馆，我们在中国是第一个。2006 年 2 月，以色列驻华大使海逸达博士来参观，他参观完这个馆后说，以前很少知道中国的这段历史，让人很震撼，给我留下了深刻的印象。我觉得展览很真实地再现了历史，这对想要了解自己祖国历史的年轻人是非常有益的。他在留言簿上写道："非常感谢，他做的是一个伟大的事业，是一个伟大的人做的伟大的事业，能够让后代更加了解这段历史。"

陪以色列大使在战俘馆静水院

美国国防大学来了一批学员，其中有不少将军。他们到此肃容，戴帽的自动脱帽。

2008年7月，卢沟桥事变七十一周年，在我们的资助下，五位在抗战中被掳的战俘和劳工参观了这个馆。七十五岁的关德印是这五位老人中的一员，他七岁时就和父亲被侵华日军强掳去日本服苦役。在两年里，包括他父亲在内，保护他的十三个"爹"相继惨死在日本战俘营里。组织这五位幸存战俘来参观的作家方军说："如果我们错过了机会，数年之后，后悔的应该是我们自己。"

我们的留言簿里有许多留言，非常感人。"1944年8月到达云南驻防后因日本投降调回原驻地。后因改编离队。这次参观建川纪念馆，我很感动，也就是从（重）见历史的实事实物，（使）我终生信记。""真实。""震惊。""让人有一种想逃逃不出的感觉！""仇恨不解决问题，发展才是硬道理。""美国国民视在伊拉克被俘的美国军人为英雄，同样，抗俘亦（是）英雄。""我流着泪看完全馆。中国军人万岁！"……

参观者来看了，开始思考了，开始理解了。我希望，我特别特别希望战俘馆就这么发展下去。它最终的作用是什么呢？总政治部有一个规定：一个战俘，他没有变节，履行了战士的职责，他在弹尽粮绝的时候被俘，他保持了一个中国人的气节，他一定能够受到尊重，他回来会受到公正的比较好的待遇。我相信肯定会有这一天。我觉得这就是这个馆的意义。

飞虎奇兵馆：迟了一点，晚了一点，但是我做了这个事

因为所受的教育的局限，我只是隐约地知道抗战时有支美国空军做了一些工作，但在收藏文物的过程中，我发现了美军的很多文物，特别是在四川。后来我知道，四川、云南、湖南是援华美军活动较多的地方。"二战"期间美国为帮助中国，飞虎队五百多架战斗机摔下去，驼峰航线五百多架运输机摔下去；抗战期间，四千多美国军人牺牲在中国。

2001年4月，我在四川省博物馆办"为了和平，收藏战争"抗战文物展览时，著名女高音歌唱家郎毓秀（郎静山之女）闻讯来参观，她给我讲了她知道的美军飞行员的故事。有一次，一位飞行员在执行任务返航时，看到一小队日本兵押送一大队我军俘虏正在公路上行进，因为敌我混杂，无法攻击日军，他飞过去了。飞了一段，想到应该解救这些俘虏，又飞了回去，他对准日军相对较多、俘虏相对较少的地方扫射。他用战鹰嘶鸣和枪林弹雨制造了混乱，大批俘虏趁机四散逃亡，奔向路边的丘陵树丛，小队日军管不住大队俘虏。这个攻击行动取得了成功。这位年轻飞行员哽咽着告诉郎毓秀：为了救大家，我狠心扫射，玉石俱焚啊！

作为一个收藏者，我有美军在抗战时的很多文物，我特别想给他们建一个馆，我觉得迟了一点，晚了一点，但是我做了这个事，这对于民间的感情交流非常好。因为美国空军的帮助，我们后方没有遭到轰炸，我们应该感谢他们。你不给别人建馆，以后你遇到灾难，谁来帮助你？我把当年飞虎队二百四十八个人的照片全部搜集

飞虎奇兵馆

到，把它们浇铸成瓷板像，高高挂在这个馆的一面墙上，有很大的规模。我们中国人把比较尊敬的人的像挂起来，是表示感谢。不管中美关系现在或者是今后怎么风云变化，那时我们是盟国，一起反对法西斯。具体讲是他们到中国来帮助我们，使我们避免了很多生命和财产的损失。这个馆最初叫"援华美军馆"，后改为"飞虎奇兵馆"。这个馆也是中国唯一一个专门纪念抗战时期美国，特别是美国空军对华援助的博物馆。

安仁有个美军馆的消息在原美国飞虎队和第十四航空队的老兵中传播，几年间，不断有美国老兵到安仁镇来。他们全都垂垂老矣，有的还坐着轮椅。虽然白发苍苍，步履艰难，但他们胸前佩戴的战斗机飞行员徽标告诉我，他们是这个世界上最不怕死的人。徽标下面是美国飞虎队的队标。虽然老兵都已脱去了军装，可是他们的右臂依旧像军人一样带着臂章，那是"二战"中被东方人认为最能打仗的美国第十四航空队特有的标志。当这些老兵见到他们在中国作战时曾经使用的装备，见到他们中的某个人在某一天、某一场地记下的"飞行记录"，几乎人人都像孩子一样失声大哭。遇到这种情形，我也眼眶湿润，觉得自己做了一件有意义的事情。

陈香梅：我要唱《满江红》

因为要建飞虎奇兵馆，我们跟原援华飞虎队陈纳德将军的遗孀陈香梅取得了联系。2003年9月，陈香梅女士专程来安仁，来看《飞虎图》。张善子画的《飞虎图》，1974年四川文物商店从张家征集花了二十元，1996年被我从拍卖行以八万元获得，被评为国家一级文物。张善子是张大千的哥哥，善画老虎。他在美国为中国抗战募捐时，听说陈纳德组建了志愿援华航空队，十分激动，创作了这幅《飞虎图》。《飞虎图》是中国抗战特定时期特定人物身上发生的特定事件的见证。

陈香梅见到《飞虎图》非常高兴，要动笔在画上题诗，我大惊，太岁头上不能动土，国宝哟。我立即复制一幅，让陈香梅挥毫。她题诗："中美合作八春秋，飞虎功业众人赏，二十一世纪博物馆，永留关爱在蜀山。"我们还复制了一幅，送给她。

2004年，陈香梅女士又来安仁，为我们援华美军馆题写了馆名。

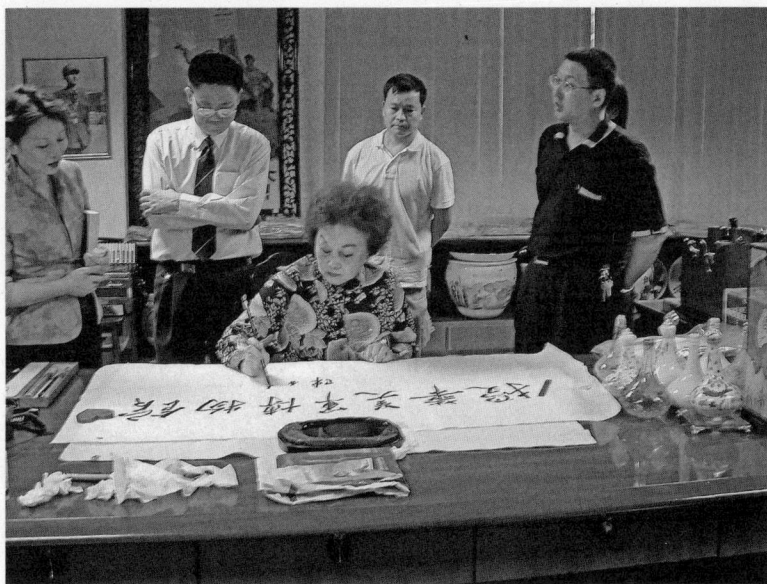

陈香梅题写馆名

我们为她简单布置了一下藏品。她看得很仔细，大至发报机，小到纽扣。晚餐时，她突然起身说，我要唱《满江红》！她表情肃穆，两拳紧握，唱起了岳飞的《满江红》："怒发冲冠，凭栏处，潇潇雨歇……"唱完了对我说，我年轻时，在街头宣传抗日就唱这首歌。

听着她慷慨悲壮的歌声，我激动不已，拥有如此犀利词锋的民族怎么会亡！我想，她看了我收藏的文物这样激动，仿佛又回了当年，这正是对我收藏抗战文物、建抗战馆的最好诠释！

飞虎队老兵在轮椅里给我敬了一个标准的军礼

2005 年 8 月 15 日，援华美军馆开馆，八十四岁的格鲁伯也来了。格鲁伯是飞虎队中开轰炸机的，他捐的文物中，最有意思的是他的军人照和他女朋友的照片。他年轻时很帅，他女朋友的照片放在用日本飞机残骸做的镜框里。当年他来中国后与女朋友失去了联系，回去后也未找到。他终身未婚，老了，特别怀念那段岁月，带着飞行服、奖章、证书等，坐着轮椅到中国。他问，有没有专门的援华美军博物馆？北京没有，说卢沟桥陈列了一些美军的东西，他一看，觉得太少了。又问，有没有一个专门的博物馆全是美军的？说四川有，他就到我这里来了。

他进了援华美军馆就问我，樊先生，你这个大房子里全是放的美军的东西吗？我说是，他马上就哭起来了。我注意到他是号啕大哭，因为老了，他的泪腺已经萎缩了，没有泪水。最后他从椅子上站起来问我，樊先生，你在军队里最高军衔是什么？我说是上尉。他马上说，我是中尉，我给你敬礼。我说，不行，不行，我那个上尉是什么时候的上尉，你那个中尉是抗战中尉，你是我父辈，你是我父亲辈的中尉。后来他坐在轮椅里给我敬了一个标准的军礼，说代表美国兵感谢我。我马上给他还礼，过了很长时间他才把手放下。

他把带来的东西全捐给我了，全是几十年来他视如生命的私人藏品，林林总总，不下二十件，价值无法估量。这是他最后的心愿，他把心愿了了。他说，我的青春，我最好的青春在中国。我为人类和平作出的最大贡献，就是参加了反法西斯战争。特别特别感人。后来他回美国不久就去世了。

222

与美国老兵格鲁伯合影

博
物
馆
的
生
存

第
十
六
章

没有国家拨付的费用，生存是头等大事

1997 年，国家允许私人建立博物馆，但国家办的博物馆登记性
质为"事业"，我们私人办的在民政部门登记性质为"民办非企业"。
博物馆即使完全一样,性质也不一样。这样，带来的供地、税收、贷款、
收费、培训、补贴等方面的差距就大了。

中国的经济，民营已经占据半壁江山，但博物馆，民营只有一
个零头，微不足道。私人创建博物馆，一是要有信仰、热情、理想；
二是征集的文物既要有数量，又要有质量；三是能筹集建馆的大笔
资金；四是要学会博物馆特殊的运行管理；五是要忍受长期的亏损，

承受维持生存的沉重压力。

我下决心建博物馆时，朋友曾苦劝说：让一个人完蛋，吸毒；让一个企业完蛋，建博物馆。建私立博物馆苦不堪言，我做博物馆之前，就知道因为没有钱，中国私立博物馆生存非常困难。我的博物馆要比大多数私立的好一些，有我的企业可依托。此外我有经营企业的经验，我是把博物馆当企业来办的，企业首先要谋生。博物馆从长远来说，也肯定不会赚钱，但我想，要让它能够自己生存，自己谋生，自己活下去。

2005 年 12 月 27 日正式开馆的当天晚上，我就开大会，专门讲营销。为什么要专门讲？我们遇到比较大的困难，我们还没有得到批文就"开馆"——预展，四川所有媒体——报纸电视广播等，接到上面的指示不宣传我们了。我们也要服从政府开馆前尽量对外少做宣传的要求，所以，开始每天有大量的参观者，后来越来越少，最惨的一天，一张门票都没有卖出去。负责经营的主管跟我说，要不他自己掏钱买张票。我说不必了，该怎么样就怎么样。

当时，我每天的运营成本两万多，随着博物馆增加，人工等费用不断上涨，现在八万多，以后更多，因为开的馆多了，压力还是相当大的。我在营销会上强调，在继续做好其他场馆的建设和陈列设计的同时，要把营销工作作为日常工作的重点。我说，我们是民营博物馆，没有国家拨付的费用，生存是头等大事。我们既要依靠各级党委、政府的大力扶持，更要有自我造血的功能，只有这样才能持续发展、长久生存下去。

会一开完，大家积极行动。请各省、自治区、直辖市的旅游协会和旅行社代表，包括台湾地区的旅行社代表来参加联谊会；在一些地方做"建川博物馆聚落旅游项目推介会"，还搞了一些其他活动，情况渐渐好转，游客多一些了，包括旅游团，单位组织来过党团活动的也增加了。

2006年5月，文化部、文化部文化产业司领导，参加全国文化系统文化产业工作现场会的各省、市、自治区的文化系统负责人，文化界代表两百多人来，算是开现场会吧，我们成为文化产业的成功例子被推荐。2006年9月，第28届FIAP（国际摄影艺术联合会）大会采风团来参观。国际摄影艺术联合会是世界三大著名摄影组织之一，是联合国教科文组织唯一承认的国际性摄影组织，其展览及评奖被称为摄影界的"世界杯"。这年底，我们被中华全国工商联评为"全国民营企业文化建设先进单位"。

我们一年比一年好。2008年5月，建川博物馆聚落被评为国家4A级旅游景区，我们成为四川省旅游骨干企业，享受财税金融、土地、产业、交通运输和激励五个方面的优惠政策。2009年5月，人民网评选"你应该关注的十个博物馆"，我们是其中一个，而且排名靠前。我们成为大学、中学、部队、机关单位的思想政治教育基地，"四川省科普教育基地"等。我们的口碑很好，口口相传，来的人特别多，特别是学生——小学生、中学生、大学生。他们觉得我们这里很真实，特别是男孩子来看，长志气，长英雄气概。

媒体来人也多起来。2006年4月，参加2006中国国内旅游交易会的中央媒体记者团三十多人来，对我们评价很高。2010年5月，新华社总编何平来调研，说还会来。媒体的报道，一年比一年多。

2006年1月,《人民日报》(海外版)刊登了关于我们的新闻报道。2007年11月,《洛杉矶时报》对我们进行了报道。2007年开始,凤凰卫视对我们做了多方位的深度报道。2008年,中央电视台也播了我们的专题片。2010年8月15日,CCTV-NEWS频道开始播放关于建川博物馆的纪录片:《峥嵘岁月——成都建川博物馆的非常记忆》。2010年9月3日,纪念抗日战争胜利六十五周年,《人民日报》等中央媒体报道了我们。现在,我们是国家文化产业示范基地、全国先进社会组织、全国光彩事业重点项目。我们不仅是在国内有影响的博物馆,在国际上也有一点影响了。

要很现实,理想只是终极目标

我只是个合格的商人,不是优秀的商人。收集文物、建博物馆,都必须要钱,其实很痛苦,因为并不是我的专长。优秀商人必须在资本运作方面有激情,有创意,我没有。

安仁建川博物馆,花的是我全部的财力,全部的心血。博物馆本身是一个公益事业,比如说我们投了十亿,光利息一年就是七千万。投资是一辈子、永远永远也不可能收回来了,但是我要求能通过博物馆的运营维持生计。博物馆有五百多员工,员工工资能发出去,水电费能发出去,维修费能发出去,就不容易。从小就听母亲说,一分钱难倒男子汉。是呀,不付水电费,马上停水停电,不付员工工资,人员马上流失。我们在2010年就能够平衡收支,做到这一点很不容易。

我有空就在博物馆里逛，骑坏了两辆自行车

今年 11 月 30 日我的微博收到一条转发信息。

汪洋谈到，发展文化事业不能停留在传统模式上，而是要积极创新，包括公益性文化事业的运营模式。"我们文化领域目前的状况就像二三十年前的国有企业一样，最缺的就是经营性人才！"汪洋举了四川人樊建川的例子："他立志建 100 家博物馆，现在已经建了一部分，而且可以做到博物馆的运营收支平衡，非常不简单！这就是商业化。他建的馆，每个馆参观 40 分钟，出来后给观众一些喝茶买纪念品的地方，然后下一个馆再参观 40 分钟，很新的模式，目标是建成一个'博物馆超市'。"

后来我才知道，这是转自 11 月 29 日《羊城晚报》第 A04 版政闻一篇文章中的一段。广东省省委书记汪洋没有来过，不知道他是怎么知道我们的。

我这里不打任何广告，就靠我自己"出卖色相"，一个人去讲。最初讲经济，比如到成都市委党校为参加"成都市重点镇领导干部经营研讨会"的干部讲《企业投入古镇保护与开发》，后来讲文物，讲历史，讲我们博物馆。我是十几个大学的客座、名誉教授。我也到中学去讲，也到其他地方，比如到财政部税政司演讲，还到山西大寨去演讲。2010 年世博会后，上海市委组织部邀请我去演讲。我在上海市委党校礼堂，为上海市处级以上干部一千多人讲"用文物见证历史"。我还到中央、凤凰、上海等电视台去讲。这不，开办微博讲，效果也不错。

我觉得我们能生存发展，有这样几个因素：

第一，在建博物馆的开始就知道，建博物馆是社会效益特别好、经济效益特别差的一件事，所以要把它建成博物馆聚落。单个的博物馆肯定难以生存，游客去博物馆路上花一个小时，参观一个小时，回来再一个小时，时间成本太高。

第二，博物馆是靠文物来支撑，几百万件文物，如果都是豆腐渣，没用。所以，一定要请专家鉴评。截止到今年11月，我们的国家一级文物有一百五十三件（套），单件是三百二十九件，非常了不起。

第三，结合旅游产业、文化地产开发，产业链长。博物馆与旅游、与文化产业相结合，在群落中，除了三星级酒店，还有茶楼、餐厅、旅游纪念品小店等许多设施。游客除了参观博物馆之外，还可以喝茶、骑马、划船、打麻将。我们的产业链还包括出租电影道具。

第四，我是一个现实主义和理想主义的结合者，这也是我能办成建川博物馆，能生存下来的主要原因。有些人有很高的理想，但没有现实的办法去做。有些人很有现实的办法，却没有一个很高的理想。只有理想没有措施早就死掉了，关门了。我们还没关门，而且在未来一段时间看不到要关门的迹象。所以要很现实，理想只是终极目标。

"你的钱用完了博物馆怎么办？"

为了安仁建川博物馆，我卖掉了我成都的办公楼，卖掉了加油站，卖掉了铺面，几乎把十几年房地产赚的钱都投进去了。有朋友就问，你的钱用完了博物馆怎么办？

这八年，我百分之九十的精力都在做博物馆，百分之十的精力在维持我们公司的运转。所谓的运转，是指建川集团，我们不做房地产了，我们还有建筑公司，给别人修房子，还能赚一点钱。我们参股的两个村镇银行，还是有效益的。我们做五粮液的贸易，也有一定的效益。我们的物业公司，也有一定的效益。加上我的博物馆采取这样的方式，慢慢能够持平。今年做到将近四千万的收入，从管理角度讲，还有几百万的盈余。另外，我们又投资办乡镇银行，做一个银行的发起者，当股东。投入到银行里，不去管它，到时分钱就是了。最近我们又投了一个典当行。这些项目都不大，但每个小项目都有一点点盈余，加起来还是马马虎虎。对大老板来说是渣渣钱（小钱），但对我们来讲，还是能维持生计，短期的维持不是问题，包括收购文物。

从长远来看，我们给别人建博物馆，可能会成为一笔很大的收入。我给别人做策划、做陈列、做管理，还可以提供所需文物，绝对是一条龙服务。这是一个系统工程，需要一个人懂文物、懂建筑、懂艺术、懂布展、懂管理，还要懂和政府部门打交道，我想，在中国找不出第二个，我不敢说绝后，但应该算是空前吧。所以，这是一个看得清清楚楚的前景。我们已经开始给别人建博物馆了。最早在大邑新场镇，修两个小博物馆，赚很少的钱，但毕竟还是赚钱。安仁刘文辉博物馆，是我跟政府合作办的，从现在的门票收入看，也有一定的收益。我马上要给四川通江谋划建红军博物馆，还给山东台儿庄策划博物馆。天津找我们办博物馆，太原找我们办博物馆，深圳也请我们去，请我们的人越来越多了。

帮别人建博物馆，目前有这两种方式：

第一，合建。比如正在与四川雅安谈的"西康往事"，这是商业街坊似的博物馆，在五横五纵里边做二十个馆，大多是才子佳人、春花秋月、梅兰竹菊馆，也有特色馆，如西康文化博物馆，反映西康建省到撤销的历史。我们围绕博物馆做地产，如果博物馆只需要五十亩地，我们会买到三百亩地，在博物馆旁边同时买地做商业。博物馆亏，商业能够赚一点，这是汲取在安仁镇搞建川博物馆的经验教训。"西康往事"在雅安市旁边建，靠山，靠水，靠城。它一定是有文化生命，还有商业生机。如果按照这种方式来做，我做博物馆的压力就会比较小，我会把博物馆的门票定得很低，一个象征性的门票，不像我现在必须要收门票，不然我水电费都交不起。"西康往事"这种模式非常好。边做博物馆，边做商业，卖一部分商业来修博物馆，再留一部分商业用租金来养博物馆，一百年，二百年，三百年。这种模式是血的教训打出来的。

第二，完全为别人建博物馆。不仅是地方政府，一些老板也让我给他做。比如我们收集了很多很漂亮的老衣服，一个老板说，我们有个超五星级酒店，你能不能到我的大厅里做一个博物馆陈列这些漂亮的衣服，吸引更多的人来住？有人来找我们说，能不能在我们的4S店——卖宝马、奔驰等高档汽车的店里做一个老自行车博物馆？自行车挂在墙上，照样卖汽车。这样，我的4S店变成5S店，多了一个S了。还有人来说，你能不能在我的酒店里做一个茶文化博物馆？有人来找我们谈，能不能在商场的顶楼做一个小朋友喜欢的博物馆，比如说近现代儿童玩具变迁的博物馆？这样我们商场就起来了。

为什么来找我？我们做出了影响，有建川博物馆这个品牌。你可以看到样板：我自己做的，我与政府合作做的，我给别人做的。

我想，今后我最大的一个经济来源是给别人建博物馆。我们要做中国最大最好的博物馆提供商。从企业角度来说，我这样做，可能比在房地产的长远效益还要好。虽然我八年不赚钱，但我八年做了一个文化品牌。我们做的是中国的领跑人，依托我们建博物馆的经验和丰富的藏品，我可以做一个博物馆提供商。我的建筑公司给你修房子，我的装修公司给你装修，我的陈列公司给你陈列，我的物业公司给你培训讲解员和博物馆的管理人员，我的文物库房为你提供文物，哪有这样的人嘛，全世界都没有。现在中央又要发展文化了，我看我的生意做不完了。我会赚到一些钱，继续购买文物。

暂时看，我们退出房地产行业少赚了很多钱，但实际上我把博物馆做成了一个拒绝竞争的行业——我挖了一个很大的沟，别人都靠不近我。"文革"是一个政治事件，抗战是某种精神，但从另一个角度看，把它们比作资产的话，这个资产在我们这里。所以我有一种轻松感，内心深处没有担心，就是做好、做好、做好。办博物馆就能谋生，做喜欢的工作同时又能生存，这就是人生最好的状态。

张大中对我说："你来北京一定要来找我，我支持你。"

张大中是个好人，以前我不认识他。2009 年夏天他来，讲解员

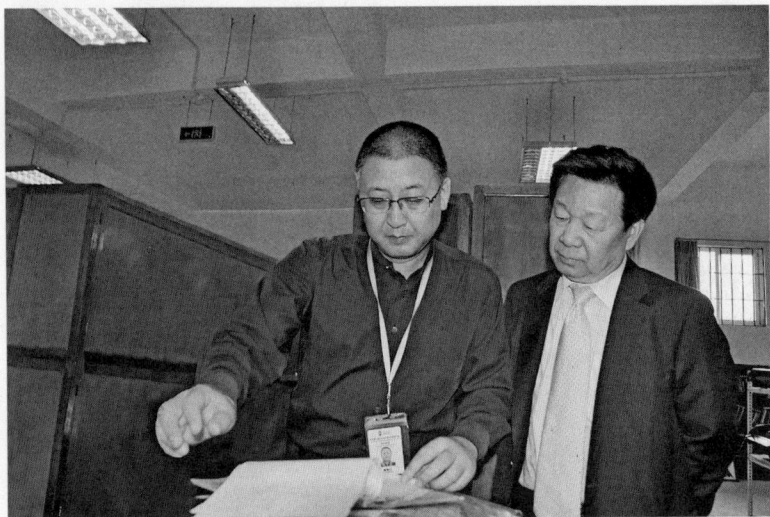
张大中参观库房

告诉我，有个人看了"文革"馆（红色年代生活用品馆）掉眼泪，要求见我。我们博物馆有两个馆是催泪馆，一个是战俘馆，一个是地震馆，我还没听说看了"文革"馆要掉眼泪的，因为"文革"馆做得并不太催泪。我去了，他胖胖的，貌不惊人，带了几个人。他给了我一张名片，我一看，张大中，哇，是个如雷贯耳的人物啊，北京大中电器的创始人，大老板，然后我就陪他吃饭什么的。这时我才知道他母亲是王佩英。

王佩英，巾帼英雄，"文革"中坚持真理，被判处死刑。押赴刑

234

场途中，因怕她呼喊口号，被人用绳索勒紧喉部，活活勒死。张大中20世纪80年代下海经商，本钱即是其母的一千元抚恤金，真正的"天使基金"。

张大中对我说，建川，你来北京一定要来找我，我支持你。

结果我没去找他，我觉得这样的事有点不可能。2010年下半年，我到北京找刘文辉的文物，有点时间，顺便打电话跟他联系了一下，其实也不是要钱，就是想要点他母亲的东西。他说，你怎么这么久都没有找我？他就在他们公司请我吃饭，给我捐赠了一百万，特别感人。所以我觉得大中先生啊，很好一个人啊！他说过这样的话，你每办一个"文革"博物馆，我都给你捐点钱。

2010年11月的一天，他从耶路撒冷打来电话，他激动，哽咽，说他在看犹太博物馆。不久，我收到他寄来的犹太博物馆画册。今年初，张大中来成都参加"国家记忆2010·致敬历史记录者"活动，他也是"年度行动者"的候选人。他发言说，我是个商人，参加这个会，是因为我的母亲王佩英。经过前三十年的挫折、教训，我希望不再有内乱，不再有邪恶，不再有恐惧，不再有我母亲因言获罪的悲剧。后三十年，我们有进步，怎样继续进步，需要每个人坚持理想。

今年10月，我的红色年代系列馆中一个馆开馆，我请他来参加了活动。

王石："你能把这件事做下来，意义重大。"

2006年8月10日，王石自己来参观。他对我说："你能把这件

和王石在战俘馆放风院

事做下来，意义重大。"

他来的那天，成都发布橙色警报，气温超过三十五度。十一点半去看壮士广场，他一路狂拍。壮士广场全是钢铁塑像，没有一棵树，气温好高哦，可能有四十度，他的衣服都浸透了。我拉着说吃饭、吃饭。我把他拉出来，一松手，他又跑进去。他的随行人员怕热，他还在拍，可能在壮士广场拍了四十分钟，我好像拉了三次才把他拉出来。

下午看战俘馆，他不是悄悄流泪，而是哭出声来，是痛哭。他用"感动、震撼、非常非常非常感染人"来表述心情。他说，我看了这么多博物馆，含着眼泪看下来的，这是第一次。

姜文、冯小刚、陆川

姜文

姜文 2008 年 7 月筹拍《让子弹飞》时来参观。姜文豪气，看馆单操（一个人行动），一个人有滋有味地看了几个小时。他到我的报纸厅，一定要我帮忙找他父亲发表的一篇文章，就是 1959 年 11 月

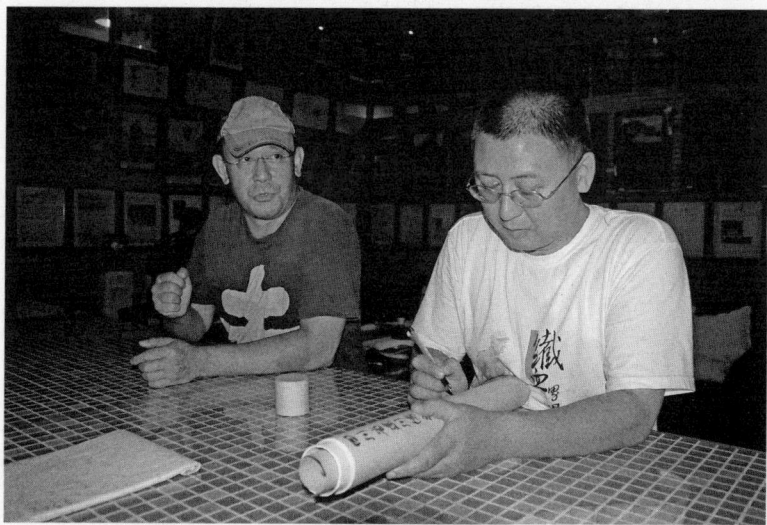

姜文参观

24日《解放军报》上的一篇文章，好像是他父亲的处女作。我找到给他，他特别高兴，给我敬礼，又给我鞠躬，说，老父亲的心愿总算给他完成了，之前找了很长时间都找不到。姜文很在乎这件事，觉得对他父亲有个交代了。他还让我在报纸上签了名。从这事可以看出，姜文是个至情至义、很讲孝道的人。

我一直看好姜文，过去、现在、将来。我喜欢姜文，理解商业需要。其实，把观众逗笑了，把银子拿到了，就是很不错的电影了。我们现在拍不出《辛德勒的名单》和《钢琴师》，是因为土壤和气候都不行，还需要时间来等待。

冯小刚

2009年"5·12"那天，因为是地震一周年，一下涌进十万人，警察来了四百人维持秩序。那天开馆延迟到晚上十点。冯小刚来访，进不了院子，他挤了四十分钟。见面，要拍唐山大地震，需"文革"物品，选中两千件，主动问我收多少租金。之前，我与他聊天喝茶知道，我长他一岁，就为这句"哥"，我回答他，我一个钱也不收。我真没有收他钱。

陆川

陆川来博物馆很多次，住了很多天。陆川拍完《可可西里》后就一直在酝酿拍《南京！南京！》。他在杂志上看到我们博物馆的介绍后，就想认识我。2006年9月，他同中影集团总经理韩三平来，请我担任《南京！南京！》的策划，我就成了陆川这部电影的总策划。

冯小刚参观

我曾经告诉他，这个题材太大，很不好把握，而且表现南京大屠杀的电影之前有很多部了。陆川当过兵，是个抗战迷，我们之间有说不完的话，有次在金桂宾馆的茶厅聊到凌晨三点。

我们博物馆有全国最大的抗战图片库，陆川干脆把《南京！南京！》剧组的几个美工派到我这里来，让他们专门翻拍和整理。他拍摄时遇到的经费困难，我的确无法帮他，只有把博物馆的所有资源毫无保留地提供给他，我一直鼓励他要坚持下去，也算是一种精神上的关照吧。我告诉他，拍细节的时候就用真家伙，比如刀、枪、军服、帽徽、手摇式警报器、望远镜、刺刀，甚至当年士兵携带的餐具。陆川选的一个小演员，就是照着我的一张照片选的。

后来我还支持他。《南京！南京！》在成都放映时，2007年8月，我们包了一个月大约一百场（白天），让农民工和学生去看，照顾学生和农民工。

2007年底，二十多位著名抗战将领的后代到我这里参加"向中国抗日壮士致敬仪式"活动，我又动员他们给陆川写点鼓励支持的话。我做了一块长三米、高一米八的大展板，上面写着"《南京！南京！》永记我心"八个大字，抗战将领后代都在上面写下了感人的话，我把这块展板快递给了在北京的陆川。

张跃是个神仙

曾有一段时间，从经济实力讲，张跃的企业是中国最大、效益最好的民营企业。他是做环保的，中南海的空气净化器也是他提供的。

2009 年 10 月张跃来馆

他们的远大中央空调，直到今天仍然闪闪发光。

张跃是个理想主义者，对我影响很大。他是中国企业家里边了不起的企业家，是中国老板的一面旗帜，是中国企业家真正的脊梁。他现在不断地强调环保，比如我跟他吃饭，他一点排场不讲，几乎是强制性地把菜汤、最后一块酸萝卜吃光。这在老板里边是凤毛麟角的，特别罕见。他办公室里有把椅子，累了就在那儿打坐，自己画图，自己设计，真是一个楷模。

张跃父母也是南下干部，他的姐姐张彩虹陪着来过博物馆两次。

张跃在湖南办公司，他姐姐在美国负责销售。他姐姐20世纪80年代曾是我国驻外的一名商务官员，英语特别好，我到美国去时，她对我特别关照。我去过他们家，也去过他们办公室。他们的办公室就在世贸大厦，"9·11"那天，我特别着急，拼命打电话，一瞬间通了，可能就说了两秒钟。张彩虹说，建川我们跑掉了。后来知道世贸大厦被撞的前二十多天，他们的租期到了，业主涨价，他们就搬出来了。张彩虹是个非常虔诚的基督徒，我对她说，我已经信教了，我有自己的理想。我们朋友里边，基督徒还不少。

开世博会时，张跃说支持他一下，他专辟了地震体验厅，我给他运去了都江堰废墟实物几百件，做了一个场景。他最大的心愿是建震不垮的环保房，这种房子在工厂就生产好，拿到现场安装。他的馆就是一天安装好的。它是个梦，我觉得他这个梦做得非常有意义，但在中国推广也有现实的许多障碍和困难。

张跃对我们的博物馆非常欣赏，特别感兴趣，也愿意以不同的形式支持我们。去年夏天，他来参观，很奇怪，第一天我陪了他，把他送走后，第二天他不跟我打招呼了，自己来买票看。

我以前去过他那里，今年到湖南做节目，我打电话给他。他说，呵，建川，你一定要来聊聊。张跃比我小一岁，我去的第二天是他的生日，他没有告诉我，我说我想去凤凰、张家界，他派了个车。

我觉得我们特别心心相印，见面的时候，觉得特别温馨。见面时他"哇哇——"在那儿叫，是发自内心的高兴，不是应酬。我们相互之间的那种高兴与欣赏，都不是应酬，是一种真正的欣赏。我们非常谈得来，我们俩说话是这样，不搭调。我们见面不容易，见面就是块状的信息量。我把块状的信息量推给他，他把块状的信息量推给我。我把我的想法交换给他，他把他的想法交换给我。我们的话题转换得很快，完全不搭调。在他办公室，晚上聊到近十二点，特别高兴，说不完的话。我学到许多许多东西，包括他的管理经验。我们对空气淡水土壤污染的认识、对人类的认识，包括对可持续（发展）的认识，共同点很多。在环保上，我们基本上全部是公约数。

我感觉张跃是一个至纯、至真的像个男孩的企业家，他在中国是个另类。他不贷款，到今天也不贷款，太不容易了。他不交往，跟官府不搅，跟官员没有什么话说，不攀龙附凤，不去喝酒应酬，不去陪打高尔夫，什么都不陪。他甚至不参加人大、政协，什么都不参加，好像在体制外一个人在那儿走，像个幽灵，他居然做成了，把企业做得这么好，产品做得这么好，他真是一个太奇怪的人。按道理，像他这种人，应该在全国工商联呀，全国慈善协会呀，但我找不到他有一个头衔。不像我，什么山西商会呀，工商联呀，政协呀，收藏家协会呀，捆满。我们在社会上还到处行走，他没有，我认为，这种人在美国能生存，或者在火星上、月亮上能生存。

张跃把自己的产品做得太好了，小到手机——他才开发的一种手机，随时可以检测空气污染指标，大到空调——上海世博会就用他的空调。他的空调，可以做到能在监控室监控。比如卖到成都的一台直燃式空调，他可以在长沙的监控室看这台空调的运行情况。卖到加拿大的、美国的等，都在监控室里边监控。哪台出毛病了，马上通知片区维修工程师去解决。我觉得他做了一个基本上不可能的产品。

他的世博会博物馆，只花了两千多万，太奇怪了，跟别人花两个亿做的比，它就是一个真实的馆。它告诉你怎么节约能源，怎么预防空难，怎么坚固，怎么环保，做得特别棒。花了两个亿的全部被上海市政府命令给撤掉了，而他花了两千万的这个，上海市政府说，你别拆，给我们留下来吧，给留下来了。

中国企业家里边，把谁作为最尊敬的人，张跃算一个。他太值得尊重了，他完全不食人间烟火的打法，居然把一个企业打出来了，居然把这个企业管理得这么好，新产品做得至善至美，做到在国际上具有领先地位，我只能说，张跃是个神仙。

陈志武一连发了二十多条微博支持我们

我跟陈志武是在微博上认识的。他是世界著名经济学家、耶鲁大学教授，他的粉丝多。他给我留话说"请你关注我"，因为不关注就无法发私信。说实话，我当时并不知道陈志武是谁，我离开经济学界了，但马上就有媒体记者打电话问，陈志武什么时候来呀，他不是留了话让你关注吗？不得了不得了的人，华人经济学界的老大。我说，哦，不得了，那我就关注他嘛。他发私信说，他特别好奇，想来看一看。今年7月底他果然来了。我陪了他一天，第二天他没告诉我，自己来买票看。他特别感动，在微博中说："樊先生对抗战、'文革'、民俗、汶川地震等文物的收藏激情，世无仅有。一个民族要脚踏实地，就必须有记忆，而记忆来自生活、事务的细节。建川博物馆值得体验，你会震惊。""这些收藏让连战感动，因为在台湾也没有为抗日国军建博物馆立碑记忆！致敬樊建川！""博物馆内有一巨大圆形露天院，地上展示各地革命委员会、文攻武卫团的章印。樊建川的创意极棒！""'红色年代章钟印陈列馆'，是建川博物馆群中最让人震惊的博物馆之一，仅主席像章就十几万件，各地'文革'时期公章数万件，极其珍贵。该馆有樊建川先生的许多创意，让人敬佩。"

他对我说，你有国人的良心、中国的理想，我没有钱支持你，我只能利用我在经济学界的影响、在国际上的影响支持你。我会在一切场合推崇你。你是当之无愧的中国最有良心，最有才华，最有实干精神的人。

他一连发了二十几条微博支持我们。那几天，天天发，每条都有我们博物馆的照片，我都不好意思。

第十七章

我们灰头土脸时，
『凤凰』掠过

《凤凰周刊》：百年信史的民间布道者

《凤凰周刊》2006年第22期有十一页专题报道我们。我是当期的封面人物，文章标题为"百年信史的民间布道者"。文章说：

作为全社会宏愿的一个开端，樊建川那些几乎是妄想式的博物馆，今天已孤独但却真实地出现在我们的视野里。虽然，某种程度上，它是那个特殊时代的产儿——一种唐吉诃德式的理想主义追求。

复苏一个民族健全的历史记忆，显然不能只靠一个樊建川和他的建川博物馆聚落。

如果，若干年后，我们要看一九〇〇年至二〇〇〇年的历史，还要到四川成都，对樊建川来说，或许是他个人的成功，但对民族而言，则是不幸。

也许，若干年后，我们这个国家发生的变化，将使樊建川的一己之力显得微不足道，但是，我们不应忘却，当年正是这个人，是这一非凡事业的试水者。

《凤凰周刊》每期我都从头看到尾，它是少数值得细读和收藏的杂志。风口浪尖，有方向感，有脊梁骨。我们灰头土脸时，凤凰掠过，我永记。

《百年记忆》：抢救二十世纪一百年的历史

2007年9月，凤凰卫视董事局主席兼行政总裁刘长乐，副总裁、《凤凰周刊》社长孙谦，《凤凰周刊》主编师永刚，凤凰卫视中文台执行台长刘春等来到博物馆，我陪他们看了一些馆。他们行程紧。刘长乐说还要来，他希望我参加凤凰卫视《锵锵三人行》节目。

刘长乐说我做的是"找回埋没的记忆"的工作，说有的人在装糊涂。他送给我四个字："难得明白"。

刘长乐回去不久，11月，凤凰卫视文化大观园节目组来拍专题片，策划是王鲁湘，拍了三天。年底，这个片子播了，《百年记忆》上下，每集三四十分钟，深入介绍了我们抗战系列、红色年代系列，以及壮士、手印两个广场。形式主要是我讲，然后我带王鲁湘去看这些馆。

我觉得在片子中，我跟王鲁湘谈到的一些问题还是很尖锐的。

《峥嵘岁月——成都建川博物馆的非常记忆》

刘长乐第一次看博物馆后很感慨，他在凤凰的干部会上多次讲我们的好，多次讲我们博物馆很重要，很有意义。因为他的关系，后来何亮亮来过，杨锦麟来过，王纪言来过。王纪言来了很多次，特别支持我们。

刘长乐第二次来时说，建川，我觉得帮你还没有帮够，干脆你搞个片子，我给你播，你愿搞多大搞多大。我想，既然他答应了，就要搞个大的片子。成都市也支持我，给了一些补贴。我们组建了一个班子，请梁碧波来做。梁碧波得过一些国际奖，也是一些国际性纪录片奖项的评委，是个有国际色彩的导演。我希望做得有故事，做得感人，画面要好。音乐我建议用《在太行山上》的旋律来改，配音要找好的，动画也是找好的。"5·12"地震时，这个片子就停下来了，梁碧波他们去拍地震，拍完了又接着拍这个片子。这个片子拍的时间很长，前后大概一年。抗战系列共七集：壮士广场、不屈战俘、中流砥柱、正面战场、川军抗战、援华美军、老兵手印，依据我已建成的五个抗战馆及两个抗战广场讲故事。背景讲得比较清楚，还采访了一些抗战老兵及他们的后代。情感是饱满的，叙述也比较全面，到美国和台湾拍的许多镜头都用上了。到美国和台湾，我有意带了两个人，包括梁碧波，有意识拍连战、拍布什。"红色"系列有三集：章钟印馆、红色年代瓷器馆、红色年代生活用品馆。

与刘长乐（左）在章钟印馆

这三集，也采访了一些人。

十集拍完后，就给刘长乐、王纪言、刘春送去。凤凰台播了后，又交给中央电视台。中央电视台审了很长时间，又改，把共产党馆从一集变成两集，把三集有"文革"内容的去掉，中央电视台播出时变成了八集。

我在每集里边讲一些话。但一个镜头，有时要拍一个晚上。比如讲川军馆的王铭章，几秒钟，就拍了一个晚上。他们很讲究，很折腾，我一个人就拍了十几天。他们说折磨我都算好的了。我也算有耐心，坚持拍下来了。

这个片子，凤凰台播了，中央台播了两遍，云南台播了。四川有人支持我拍，但有人不支持播。到今天，四川、成都电视台都没有播。

《锵锵三人行》

2010年8月，我到北京去做《锵锵三人行》节目，节目主持人窦文涛、记者李菁和我三个人围绕抗战胜利六十五周年讨论，一共录制了三集，当月播了两集，9月播第三集。我带去了收藏的一些文物，包括日本兵的警报器。

三集中谈的内容比较多，谈文物，谈中美在反法西斯战争中结下的深厚友谊，谈汉奸，但谈得最多的是老兵、战俘、阵亡士兵，我觉得这些问题太重要了。

比如老兵，胜利多少年了，当年二十岁的小伙子八十五岁了，这是讲1945年。如果是1937年的呢？九十多一百了，没多少人了，对这些人应该有特别大的照顾。尊重先辈，后面就有人替国家卖命。有的国家就做得很好。日本老兵盐谷保芳，他是一个侵略军啊，日本还有什么天皇补贴给他。相比之下我们有的抗战老兵，待遇真是令人心酸。

美国人为了一个小小的战士的骨头，可以派专机过来找，然后运回美国去安葬。我们怎么对遗骸的呢？台儿庄战役，国军阵亡三万余人。战时无条件，只能草草入土。光复之后，又是内战。中华人民共和国成立之后，种种原因，至今未能为三万殉国将士葬骨之地树碑，甚至连埋骨何处也不清楚了。"马革裹尸"是战士的理想归宿。其实，抗战阵亡士兵能草席裹尸就很好了，再退一步，能及时掩埋入土为安也不错了。有许多战士牺牲之后暴尸战场，久久不能收殓，闻之心酸。

还有战俘，我们不说他们的名字了，连数字都不知道。一个民族这样做的话，肯定是有问题的。因为只有三集，这些问题没有深入展开来谈。

第十八章

回答（二）

壮士广场：
想停留在 1937 年中华民族唯一的一次团结上

做博物馆前，我到处去看博物馆，比如珍珠港纪念馆、纽约犹太人馆、靖国神社、韩国的战争博物馆等等。我发现博物馆一些仪式化的东西，即一些精神层面的东西很重要，比如雕塑群、纪念墙。

当初也没有考虑得很成熟，没有想到要做一个广场，只想做一些著名抗战烈士的雕塑。2003 年，我们和中国抗日战争史学会联合，在北京、安仁分别开了三次会，三次会基本确定了雕像的人物。2004 年 7 月，我们在安仁又开了一次会，这次是雕像创作研讨会，雕塑家和学者激烈讨论，认真比对，确定了初步方案。我请了三十多个雕塑家，集中在成都金牛区金牛乡金牛村"中国壮士"工作场，集体合作。我给他们规定，严格按历史照片做，包括表情、服饰、姿态，要把1937年的那种感觉，那种韵味做出来。由朱成、谭云领衔，三十多位雕塑家在一个大车间摆开大阵势干活。读抗战的书，放抗战的音乐，结果做出来很勇猛，很帅气，很个性，很真切，特别英气勃勃。蒋介石的孙子蒋孝严来看过，特别认可。

在决定"壮士"材质时，大家倾向于用金属，不锈钢因太亮被否决了。最后，在用铜还是用铁上权衡，议来议去，我决定用铁。因为我想起都江堰出土的汉代李冰铁像仍然十分完好。更重要的是铁比铜坚硬、冷峻，应了老话"钢筋铁骨""铁骨铮铮"。壮士都是铁骨侠胆的人！

已经做成半成品了，还没有想好放的地方。当时想共产党的放共产党馆旁边，国民党的放国民党馆旁边，川军的放川军馆旁边，但像李宗仁、冯玉祥他们又放哪儿呢？就没有地方放。又想还是放在一起吧，但怎么摆放呢？谁站前谁站后，谁居中谁靠边？不说共产党军队、国军、地方军混合排列了，就是单排也排不好。邓贤一句"整出一堆兵马俑收不了场"给了我启发。我想停留在1937年中华民族唯一的一次团结上，我特别希望中国人——共产党的军队，国民党的军队，还有地方军，团结起来打日军和伪军，于是决定做一个壮士广场。

壮士广场是很有气势的"二战"题材雕塑群，占地约一万平方米，其中雕塑区约三千平方米。所有两百多位壮士造像都放在一个"V"

字形下沉式凹槽的空间环境中。凹槽总长 81.5 米、宽 45 米，象征 1945 年 8 月 15 日抗战胜利时刻。整个广场为一幅抽象的中国地图，两百多位抗战名将和著名烈士站在抽象的中国地图上，赵一曼、高志航、杨靖宇、狼牙山五壮士这些著名的烈士，站在他们牺牲的地方。邓小平站华北，李宗仁站台儿庄，毛泽东站延安，蒋介石站重庆，薛岳站长沙，杜聿明、廖耀湘、张灵甫这些，站在当年他们守卫的地方，每个人都守在自己的岗位上。

壮士广场上的英雄还在添加，比如华国锋，比如阎锡山。我准备塑一个我年轻时的像放在大门侧面，叫"壮士的哨兵"。我就在壮士广场旁当一个守卫壮士的哨兵。

每天只要我到壮士广场去走一圈，我就有力量。尤其是在最苦的时候，政治上、经济上几乎要遭受灭顶之灾的时候，晚上我也会睡不着觉，也会有承受不了的感觉，但当第二天太阳出来，面对壮士广场的壮士，心里面会很亮堂。所以，我题写的是：

一起钢筋，一起铁骨。一起仰天，一起长啸。一起森严，一起壁垒。一起杀倭，一起驱鬼。一起冲锋，一起陷阵。一起前仆，一起后继。一起苦撑，一起待变。一起艰苦，一起卓绝。一起肝脑，一起涂地。一起成功，一起成仁。

国人到此，低头致敬。

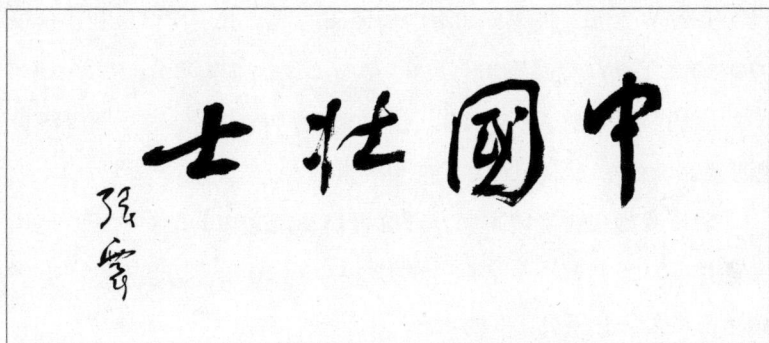

张震老将军题词

请张震老将军题写"中国壮士",是因为他是壮士广场中的"壮士"之一,而且是德高望重的"二战"老将军。"二战"时,西方国家军队晋升制度已经非常完备,美、英、法等国将军大多在四十岁左右,参加抗战的国民党将军也在三十五岁以上,七十多年过去了,健在的几乎没有了。而由红军改编的八路军、新四军却拥有许多风华正茂、年轻有为的将领。抗战全面爆发的 1937 年,八路军副参谋长左权三十二岁,120 师副师长萧克三十岁。张震将军担任新四军第六支队参谋长兼豫皖苏边区保安司令部司令员时,年仅二十六岁。作为硕果仅存的二战老将军，他为中华民族的抗日战争取得胜利作出了卓越贡献。2009 年，他九十五岁高龄了，为"中国壮士 1931—1945 群雕广场"挥毫题写："中国壮士"。他为"中国壮士 1931—1945 群雕广场"题词，具有无可替代的历史意义。

后来我到张震老将军家，冒昧提出征集文物，得到响应。他们家的沙发、茶几都十分老旧，都是 20 世纪 70 年代的老东西了。我蹲下看半天，有历史，有故事。

吕正操：我走不动了，走得动，一定要去看看

吕正操将军在世时，我去拜会过老将军。当时他都九十多岁了。他说，小伙子，听说你办抗战博物馆，要办国民党博物馆，胆子真大啊。他问我有问题没有，我说没有。我说，吕老，共产党不是讲实事求是吗？咱们如实地反映二十个战役，有什么问题呢？他就哈哈笑。他说，我走不动了，走得动，一定要去看看。他问我，你需要我干什么？我说，请你为共产党馆题馆名，国民党馆，我找连战。他马上问，他要给你题？你找到他了吗？我说，我要去台湾找他。他说，好呀。他给共产党馆题写了馆名。

2000 年，吕正操为我的书《一个人的抗战》题写了"勿忘历史"。2001 年，我把收藏的抗战文物拿出来做展览时，吕正操给我的展览写了个序。

吕正操将军前两年去世了，高寿，一百零六岁。我到他家里边去，他的三个孩子接待的我，他们将吕正操将军出席十七大时编号

为"0001"的代表证、参加奥运会的"贵宾证"、签名的首日封等捐赠给我。他们整理吕老将军的遗物后，还会陆续将将军使用过的家具和其在抗战中使用过的物品等捐赠给我们。

"向中国抗日壮士致敬仪式"

因为征集文物，我找到一些壮士的后代，比如罗瑞卿、陈毅的后代，四川人嘛，给他们讲我们博物馆。他们说，建川，你干脆给我们一起讲讲吧，我们就在北京，把大家一起叫来吃个饭。

2007 年 11 月，我到北京为"建川博物馆庆祝中华人民共和国建国六十周年献礼工程"征集文物，拜见了他们。有聂力（聂荣臻元帅之女）、周秉德（周恩来侄女）、左太北（左权之女）、宣平（宣侠父之女）、卫道然（抗日名将卫立煌之子）、林晓霖（林彪之女）、美籍华人程晓妹（程子华之女）、李碧如（李默庵之女）、陈知建（陈赓大将之子）、萧新华（萧克上将之子）、郑建帮（郑洞国孙子）、李德强（李仙洲之子）、郑新穗（郑庭笈之子）、王晓玉（王剑秋之子）、彭纪俊（彭士量之子）。我向他们汇报后，希望得到他们的支持，他们表示会在合适时间到博物馆参观，会大力支持。

12 月，我们就搞了一个活动："向中国抗日壮士致敬仪式"，请他们，他们来了，有李敏、孔东梅、周秉钧、周秉德、陈丹淮、左太北、谢继民、戴复东、戴澄东等二十多位。如果要说壮士广场有什么开馆仪式的话，这次就算吧，一个象征性的开馆仪式。

致敬仪式由我主持，有致辞、献花、献酒、鞠躬。我们写了一

向壮士致敬仪式

个稿子，大家推举陈丹淮代表壮士后代致辞，他答应了。他很认真，在稿子上认真修改。稿子不长，一张纸，后来我收藏了这篇稿子。整个活动的安排他们都知道，高高兴兴等着第二天早上举行。晚上，突然有几位媒体朋友提醒我说，建川，还有问题，你安排大家给壮士鞠躬，如果有人断章取义，说毛主席的女儿给蒋介石鞠躬，就抓住这一点，把事情闹大了，你怎么办？我想是个大事，已经凌晨两点过了，我对还在加班的刘主任说，仪式中的鞠躬取消。天亮后，我又想人都来了，都是壮士后代，不鞠躬，觉得不太对劲儿，还想争取。二十多个人里边，只有三个人是带队的人，我第一个找彭钢。我说，彭大姐，咱们给鞠躬的里边有蒋介石，你觉得有问题吗？她说，我伯父也在旧军队干过，也做过旧军官，当时八路军也叫国民革命军嘛。彭钢的伯父是彭德怀，彭钢是个很牛的人，说话通情达理。我又去找周大姐周秉德，她在里边是个组织性的人物。她说，我觉得没问题，不是统一战线吗？我们是向抗战的行为致敬，是对抗战致敬，建川，这个没问题。我又去找李敏大姐。李敏大姐说话最少，总是笑眯眯的。她是留苏回来的，和任远芳一样早上都要喝牛奶吃面包。我找到李敏大姐，任远芳也坐在旁边。我说，大姐，等会儿我们要鞠躬，蒋介石也在里边，我们鞠躬，有问题吗？她不吭气，我就有点紧张了，这事她不开口，还真不敢做。我又说了一遍，这时她看着我，只说了一句，他们都是长辈嘛。我立刻说，好好，那我们就按计划进行。后来《峥嵘岁月——成都建川博物馆的非常记忆》电视片出来，这个镜头效果非常好，也没有哪个人去断章取义，风平浪静。

这次活动，我征集到了不少文物。比如任弼时的女儿任远芳捐给我一张照片。她说，我父亲去世得早，什么都没有留下，我就把这张照片捐给你吧。我一看，很激动，是任弼时去世时刘少奇和朱德为其盖棺的照片，特别珍贵。

"爸爸，我抱您了。"

　　壮士广场上的集体仪式结束后，壮士后代都在自己父辈像前鞠

左太北说，爸爸，我抱您了

躬，合影。那个场面是非常感人的。

左太北抱着父亲左权的塑像痛哭，说，爸爸，我抱您了。

左太北大姐对我说，平时看父亲都是平面的照片，今天拥抱了立体的父亲。说时，脸上洋溢着满足和幸福。在场的李敏大姐、周秉德大姐、任远芳大姐无不悲切。

左权是八路军在抗战中阵亡的最高级别指挥官，后被国民政府追赠中将军衔。当时，左太北仅两岁。左太北告诉我，五十年代初，她在北京读书时，周末同学都回家，她无家可回，很孤苦。这时，父亲的老战友们都顾不上管她，唯有彭德怀，会隔三岔五派车接她到帅府打顿牙祭。后来，彭德怀倒霉了，她连这点温暖也失去了。

为什么有那么多壮士后代来？主要靠互动

为什么有那么多壮士后代来？除了我们找到他们征集文物建立了联系外，主要靠互动。我们做起来后，有媒体报道，有些就来找我们，像蒋孝严。张闻天、杨靖宇的后代，包括博古的后代，很多很多，主动跟我们联系。有些人来了，不知道，一看，里边还有他父亲。来壮士广场做祭奠的壮士后代不少。潘裕昆将军的四个子女，2008年12月专程来，向潘裕昆将军的雕塑敬献鲜花，还捐赠抗战文物给我们。

刘放吾的儿子刘伟民2010年5月专程从美国赶来，祭奠父亲刘放吾。他2008年来过，2007年好像也来过，来了好多次。他曾写过一些文章介绍刘放吾。仁安羌大捷，刘放吾团长率兵八百，向

刘伟民（左二）祭奠父亲刘放吾

七千日军猛攻，救出七千英军。英国首相撒切尔夫人曾在美国芝加哥会见过刘放吾将军。我 2008 年访美回国时经过洛杉矶，刘伟民请了近一百个在美的优秀华人，包括壮士广场国民党著名将领孙震的后代，包括美国副总统戈尔的女婿（华人），还有一些华人法官、市长等名流，开了个"南加州欢迎樊建川先生恳谈会"，吃饭前有个仪式，我有一个讲演，他也有个讲话。他说，建川这个事是为民族做的，我们也要尽点绵薄之力。刘伟民先生捐给我们一大笔钱，他是真心地支持我们。

壮士夫人王玉龄、叶亚华

张灵甫夫人王玉龄

2008 年 3 月，张灵甫的夫人王玉龄来，当时张灵甫的雕塑正在制作中，她专程到"中国壮士"群雕制作现场去守着做，说给她老公做得不帅，哪些地方要怎么做，都提出来。

王玉龄有一个细节外边人不知道，张灵甫送给她一张照片，上面还有亲笔签字。她一直放在钱夹里边。这张照片已经到我手里边，她硬是要回去了，我讲到晚上十一点多，她都不愿意给。她说，以后再说吧。但她复制了给我。我估计张灵甫的东西在她那儿也不多了，只有几件东西，实在是舍不得。这张照片是原件，跟她的生命有关。

张灵甫夫人在雕塑制作现场

王铭章将军夫人叶亚华

2008 年 10 月的一天，成都一个专门跟老兵后人接触的朋友带我去见叶亚华。那天天气特别好，跟我一起去的几个人都是王铭章手下团长的儿子或者孙子。叶亚华住成都三洞桥，九十多岁了，跟七十多岁的儿子住，孙子在重庆。她信佛，每天只吃一顿饭。家里有佛堂，香烟缭绕。她把供佛的大红苹果全部拿出来给我们吃。老太太很瘦，但是很清醒。她问我，你爸爸是王铭章部队的？我说不是，是共产党部队的。我给她讲壮士广场有王铭章的像，川军馆里有很多王铭章的文物，包括委任状，她就很感兴趣。她说，难为你们还想得起我丈夫。她告诉我一个细节。她说，他可以撤的，他任务完成了的。

叶亚华传奇得不得了，我一直觉得她讲的事是惊天奇事。中华人民共和国成立初期"土改"，王铭章的其他几个夫人都死掉了，就剩她。斗她是地主婆，是军阀老婆，满脸都是被吐的口水。在那么严厉的情况下，她带着自己的孩子和其他太太的孩子，一路要饭，从深圳罗湖走出去了。她讲时，我不相信，说不可能。她再三提到"土改"工作队一个队长对她特别好，别人吐她口水，这个队长把她扶起来，还说要讲政策，最后给她开了个通行证，证明她是革命军人的太太，到广州去寻找丈夫。这个证明在当时不得了。她先到澳门，到澳门后去不了香港，她天天在码头上求爹爹告奶奶，一个大副动了恻隐之心，让他们混上船，把他们关在厕所里偷运到香港。香港媒体一报道，国民党便给了一些关照，接他们到台湾。她在台湾被安排在凤山军校当英语教员。老太太给我的照片，就是戴着船形帽在凤山军校教书时的照片。

老太太隐居在成都三洞桥大概十几年了。她20世纪90年代回成都，落叶归根，但全不跟外界接触。她思维特别清楚，就像老神仙。我叫她老神仙。

我劝老太太来博物馆看一看，她的儿子不太愿意，说以后去吧。后来老太太说，选日子不如撞日子，走吧。就这样来了。我把她抱到轮椅上，又把她抱到汽车上。到了壮士广场，我推着她，给她讲解，

我为王铭章夫人讲解

又推她去看了川军馆。老太太年龄大了，就看了这两个地方。在阿庆嫂休闲庄吃饭前，她用英语说了一句话。我问，老人家，你什么意思？她说，今天我开官。"开官"，成都话，意思是她埋单。我说，不可能，你到我这儿来，怎么能让你老人家埋单！

老太太家里挂有几块匾，是她把报纸上蒋介石的题词"民族光荣""死重泰山""烈比睢阳"拿下来在台湾做的，后来带回成都。那天我跟她商量，我照着做新的，换下来。她还是有点舍不得，我就跟她儿子商量，她儿子也不愿意。最后老太太说，给他们。我就做了相同的，把她家里边的换下来了。老太太委托孙子来捐赠这七块匾。我们在手印广场还有个捐赠仪式。

第十九章

回答（三）

抗战老兵手印广场：老兵可以走，精神不能走

为什么要做这么一个广场？从我们开馆起，我经常会接待"二战"老兵，有打过鬼子的中国人，有侵略过中国的日本人，有帮着中国打日本的美国人。"二战"硝烟散去了六十多年，寥寥健存的老兵都已进入耄耋之年。面对他们，我总产生一种紧迫感：有朝一日，这些日本侵华战争的见证人都会撒手人世。搜集"人证""物证"的工作必须抓紧做。

一个想法突然在我的脑海中闪现——收集抗战老兵的手印。当年他们挥舞大刀、长矛，投掷手榴弹、埋地雷、炸碉堡，力挽狂澜，

扭转乾坤，用手挡住了来势汹汹的日本兵。老兵可以走，精神不能走，我留下一个手印，就留下一份力量。

我们的"征集语"这样说：

老兵不死，只是日渐凋零。

…………

他们曾是学生、是农夫、是工人，他们曾为人子、为人夫、为人父，山河沦陷，敌寇入侵，使他们成为军人；他们曾为英雄，但更多的人默默无闻，无数幸存者重新成为农夫，成为工匠……

一个民族不能忘记她的捍卫者。

在这些老兵凋零之前，我们应留下他们的印记，以为永世的纪念。

……找到那些幸存的最后老兵，征集到他们的手印。有一天，他们的身体离开，但他们印在透明玻璃上的右手手印将与日月同光。

老兵必须是参加过抗战的，以 1945 年 8 月 15 日为界，打过一天日本人也算。我要求老兵写一个简历，留一张老照片。我把简历做到玻璃手印墙上，有名字有部队番号。每座手印墙宽约一米二，高约两米六，排成 V 字形，寓意胜利，整个广场占地面积三千平方米。手印墙用玻璃的感觉比较新颖，半透明，显得朝气蓬勃，既有时代特色，又不失坚硬力量感。

最初我们从四川省老干局、四川黄埔军校同学会那儿征集到一部分，加上部分慕名而来的，有两千多人。本以为可以完成八千人，但老兵越来越少，国军老兵更难寻找。2006 年 9 月，我们与《成都商报》联合发起"胜利日，抗战老兵留手印"活动，许多老人通过这个活动来参观我们博物馆，写下小传，留下照片和手印，比如王君老人，九十岁了，1937 年参加八路，曾任电台台长、参谋等，最后在国家安全部副部长任上离休。由于有更多媒体的宣传，我们又收集到了一些。一般我们取右手的手印，因为右手是扣扳机、挥大刀的，但是有的人没有右手了，广场上有三个人取的就是左手手印。

最圆满的是能有上万枚手印。现在只有四千多枚，所以我着急。有的手印我是追到太平间取的。一个川军九十多岁了，我一直跟他家属联系去取，家属有一天突然打电话说不行了，去世了，我问在什么地方，回答在太平间，我说我也去，就去太平间把手印给按下来了。

手印广场上有众多知名将领的手印，但主要是老兵的。在手印广场前面一站，排山倒海全是手印。每当我面对这些鲜红的手印，眼前总会出现幻觉，仿佛与日军拼杀的一队队将士正从沙场远远地走来，带着豪情，带着疲惫，带着悲壮……他们坚定地走来，庄严肃穆地走来，不用开口说话，因为任何话语和行动都显多余。他们是青山，他们是大川，他们是中华民族的脊梁！所以，我现在仍然努力寻找，想做万份保卫国家的军人档案，留万个手印，以此见证中华民族齐心协力的抗战史。

袁庚：抗战、改革都是马前卒

2010年6月，我到深圳去找九十三岁的袁庚，想印他的手印，想征到他改革开放时的文物。他抗战时是东江纵队联络处处长。联络处，翻译成现在的话，就是情报处。他还是开放尖兵、蛇口工业区的拓荒者，首提"时间就是金钱，效益就是生命"。袁庚老人的手，打过鬼子，搞过改革。袁庚在抗战、改革中都是马前卒。

但袁庚已经住院，病房是特护病房，他儿子袁中印每天进去半个小时就要被赶出来，所以我没能见到袁庚。他儿子把手印给我时说，建川，你害我呀，我爸那个手洗了五遍都洗不干净，现在都是红的。

我还托他的儿子帮我征集老兵手印。2010年10月，袁中印来捐老兵手印和文物。他告诉我他刚征集了一位老兵手印，不久老人就走了。

中国驻日占领军先遣官廖季威

一次吃饭的时候，一个朋友问我知不知道南京大屠杀中那两个比赛杀中国人的日本兵是谁带回来的，我答不知道。朋友说，是我们省图书馆退休的馆员。我这才知道了廖季威，廖老，一个日本战术的研究专家。

廖老1936年毕业于日本陆军士官学校。1942年他从炮兵训练部队调到重庆国防部第二厅第一处任中校参谋，后为上校参谋。国防部第二厅第一处是专门负责对日情报工作的。1946年，他调任中国驻日占领军先遣官，同年七月调任东京盟国对日管制委员会中国驻日代表团军事组上校参谋。

驻日代表团的一项重要工作是惩办战犯。廖老不仅列席东京审判，还亲自参与押解参加"百人斩杀人竞赛"者等战犯回国受审。在日本期间，廖老在东京刻了一枚水晶私章，边款为"中华民国三十五年秋，购于日本东京"。我到他家去的时候，他同意给我了，都放到我手心了，又要回去了。他说，我实在舍不得，我死了后，让孩子们给你。当时他都九十多岁了。

我前后三次到他家拜访。我觉得他是一个非常有智慧的老人，记忆力好得不可思议，我只能用"顽强"来形容。聊天时，他可以说出日本一个师团有多少连队，连队有多少编制，有多少门炮，口径是多少，有多少自重，有多少工兵。他对日军每个师团的熟悉程度，对其战斗力的了解，让人吃惊。我想，他把一辈子最精彩的生命交给了研究日本，所以到了九十多岁还能记住年轻时的研究成果，翔实的数据，娓娓道来，这种老人是特别值得敬佩的。

2007年廖老去世后，他儿子把廖老的印章、电脑、毛笔，全部捐给我们了。廖老的水晶章被评为国家一级文物。国家文物局的人专门对我讲，我们真正占领日本没有任何其他文物能证明了，廖老的水晶章是唯一的一件。

廖老，作为胜利者，背着枪去日本，这是近百年来中国军人唯一的一次，这是值得纪念的，而他的手印留在了我们老兵手印广场，让我们永远铭记。

刘景轼：
幸得义士樊建川先生找到我的照片，可以留给子孙

刘老是四川蒲江人，我跟他起码有七八次的交往，他现在有九十七八岁了，身体可能也不行了。

1939年11月4日，被日军称为"轰炸机之花"的奥田大佐驾驶日本九六式重型轰炸机想炸成都，被击落。刘老当时是四川全省防空司令部监视队副队长、防空协导委员会总干事、省航委会参谋室参谋。很多人说是刘老指挥打下来的，刘老很谦虚，不太承认这件事。他说，可能是我们打下来的，也可能是我们的战斗机打下来的，不能断定是我们打下来的。日本飞机一般炸完重庆炸成都，从成都龙泉方向来。为了增加高射炮的射程，刘老他们把高射炮架在龙泉山上伪装起来，等日机来了就开炮。日本飞机被打下来后，刘老被派去处置现场。刘老告诉我，乡民在哄抢东西，因为是金属，乡丁也在守卫。他带了一个宪兵排，去了后把县长禁闭起来了。他们把飞机残骸用马车拉到有公路的地方，再拉到成都，在少城公园即现在的人民公园展览。我收藏有这次展览的画报，上面有被击落的重型轰炸机残骸的照片，有奥田大佐的座机铭牌照片，有被击落的日机上的日军尸体照片。奥田大佐等日军尸体由于撞击和燃烧，已碎若齑粉了。刘老告诉我，当时他安排宪兵，一人手里一个碗，拿筷子去捡，捡成一堆，拍了照片，又找地方把它们埋掉了，入土为安。

我对刘老说，刘老，你捐点什么东西给我吧。他说，建川呀，

这就是我替刘老找到的他年轻时的照片

这个照片都是你给我看的，我是被劳改，哪有什么东西呀！

刘老是一直被劳改，1975年最后一次特赦才出来。他是个特别倔强的人，判的是五年，关了二十五年，满了后继续关，满了后继续关。

我跟刘老的缘分特别精彩，他自己没有穿军装（两颗星）的照片，我在地摊上给他买到了，两千块钱。刘老年轻时很英俊，原件我放在川军馆，我又放大了送给他，他高兴得不得了。后来我看到他把照片挂在客厅里，用毛笔在周围写了一段话，大概意思是：我一生坎坷，青年怎么样，中年怎么样，意思中年是坐牢嘛，晚年还是幸福。儿女孝顺。最值得我纪念的是抗战时参加防空，但是这段岁月随着时光的冲刷没有记忆了。幸得义士樊建川先生找到我年轻时穿军装的照片，可以留给子孙。

还有更好玩的，我居然找到刘老在监狱里的档案。档案里说，他不悔改，嘴硬，表现不好。最后特赦，放他到成都市环卫队扫街，工资是多少，档案里都有。档案里还有他几个子女的情况。他儿女都不错，儿子是教授。

我带着复印的档案去看他。我说，刘老，我知道你为什么判五年关二十五年了。他说，你怎么知道？我说我有档案。他笑坏了。我把复印的档案送给他。他跟我特别好，每次看见我，都拉着我的手，老泪纵横。

还有件事更奇特。一个在日本帮我买东西的中国朋友有天突然从日本打电话说，你书上写的奥田大佐的事，日本报纸都登了，奥田大佐的儿子找来了，是个医生，想来成都。你能不能请刘老给他指示一下，他父亲的尸骨埋在什么地方，他们要去祭奠。我说可以。

我跑去跟刘老讲，刘老把我骂了一顿，说，建川，你糊涂呀，他炸死我们几千人，我们还要告诉他儿子，尸骨埋在什么地方？肯定不会！我说，刘老你太狭隘了，他儿子当时才几岁，关他儿子什么事呢？刘老想了想，答应了，但是有个条件。他说，作为儿子讲孝顺，给父亲献个花，我不反对，但他一定要认清这场战争的本质，代表他父亲给中国人民谢罪。我问他，你能不能想一想在什么地方。他说到了现场肯定想得起来。结果，奥田大佐的儿子没有来。

正面战场馆：我们不尊重先烈，后人定会抛弃我们

在整个对日抗战中，国民党一直处于"正面战场"直面日军。蒋介石说："牺牲不到最后关头，绝不轻言牺牲；和平未到绝望时刻，决不放弃和平。"这和《义勇军进行曲》的歌词有相通之处：最危险的时候之"最"，被迫发出最后的吼声之"最后"，说明中华民族珍惜和平信奉中庸，不到紧要关头，绝不轻易亮剑。

蒋介石还说："如果战端一开，那就地不分南北，人无分老幼，无论何人，皆有守土抗战之职，皆抱定牺牲一切之决心。"有一组数据能充分反映情况：1937 年至 1945 年，五百多万中国军人牺牲，

国民党军队官兵伤亡三百二十一万一千四百一十九人，共产党领导的武装伤亡六十万人。国民党有二百五十七位将军阵亡。共产党军队部分，明确纪念，国军部分，不甚明了。同是为国牺牲，应一视同仁。官方多有不便，民间应量力而行。我们不尊重先烈，后人定会抛弃我们。历史的真相永远不容涂抹，我们应该向那些为了民族存亡流血牺牲的将士致敬。

我建国民党抗战馆，给相关部门出了个新问题，当时审批特别麻烦，大小审批二十二遍，但还是通过了。国民党抗战馆被改为正面战场馆，我们还做了一些整改。原来的进馆大厅里，蒋中正像居中，两边墙上是两百多位抗战中阵亡的国军将军像。有专家反映说，我们往上走，他就越来越大，好像我们来朝拜。我只好用木板把蒋幽闭了，换上了其他内容。关蒋，虽说仅是执行者，但心里有压力，总觉得没有还原历史，过了两年，我还是把这块木板拆了，让蒋介石与著名的庐山讲话恢复原貌。此馆能公开展览，还是时代变了，特别是胡锦涛总书记的讲话："中国国民党和中国共产党领导抗日军队，分别担负着正面战场和敌后战场的作战任务，形成了共同抗击日本侵略者的战略态势。以国民党军队为主体的正面战场，组织了一系列大仗，特别是全国抗战初期的淞沪、忻口、徐州、武汉等战役，给日军以沉重打击。"2003 年我兴建国民党抗战馆，好多说法哟。胡锦涛的讲话一出来，清风雅静。至今，百万民众参观了，风平浪静得出乎意料。

"国军馆"的内容相当丰富，1937 年至 1945 年，国民党军队与日军大会战二十二次，重要战斗一千一百余次，小规模战斗三万八千余次，歼灭日军一百余万人。正面战场馆按时间顺序展示了其二十二次

正面战场馆入口

大会战。

　　我和很多国军老兵是忘年交。有次，一位老兵好奇地问我，樊先生，你投资建了中国唯一的国军抗战馆，你们家老辈和国军肯定有关系了。我实话说，有，我父亲是解放军，从山西一直打到四川，把你们打跑了。我接着说，有没有关系不重要，重要的是国军当年确实抗战了，有真实历史，才有真实的馆。

　　国军抗战馆建筑规模没有共产党军队抗战馆大。有一天，七八个老国军围着我，表示不满，说应该把两个馆修一样大。我说，我父亲是 40 年代的共产党军人，我是 70 年代的共产党军人，自己的馆肯定要修大点。老国军你看我我看你，然后，一起打量我，然后，齐步走了。

这个馆非常非常重要，整个中国包括台湾地区这是唯一一个。连战、马英九都有题词。马英九的题词，内容很客观、理智、清新，还有些儒雅："为历史做见证，为后代永流传。"题词时间为 2006 年 11 月。他托台商林先生把字带到成都。第二天，我正准备安排公开上馆，林先生来电话，让暂不公开题词，怕影响先生选举。我理解其中苦衷，这一放就是一年多。2008 年 3 月 22 日，马英九当选台湾地区领导人，我即与林先生通话请示公开，林先生让再等等，待仪式举办再上。仪式后第二天，这幅题词方与民众见面。

2007 年 9 月，抗日名将卫立煌之子卫道然和三名老兵来参观。七十六岁的卫道然是卫立煌幼子。在忻口、太原会战陈列处，墙上有卫立煌的照片，卫道然和三位老兵向其敬礼。在滇缅会战陈列处，他们向对日作战中阵亡的三十多万中国军人默哀。三位老兵还按下手印，其中一位那天满八十八岁，他眼泪不断，哽咽着说，后代子孙都不能忘记……

许多国民党后人来参观，来捐文物。吉星文的儿子吉民立，彪悍，是台湾凤山军校武术教官，捐赠我不少吉星文、冯治安的文物。他豁达、明理，常说，过去就过去了，只要今后不再兄弟之间同室操戈就好。吉星文，29 军 219 团团长，率团打响卢沟桥第一枪；坚守宛平城二十余天，曾亲率敢死队，砍杀日军，收复桥头堡。叔父吉

為歷史做見證
為後代永流傳

建川先生 雅正

二〇〇六年
十一月
馬英九

馬英九题词

鸿昌将军，连襟冯治安将军，皆抗日名将。吉人憾缺天相，1958 年炮击金门，吉星文副司令阵亡。抗战幸存，内战凋零，长使英雄泪湿巾。我曾把吉星文在壮士广场的塑像照片贴在我的微博上，并且说："吉星不高照！天公不公道！"

2009 年 7 月，邹汝祥将搜集到的与父亲一起浴血奋战的两千一百六十名英烈名单，以及父亲的最后一封家书影印件捐献给我们。在台儿庄战役滕县保卫战中，邹汝祥的父亲邹绍孟以身殉国。冯玉祥将军的长孙冯文二与张自忠嫡孙张庆成一道来参观，表示回去后将积极搜集更多关于抗战的资料。"八百壮士"之一的万方澄之子万慰亲将纪念父亲一百周年诞辰的纪念封捐赠给我们。

从台湾来的人很多，除了前边提到的蒋介石的孙子蒋孝严和上面这些，还有许多国军后代来，包括来捐献文物的，戴安澜儿子、谢晋元儿子、侯镜如儿子等都来过。

邱毅 2009 年 12 月来。他是台湾地区第六届高雄市第二选区"立法委员"、第七届不分区"立法委员"，台湾大学经济学博士，他为我们题写的是："中华民族国魂珍贵典藏。"随行的谢明辉题写的是："樊建川真英雄也！中华民族的国魂尽在此也！"

"观众留言"很多，随便挑几条，就知道建这个馆的重要性与必要性了：

我是一名八路军老兵，过去长期对正面战场情况不了解，以至误解。现在知道了，我向正面战场的战友们致崇高的敬礼。

——1937 年参加八路军的老战士谭克煜

2011 年 5 月 18 日

保卫国家务必超越党派政治。

——中共老党员

建川博物馆，是中国抗日战争的真实写照，真实，感人，震撼。

——北京一老兵

樊建川先生：

您做了件功德无量的大事，您是中华民族的骄傲！

建议，能否把蒋先生与夫人雕像摆在前一排？放在不起眼的角落，让我看了极不舒服。

——广州冯伟

2011 年 4 月 29 日

重新认识了历史，知道了真正参与其中的烈士，能够与学生共同来，也学习到了许多。

——佚名

2011 年 4 月 16 日

我是一名导游工作者，因工作需要，至今已多次参观博物馆。每一次，我都无限感触感动，感谢樊先生为社会，为国家，为全人类作出的伟大贡献！向樊先生致敬！

——佚名

万分喜悦！感慨万千！

我和夫人在正面战场馆大厅，一眼看到《牺牲将军录》中我父亲艾亚春将军，英灵有知，必含笑九泉。

抗日战争胜利万岁！

抗日英雄烈士永垂不朽！

衷心感谢建川同志做了一件流芳千古的大好事。

——西昌航天城原巡视员艾平，夫人高咏宁

2010 年 12 月 26 日

很多人说国军抗战牺牲了两百多位将军，而共产党军队只牺牲了一个左权。这是不符合历史事实的。坦率说，正面战场规模大，牺牲的将军肯定是会多一些，但需要指出的是，这些阵亡将军里边也有许多是团职甚至营职军官，（将军军衔）是后来追赠的。因为共产党军队未授军衔，如果按照旅级干部算将军的话，共产党军人的数量也不少，包括杨靖宇、赵一曼、赵尚志等。还有一个特点就是共产党军人是敌后抗战，如果把地方地委以上的牺牲干部算上的话，我初步统计也有一百余人。我觉得这样来看待，比较公道。

中流砥柱馆：
共产党抗战馆我不是第一个建，但国家一级文物有很多

共产党抗战馆我不是第一个建，但国家一级文物很多。有一组七封的家书，是新四军蔡良写给父母及两位兄长的，非常感人。蔡

中流砥柱馆外观

良原是一位商人，到新四军后改名蔡良，职位不低。他生病时给哥哥写信说："我想在明年秋季之时，战争若一天一天的好转、湘赣公路敌人没有再截断，把敌人驱逐出华中以至华北之局面，我想请一短期的假回家来休养，但我又没积蓄一个钱，不知家里是否能借我，特预先禀告。中华民族解放的敬礼！"他还写信希望家人支援抗战："……现在敌人用全部力量来进攻我国，甚至妇女儿童都送到火线上来了，先占领我们东北四省，现又北方五省快要被它灭亡。我们只有坚决抗战到底才能使中国不至于亡国，才能光复失地，望哥哥及父母大人不但于暂时不想我回来，就是你们在家里，在地方上也要努力为国家工作，担任后方勤务、慰劳优待抗日将士、参加抗日后备军及加入抗日救国的一切团体……"在给双亲的信中说："总之小儿的决心，是与前一样，日本鬼子不驱出中国，儿就不回家，誓死为抗战奋斗到底……"

彭德怀有一照相机，是他1957年作为军事代表团团长随同毛主席访苏时获赠的礼品，为其夫人浦安修一直存用。浦安修的秘书张国臣捐给我们时写有说明。

还有晋冀鲁豫边区政府子弟兵太行军区关于救助美军飞行员的联合布告、烧有《义勇军进行曲》歌词的彩瓷砚台、中央革命军事委员会关于红军改编的命令、延安整风运动学习笔记、"晋察冀边区军运"布驮袋等，都是国家一级文物。

写有"朱德万岁"的陶罐虽不是国家一级文物，但在全国难以见到。一是陶罐上的字，二是作为陶器，能保存也很难得。还有四把抗战椅子也很珍贵。我在两个地方，在不同的时候买到，后来发现是一组。四把椅子靠背后边的八个字分别是"打倒""日本""抗战""到底"。

最有意思的是一颗子弹头。一个新四军1943年与日伪作战时左脚受伤，取出后他一直保留，2009年捐给我们。我2010年带着到北京凤凰卫视做《锵锵三人行》，不让上飞机，后来知道我是博物馆的樊建川，是为了做节目才准我带上飞机。

来参观这个馆的领导很多。国务院副总理回良玉，看完后对我说，你这个人做事很有激情，这个馆做得很有意义，符合中央的建

设现代化和谐社会发展的精神，对新农村的文化旅游建设很有意义，要继续干好。

中宣部张虎生来，看了后很感慨，说安仁古镇有保存完好的庄园和全国最大、藏品最多的民间抗战博物馆聚落，安仁必将成为了解中国近现代史的好场所，希望我们早日建成闻名全国的文化产业基地、全国民间最大的抗战教育基地。中宣部副部长雒树刚来，说我们馆做得很有意义，还说要研究制定一些鼓励和扶持政策，让更多游客来。

解放军副总参谋长马晓天一行来参观考察，文化部副部长周和平来过，全国人大常委会副委员长、中国红十字会会长华建敏来过……省部级以上的访客，这几年每年都保持在二百人以上。

来看这个馆的，还有一些特殊的人。有一天，我突然看到一群穿着囚服的人在参观，有警察看押。我马上叫常建伟（助手）去拍照，但被逮住了。后来我去了，跟管监狱的人亮身份，那个人马上说，哎呀，原来是樊建川。他说了许多佩服的话，最后还是不让拍。我问，你们怎么把犯人组织来参观？他说，你这儿不是爱国主义教育基地吗？我们这些犯人不是一般的犯人，全是贪官，都是处级以上的干部。他介绍说要本年度表现好的，能减刑半年以上的才能来，回去还要求写观后感。这个馆每年都有监狱组织的犯人来看，有些还戴着手铐。他们不会跟我们说，大巴车拉过来，参观完后又拉走。

李肇星、李金华

李肇星

他 2010 年 4 月来博物馆参观，我请他进文物仓库参观，看了一些沉重的东西，特别是我收藏的老日记、老影集。他说，看历史需要时间，需要焦距。从你的藏品看出你对祖国的忠诚，对历史的责任。说这话时，他很认真，也很严肃。

我又陪他到壮士广场。他称赞壮士广场有气魄，有创意。看到

李肇星听我摆龙门阵

邓小平塑像问，为什么这么亮呢？我说，民间流传，摸了邓小平就要发财，他开怀大笑。

在壮士广场，碰到七八个四川大学的学生。大学生们全围过来。李肇星很正经地说，我去过川大，未见到你们。学生问，什么时候去的？他答，1964 年。哄堂大笑。

我送李肇星及其夫人两件博物馆特制 T 恤，上书：忙时吃干，闲时吃稀，不忙不闲，半干半稀。他说，这是毛主席说的。他对夫人打趣，情侣衫哟。他送我一张中华人民共和国成立六十周年的首日封，在上面写下：祖国永恒。

我觉得李肇星很直接，很性情。

李金华

就是那个"审计风暴"，不只是研究经济的，老百姓都知道他。他 2010 年 10 月来看了后对我们很推崇，说，我是看了凤凰卫视播出的纪录片才知道建川博物馆的，早就想来看一看，今天到了博物馆，感到很震撼，一个民间博物馆能做到规模这么大、藏品这么丰富，太难得了。

侵华日军馆：影响政治家的情绪和决策

侵略是一种最大的暴行。日本侵华战争早已盖棺论定，但日本总有那么一部分人，不承认侵华历史，甚至篡改历史，为战争罪人鸣冤招魂；日本军国主义阴魂不散。对此，我们既要理直气壮地驳斥否认侵华罪行的言论，更应该把事实摆出来，事实胜于一切，这里的文物胜于一切。我特别赞同对历史应该记忆，但我们的目的是面对和平，收藏的宗旨是为了和平。

战后，我们没有及时彻底清算日本的战争罪行，漫画式、妖魔化的宣传很难得到日本人民的理解。我们的《地雷战》中，日本人就这么蠢，去挖地雷，手一伸进去，出来就是狗屎。《地道战》中日本人更蠢到了极点，拿个大缸在那听是不是地道，太脸谱化简单化了。

中国人都说日本鬼子，日本人对中国人也有一层隔膜。据民调显示，两个民族之间的不认同感越来越高，相互不信任或者厌恶。中日两国民间情绪的恶化很可怕，而且这种恶化在上升。民众的情绪最终会影响到政府的决策，民众的不理性最后会变成政府的不理性，然后就会擦枪走火，造成一些大事件。

"二战"时，英国人、法国人，与德国人、意大利人是两边，一边是反法西斯，一边是法西斯，但现在他们交流得非常好，非常充分。真正让日本人吃苦头的是美国人，塞班岛、硫黄岛，弄得日本人稀里哗啦。全世界唯一吃原子弹的是日本，是美国人让日本吃的，但是美国还跟日本能够很好地交流。中日两个民族很奇怪，战争过去六十多年了，两个亚洲国家不能特别好地交流。比如我看过靖国神社，实在看不下去，任何一个中国人都看不下去。我们的抗战博物馆，日本人也不看。中国人去日本绝不看靖国神社，日本民众到中国来有多大比例去看卢沟桥博物馆？

我对中日关系是这样看的：以一千年为一个单位来看，它是比较好的，至少八九百年是好的，虽然有倭寇，戚继光打他，那不是政府行为，那是枝节问题，就这一百年出问题。一千年有一百年出问题，还有九百年是好的，你邻居是跑不掉的嘛，想怎么脱亚入欧，说自己是欧洲人，想走是走不了的嘛，所以我们两个民族还得相处，还得好好相处，还得做邻居。如果要和平的话，就一定要正视日本侵略中国这段历史，日本人要正视，中国人也要正视，然后才能面对未来。

中日关系今天为什么会这样？主要是日本人的问题，我们也存在一些问题。我们要让日本人认罪，我们自己应有很强的自我检讨的能力。我想这是很多人的观点。

从民间角度来推动中日两国更好地交流，使我们有一千年的和平，我觉得这是我们博物馆应该做的工作。我们永远应该记住这段历史，我们可以宽恕，甚至可以逐渐忘记，但应该很真实地呈现。

我想建一个能吸引大量日本民众来参观、思考的博物馆，让博物馆成为一个阵地。我特别希望日本普通老百姓、普通知识分子能到建川博物馆来看一看，来看一下日本人是不是犯下了滔天大罪——日本侵略我们几百个城市，每一个城市被炸得稀烂，到处是尸体。我不是简单地说其罪行或暴行，我会完整、冷静、理性地讲述日军行为，完全用日军的文物来还原历史。我让日本设计师来设计这个馆，这最有说服力。我希望日本人能够心平气和地来看，促进我们两国之间的交流，影响政治家的情绪和决策。

日本侵华老兵盐谷保芳

方军介绍认识的。1941 年，他十七岁，为躲避当兵，曾挥刀自断食指，因为断的是左手，还是被派到中国，在山东当了四年的"大头兵"，受了"八路"六次枪伤。盐谷和我交朋友，不仅因为当过兵的人之间天然有种亲近感，还因为他觉得我曾经是"八路"的一员。在他的概念里，中国共产党领导的军队都叫"八路军"。

我的《一个人的抗战》在成都签售，他来成都，我们一起到一些大学去演讲。在宜宾给赵一曼塑像鞠躬时，他倒在地上，我要扶起他，他执意继续鞠躬。他一直坚持每年到中国谢罪，直到他九十岁，坚持了二十多年。

2001 年，我在成都办"为了和平，收藏战争"展览，当时他没有来，后来他来了，在我家看展品。他说，我可以作证，这些东西都是真实的，我要对日本青年说，日本侵略过中国，屠杀过中国人，那是一场非正义的战争。

我们开馆后，他更是年年都来。每次来，都会捐我东西。有些是他自己的，有些是他在日本搜来的。有一次，他捐我骑兵任命书，是原版，这对研究抗战历史有重要的参考价值。任命书从侧面反映了当时日军侵华的一个态度，上面写着"善行证书"，这是日军侵略心理的一个最好见证。有一次，他捐给我日军军刀、军装，东条英机的原版照片等。其中镶金的军刀和东条英机的原版照片很有价值。每次捐我们东西，我们都要搞一个捐赠仪式。捐镶金军刀和东条英机原版照片时，他已经八十六岁了，提前将所收集来的文物摆在桌上，虔诚地向现场的人介绍收藏来历。他说，镶金的军刀即使在日本国内也很难收藏到，他是从一个日军中尉孙子的手中买到的。军刀实际上只剩下了刀柄和刀鞘，上面有制刀人的名字等，刀柄上还镶嵌有两颗黄金作为饰品。1945 年 8 月 15 日后，日本所有军刀的钢刀部分都被没收了。这把军刀的拥有者应该是个高级指挥官。

我 2001 年到日本去，住在他家，与他喝酒，他捐给我很多文物，其中有双日军制式皮鞋。当时我觉得地图、日记、照片、兵器等重要。我要带着这双鞋周游日本，返上海，再返成都，一度想将它抛弃，但是突然想起"铁蹄"，悟出重要。"日军铁蹄"前半截真是用铁皮

老兵盐谷保芳谢罪

包了的，而我们川军穿的是草鞋。

盐谷保芳的生活来源主要是靠家庭旅馆。旅馆卫生都是他和他老伴自己打扫。他很节约，理发都舍不得花钱，自己理。他默默为中国捐资办学，也为建川博物馆捐过钱。有次他到博物馆，看到我们川军抗战的雕塑，让我停车。然后他站在一旁敬礼，还给雕塑打扫卫生，不停地擦。因为他个子矮，雕塑高，他够不着，他就掏出一千八百块钱，让我请一个清洁公司把这个塑像打扫干净。有一次，正遇到我们手印广场有活动，他因没给那些抗战老兵准备礼物而感到很愧疚。第二年，他专门为聚会的十位抗战老兵带来了礼物——他亲手用黑色油漆写的"谢罪，友好亲善"的标牌，并在右上方盖上自己的手印。他委托我转交。这样的事很多，让我很感动。

2008 年他已八十八岁高龄，蹒跚而来，行囊里装满日军的望远镜、信号旗、绑腿、地图等物。后来他来信说："我走不动了，看不了你新建的侵华日军馆了。"真老了，让我心酸。有一次，在中国壮士广场，他给了我一张手绘草图，愿意塑造他的跪像，永远谢罪。

盐谷保芳在能行动之年，坚持不懈地来华谢罪，帮助中国人收集日军侵华罪证。依我看，比起那些对侵华历史遮遮掩掩、讳莫如深的日本政客，他才是一个真正的爱国者。他以一个国民的微薄之力，讲述一个道理：只有正视那段侵华历史，才是对国家负责，对民族负责。这样的老人，值得尊重。

盐谷保芳一生的经历仿佛浓缩了中日两个民族半个多世纪的故事，尽管我有时仍然称呼他"老鬼子"——他听得懂，但我们成了最好的朋友。逢年过节我都会给他写信问安，并寄去四川土特产，老人身体确实比较差了，我祝他健康长寿。

汉奸馆：中华民族应该对汉奸问题进行清算

刚开始警惕汉奸问题，是因为一个数字，非常震惊，我们的抗战居然打了八年，再算长一点，居然打了十四年。苏军都没有打这么长。日本在中国大陆投降时，只有一百三十万人，其中单纯的日本人可能只有一百二十万，另外还有大约五万朝鲜人，五万台湾人，说着日语充当日军。国共两党军队加起来多少人？解放战争不是说消灭八百万国民党吗？八百万没有，国共两党加起来六百万应该没有问题吧。抗战后期，美国人帮助我们，制空权是我们的，大炮机枪也比日本多得多，为什么还打不过一百三十万人？为什么六七百万人拿一百三十万人没有奈何？最重要原因，日本人有中国人的帮助。

第一，"二鬼子"。伪满洲国的溥仪政权，大概有三十万的正规军；"北平临时政府"王克敏，有一二十万华北的伪军；南京汪精卫，大概有四五十万军队；加起来约一百万中国军人扛着枪为日本人打中国人。很多老人告诉我，"二鬼子"比鬼子更凶更狠。我岳父告诉我，当时他到河北邯郸永年县城里去给共产党买纸，没有良民证，借了一个，换上自己的照片，城门口的日本兵看了他的"良民证"没什么反应，一个"二鬼子"跳出来说，我认出了你，你好像当八路了。我岳父说，我也知道你，你是哪个村的，叫什么名字，我们都一清二楚，你要动了我，你的家人不得安宁。我岳父反威胁他，他就把我岳父给放了。

第二，公务员。有多少人呢？没有统计，查不到。公务员对日军的帮助特别大，整个公务员系统，包括税收、财政、民政维持会、教育、市政，我估计至少有上百万人。

第三，数量巨大的警察。警察哪怕不带枪，带根棍子，也给日本人维持治安。警察有多少？没有数字，查不到。应该有一百万以上吧。

国共两党六七百万的军队，面对一百多万的日军以及这三部分中国人，就成了没法战胜的情况。如果日本人离了这帮中国人的帮助，实际上什么事也干不成，甚至可以说是寸步难行。所以，日本对中国的侵略能够维持十四年之久，这部分中国人"功不可没"，起了强大的支撑作用。别小看公务员，他给日本人征税，日本人以战养战。中国主要的富裕地区，都被日本人占了，东北被占了，华北被占了，华东被占了，包括北京、上海，后来是香港，这些地区的税收、财政、矿产资源全部给日本人。日本有多大呀，中国的铁矿、煤矿、铜矿，包括面粉厂、服装厂，全部给他们以战养战，所以日本人才如虎添翼。有人给他指路，有人保护他的运输线，保护他的社会治安，帮他收军费……可以这样说，国军、共产党军队、地方军，团结起来不是打日军，是团结起来打日军和伪军。我这个伪军是广义的，包括警察。

从全世界来看，可能很少出现像中华民族这样的状况。"二战"中的东欧国家，一些区域被占领，也有妥协政权，但是往往限于警察，武装力量就到警察。一些大的国家，比如苏联，也出现了一些伪军，比如哥萨克人，还有车臣人——为什么车臣动乱到今天，是有历史根源的。苏联的中心民族俄罗斯族，也有给德国做事的人，但组成一支强大的军队，这种现象没有。有一个对布尔什维克特别不满的将军组建了一个军团，但是人特别少，几千人，没有什么重装备，没有什么战斗力。再比如法国，法国被占领的时间比较长，有一个著名的"法奸"维希政权，但它也只有公务员和警察，没有强大的正规军。我们的邻居韩国，也没有这种情况，没有韩国人组成强大的军团帮助日本人对韩国本民族进行扫荡。韩国几万人到中国来，是作为殖民地的日本人被征兵来的，散布在各军团中。

为什么中国会出现这种情况？为什么当中华民族遭受侵略的时候，竟有这么多中国人站在敌军的立场？大家对这个问题基本上是回避。这种回避有点奇怪，国民政府在回避，我们现在似乎也在回避。

有人说，没有公务员，没有警察，沦陷区怎么办，谁来维持治安呢？街上的路灯亮吗？街上死了叫花子，谁来埋？特别是教育，谁来搞呢？医院谁来管呢？总得有人管吧。这么大片的沦陷区，老百姓怎么生活呢？"文化大革命"时高等教育停了，后来虽然有工农兵大学生，教育的大缺口也扯不拢，只有把"文革"前的老大学生往"文革"拉，把"文革"后的大学生往"文革"扯，再把工农兵大学生用起来，才把这个缺口填起来。那么，如果东北十四年没有教育，华北沦陷区八年没有教育，中华民族不就完蛋了吗？正因为有这些说法，对汉奸的认识就非常模糊。有人说，汪精卫不是在曲线救国吗？他不是在争主权，把租界收回来了吗？甚至还有人说，我们不是让日本人来投资吗？日本人不是搞"大东亚共荣"吗？如果当年不赶走日本人，不是早就投资好，建设好了吗？对一些文化汉奸像周作人、胡兰成，认识就更加模糊。有人说，他们不是搞教育吗？他们不就是写写文章吗？

一次我在微博里写到汉奸问题，有人回复说：樊先生我告诉你，我觉得日本人战胜就好了，咱们就吃香喝辣的，我还可以娶一个日本老婆，等日本来了我就给"皇军"带路。我冷静地回了他几句话，我说小伙子，按照当时的规定，给"皇军"带路，胜利以后就要判你刑，这是第一；如果你带路造成了我们同胞和抗日军民的死伤，就要枪毙你，自己衡量。我就这么说。

对汉奸的认识竟然到了如此程度，怎么不让人担忧。如果中国再打仗，还会不会有这么多人去当汉奸？抗战胜利几十年，没有谁问过中国为什么会出那么多汉奸，没有谁来敲响警钟，认识汉奸问题的严重性。一些问题掺杂进来，比如一些人为日本人做事，又为国民党或者共产党提供情报，汉奸问题不仅扑朔迷离，而且成了一个禁区。一些汉奸成了我们的"座上宾"，成了一种政治符号。比如溥仪，溥仪是中华人民共和国的公民，如果把他整得臭不可闻，好像有点过不去。一年前，成都市一位分管文化的领导在会上对我说，汉奸博物馆你建它做什么，说得清楚吗？他的观点反映了一些公务员甚至一些民众的认识。但是我始终认为，国家有国家利益，民族有民族权利，亲兄弟之间也有利益，不是说亲兄弟明算账吗？一个人，首先要维护民族，你出卖民族，背叛民族，你就是不对。我们至少应该有个民族立场。一个民族，应该有个大概的是非观。强奸是犯罪，抢劫是犯罪，偷盗是犯罪，杀人是犯罪，贪污是犯罪，出卖民族是不是犯罪？我认为是，而且这个罪行更大。如果背叛妻子和父母是一种犯罪，背叛民族，这种罪行更加不可饶恕。

当然要把汉奸和沦陷区的人民分开。首先，我要开宗明义地讲，沦陷区的人民有两亿多，沦陷区的人民不是汉奸。我的军队打不赢别人，走了，我在这里坚守苦熬，熬到解放。

我把沦陷区跟敌人合作的人分成下面几类：

第一类，谋生。我是个老百姓，给日本人修碉堡、抬伤员、送水、送粮，我是给日本人做事了，但属于无可奈何的谋生。

第二类，胁从。当个士兵，当个警察，当个公务员，第一类是打零工的老百姓，这部分是正式工。与占领军妥协，丧失了一定的气节，因为要养家糊口。我认为这部分也不算汉奸。

第三类，有汉奸色彩的人群，或者叫一般汉奸，定位在军队做到团长以上，公安局做到局长以上，公务员做到处级以上。为什么这么定位呢？虽然你没有血债，但是别忘了，你享受了八年的荣华富贵，吃尽了民脂民膏。在国破家亡的时候，你和你的家人享受了一种特权，享受了一种富贵，你们给抗战带来了困难，给民族带来了灾难，我觉得给你一个一般汉奸是没有问题的。你享受八年，关你八年总没问题吧。

第四类，汉奸。一是没有争议的，有血债的。你带着日本人去抓抗联，抓八路军，抓国民党的侦察员，这个人被日本人杀了，或者被你杀了，你手上沾血了，毫无疑问——汉奸。二是汉奸政权里的高级干部，比如周作人，你没有杀人，也是汉奸。在中华民族里边，你是文化偶像，是个高山仰止的人物，你跟日本人合作，给日本人献媚，舔日本人的屁股，别人就效仿你，你的影响太大了，甚至比那个杀人的人还要讨厌，你是用文章杀人，是用笔杆子杀人，是用你的温文尔雅，甚至是用很斯文的讲堂来杀人。汪精卫，不是汉奸吗？周佛海、陈公博、王克敏，不是汉奸吗？

这样一算，汉奸数量就控制在相当小的范围，我估计有几万人。几亿人口的国家，有几万人的败类，我这个说法，应该是比较符合实际情况的。当然还有更复杂的像脚踏两只船的人——给共产党送情报，给国民党军统服务，这是另外一回事，与我的分类没有矛盾，桥归桥，路归路，包括周佛海，给国民党做了不少事，最后蒋介石判了他无期徒刑，没有判死刑。汉奸也可以轻判你，判你两年也可以呀，你是有罪嘛。汉奸最高可以枪毙，最低可以判两年，跨度很大。汉奸里边有首恶汉奸、大汉奸、小汉奸之区别。

我想写一本关于汉奸的书，把我的观点想法讲一讲，中华民族应该对汉奸问题进行清算。虽然我实在没有时间坐下来，但这本书一定要写，中国还没有一本写汉奸的书。汉奸在这场日本侵华战争中起的作用是巨大的，从某种意义上讲，是决定性的。我觉得应该对这个问题有一个思考和清算。我认为，在我们民族的文化里，在我们民族的血液里，有毒素，在我们的基因里，有缺陷。

国人非常健忘。原因一是我们这个民族两千多年来的变化——疆土和其他的变化特别多；原因二是我们有多数人被少数人统治的历史，比如元朝，大约一百万人统治一亿人，清朝，大约一百五十万人统治两亿人，而且统治了几百年。这个民族的基因中多多少少会有一些妥协和苟且的毒素。常说中华民族勤劳勇敢。勤劳，有的人勤劳，有的人不太勤劳。说到勇敢，有的人勇敢，有的人不勇敢。所以，我们的血液中有污泥浊水。特别是被儒家文化浸泡后，更是如此：苟且，贪生，健忘，没有血性，明哲保身，各人自扫门前雪，祸从口出，事不关己高高挂起……好处是对创伤的医治特别好，一个灾难来了，很快又走了，很快就不痛了，又会打麻将，又会该干啥干啥了，不好的是太容易遗忘一些教训了。

一个民族，应不应该有血性？我认为应该有。没有血性，这个民族就会被扭曲成一个侏儒，永远被人欺负。就像一个人特别懦弱，幼儿园、小学、初中、高中，一直受欺负，因为大家都知道他可以随便打，随便打他的脑袋，踢他的屁股。反过来，由于他刚烈，敢于牺牲，反而得到了安全。一个民族与一个人是一样的，我们这个民族如果刚烈，有血性，别人就不敢小看。刚烈有血性的民族会受到全世界人民的尊重。

民族的基本观，中国大多数人还是有。这么多年给我捐文物的，有老八路、老红军、老川军、老远征军、老解放军、老抗美援朝军人、老知青、老农民、老工人，也有年轻人，但是，有一类人从来不给我捐文物，这就是汉奸后人。没有一个人说，我爸爸是陈公博的秘书，我爸爸是周佛海的表弟，我爸爸是汉奸，我给你捐个文物，没有，一个没有。说明什么？还是有荣辱观，还是知道当汉奸不光彩。我到现在也很少见到谁叫王精卫、张精卫、李精卫的。

我的汉奸文物很多，很丰富，主要是买的。比如帮日本人发的公告，在学校里强行推广日语，职员考核只要日语过关就会涨工资。比如给日本人的礼品单。直接送日本人什么？送春秋战国的铜器，送汉代的陶器。我想，你送银元行不行，你送黄金行不行，你别送文物，文物他就拿到日本去了嘛，这种行为真是出卖祖宗的行为。还有给日本人告密的，就像战俘馆的一个战俘说，我正在吃饭，日本人进来枪就顶着头了。还有汉奸的同学录。汪精卫的几十个县长培训，毕业时互相留言，百分之八十都是说希望你飞黄腾达，希望你享受荣华富贵，心理真的很阴暗。有一个留言更恬不知耻：现在国家生灵涂炭，遍地哀鸿，我们还能过好日子，真是庆幸呀。像这样的人，就应该为他享受的八年荣华富贵付出代价。我不枪毙你，你玩了八年，我让你苦八年，也是应该的，这是对等的惩罚，这是奖惩分明。

我的汉奸馆思考了十几年建不出来，不同意见很多，但我还是要建，它毕竟是历史现象，毕竟是民族很痛苦的记忆。我建汉奸馆的目的，是想把一些思路理清。我这个博物馆甚至是探讨性的，让大家来讨论，因为有的人是有争议的。我觉得一个民族哪怕有争议，也是在前进，但是回避就非常不好。我们只有逐步清除我们文化基因里的毒素，把汉奸文化排出体外，这个民族才会健康，才会血气方刚，才会一身正气，才会变成一个更加团结的枪口对外的有血性的民族。我是一个爱国主义者，爱历经唐宋元明清几千年以来的中华民族，爱国家，爱家乡，爱这片土地，特别希望这片土地上的中国人生活得幸福。

汉奸馆建在日军馆的下面，寓意很清楚，正是靠这些伪政权、伪军的支持，日本军队才能在中国横行这么久。反过来，也正因为有了其倚仗的"皇军"，汉奸政权及其军队才能存在。三个汉奸政权是三个大厅，伪满洲溥仪、北平王克敏、南京汪精卫。德王政权和冀东防共自治政权是两个小厅。这个馆的基本立场是民族立场，是用理智叙事，用文物说话。但是我会充分考虑到历史的因素，使其成为一个真实的中国第一个汉奸博物馆。我会如实地讲汉奸的作用，尽量采取冷静、理智、实事求是的态度。我特别希望汉奸馆把汉奸的丑态表现出来，让大家看，他们怎么给日本人为虎作伥，抗战胜利以后，我们怎么把他们抓来审判，抓来枪毙。我特别希望这个馆形成一个思考，让我们的民众，特别是知识分子思考为什么，为什么，为什么。有这样的思考，也许就会慢慢理清，慢慢形成相对一致的历史观，慢慢使我们的民族变得更加团结。

其实我也曾想过，不用"汉奸"这个词，而用好像中性一点的"与占领军合作者"，最终，还是用了"汉奸"，我总觉得，是非必须鲜明。

现在，侵华日军馆和汉奸馆土建已经完成了，等待时机，把其陈列展览出来。

红色年代生活用品馆：

冯喆对我说，你要建"文革"博物馆

"文革"是全国数亿人参与的运动，虽已结束三十多年，但要真正总结、清理这段特殊历史，涉及面巨大，只能留待后人深入研究了。作为当下的我们，应尽量给后人留下见证实物。建立全方位反映"文革"的博物馆，时机等还不成熟，但建立"文革"时期的艺术、生活品陈列馆，理由和史料都是充分的。所以，我以一种不那么尖锐的方式首开先河，表明民间已开始正视和记录这段历史。

"文革"系列最先开放的有三个馆：瓷器馆 2006 年 8 月开放；

红色年代生活用品馆、章钟印馆要后一点，2007年4月开放。红色年代生活用品馆进馆是一个"十年"通道。红，大红，炫耀的红，为什么这样红？我想观众会去思考。

红色年代生活用品馆收藏了冯喆的很多遗物，我专辟了一个"冯喆厅"。冯喆在《南征北战》《桃花扇》《铁道游击队》《沙漠追匪记》《金沙江畔》等电影中担纲主演。我一直认为他是最帅气、最俊朗、最磁性的男人。在阶级斗争时代，他骨子里的飘逸，虽然隔着工农兵的肥衣大裤，仍然透露出来。

冯喆亡于安仁镇安仁中学，"文革"中，全省文化系统在此办学习班，他不堪迫害和凌辱，上吊自杀，就在学校伙食团的后院煤堆旁。我曾多次到现场凭吊，感叹不已。其妻张光茹、其妹冯琳都否认冯先生是自杀，认为是别人把他弄死之后挂上去的，理由之一是冯先生当时脚离地很近，仅二三公分，死后双脚上翘。他脚尖完全可以沾地，这就死不了。我想，自杀，谋杀，也许会永沉历史。迫害而亡，这是板上之钉。

冯喆对我说，你要建"文革"博物馆。我说，是的，但现在叫红色年代博物馆。冯喆说，你要把我放进去，我死在安仁。

这段梦，我已将其视为真实，作为先生的"粉丝"，我一定圆满此事，这是功德。

但是，要把冯先生陈列进馆，必须找到他的文物，先生夫妻均仙逝，又没有子女。幸好得到老友李林海先生牵线搭桥，在香港找到冯喆妹妹冯琳，在宜宾找到冯夫人弟弟张文彬，他们提供了许多珍贵文物。我还把征集到的见证冯喆在安中生活的一封信也放在

中央电影局 上海电影制片厂出品　南征北战 1

当年人人都看过的电影，冯喆（左三）

此馆：

九大前，1969年，四川省文艺界学习班开办在安中。来了所谓的很多牛鬼蛇神，冯老师是其中之一……

他们很多人因受迫害，不少人重病在身，白天写交代，晚上受批判，伤病严重，苦不堪言……6月份的一天晚上，就在安仁中学礼堂开批判大会，是电影批斗大会，连放三部电影《桃花扇》《穆桂英大战洪州》《抓壮丁》……

晚上，安中大礼堂站了有冯老师，还有些不记得名字的。全是喷气式，弯腰九十度，双手向后举过头。第二天早上，发现冯老师上吊自尽在安仁中学的厕所里，留下一字条：生当作人杰，死亦为鬼雄。……

冯喆的两位好友兼老庚孙道临、黄宗江曾专程来馆探视缅怀。冯喆先生逝于安仁是不幸的，冯喆先生永存博物馆又是有幸的。

红色年代章钟印馆：聚落中的一个制高点

"文革"时毛主席像章是人人必须佩戴的，所以，这个馆的章就特别多，陈列形式也很多。

钟在"文革"期间已经不仅是计时的物品了，也不仅是衡量一个家庭是否体面和殷实的重器，它是"文革"思想的宣传品。但是，"文革"之钟仅仅行走了十年，就被人们无情无义地遗弃了，人们厌恶

红色年代章钟印馆

那个时代，殃及了这些钟，本来它们的使用寿命应该是更漫长一些的。我将这些钟收集起来，陈列出来。"钟"寓意"终"，谁都希望"文革"永远终结，"文革"之钟永远不再摆动。但这个馆的钟还有声音，有"文革"的声音，钟声悠扬，这是那个时代的丧钟，我们听到钟声，可以受到一些启示。我们应该让它永远过去，但是，我们应该吸取一些很重要的教训。在整个单体馆中，这个馆高一些，有钟楼的感觉，是聚落中的一个制高点。

这个馆陈列了几百枚"文革"中造反派组织的公章。掌握了公章就意味着掌握了权力，掌握了人们的命运。这些在"文革"中可以呼风唤雨、决定生死的权柄重宝，如今暗淡无光，成了"废物"。但它真的成了"废物"了吗？当参观者脚踏"文革"公章仰望天空，相信会有所思索。

红色年代瓷器馆：看这些东西，就知道当时被什么包围

这个馆内容很丰富，但是，我故意把门做得比较小，就像一个普通人家的门——这个门是从广东买回来的一个老门，还要打铃才能进去。进门是一尊毛主席像，他在给我们指路，他是中国最大的交通警察，他角度偏了一点——故意偏了一点，他的意思是你们往这边走。

毛主席的像我可能也没有收全，但我这里是最多的。这是真的老东西，现在新做的，脸就开不到这么好。为什么呢，当时是用虔诚开的脸。当时毛就像释迦牟尼一样，是一个神，是一个大神，每个人对他都很熟悉。他的痣应该在什么地方，他的笑容应该什么样，他挥手应该是什么样，都是有标准的。看这些东西，就知道当时被什么包围。说教、政治诉求、个人崇拜，甚至一些封建因素，达到登峰造极。这个馆的"斗鸭瓶"挺有意思，本来它是件"文革"时的文物，后来变得跟当下有关了。瓶上画的故事讲，鸭子偷吃了生产队的公粮被悬挂在树上斗争——实际上是斗鸭子的主人。花瓶上书："私迷心窍，放出鸭来吃公粮，这种思想不改造，到底要走哪条道。"李谷一当年主演的《打铜锣》《补锅》就反映了这种情况。我还没有建馆时，有几个作家来，看到这个"斗鸭瓶"议论了半天，我让他们把感受写在瓶子上。流沙河写："做人也太难了"；邵燕祥写："为鸭也亦大不易"；舒乙写："一出可笑可悲的闹剧"；林斤澜写："打鸭子上吊"；陈建功写："谁人不鸭"。因为花瓶就放在我的办公室，

来了人就往上边写。张贤亮写的地方最好笑,写在瓶颈上:"笑出眼泪"。冯骥才来可能看到张贤亮的字,写:"别笑,这是真实"。后来,周梅森写:"混仗历史";魏明伦写:"一人得道,鸡鸭遭殃";邓贤写:"我如其鸭"。邓贤还给我解释,他当知青的时候饿得不得了,去偷老百姓的东西,被老百姓追,差点被逮住,逮住以后也要被吊起来打。一天,我准备往上写时发现没有地方了。但我不可能不写呀,我会找到地方写的。

给王光美送去她家家谱

十几年前,我买到了王光美的父亲王治昌先生亲笔写的家谱,家谱记载了七八代人。家谱是天津的一位红卫兵卖给我的,说是当年抄家抄的,现在当工人比较穷,孩子又要上学,所以想卖。他卖两万,后来以一万块钱卖了。我也没见到人,他先给我复印件,我鉴定了一下,不像是假的,把钱汇给他,他也把东西寄给我了,还是比较讲义气的。

其实,王光美是添进去的,因为家谱只写男孩子,女婿刘少奇也是添进去的。家谱拿到后,我就给刘亭亭讲这个事。当时她开着一个艺术品拍卖公司,我们还有些联系。她不太信,我就复印了几张寄过去。她给王光美看,王光美说,这是我们家的。当时办博物馆的心愿还不太强烈,觉得这样的东西,能还给别人就还给别人。所以我对刘亭亭说,既然是你们家的,就把原件还给你们,你们保管好。她说,好啊好啊。我留了复印件,带着原件去了北京。王光

与王光美合影

美家秘书安排，说王老身体已经不太好，只能聊半小时。

几件事记得比较清楚。客厅不大，也就三十多平方米。我们坐的沙发对面是个电视机，上面放的是毛主席和刘家孩子在一起的照片。王老一直不停地吐痰，肯定是由什么病引起的。王老见到家谱，特别兴奋，仔细看，拿着家谱给我讲他们王家的情况。我对王家并不了解，王老就给我讲，特别讲到她的一个哥哥是飞行员，同日本人作战，打下的飞机数字很奇怪，比如七架半，八架半。我就问，怎么会打下半架呢？她说，美国人不干嘛，同时开火打下的，一人算半架。当时把我笑坏了。她还挺善谈，半小时到了，我打算走了，她拉着我的手不让走，说，建川，我们再聊聊，你来一次不容易。我们又继续聊。她中间接了一个电话，好像是她孩子还是孙子从美国打来的，他们一直用英语讲，我听不懂，但是感觉她讲的英语挺好听。后来她主要讲她家族的事。我比较谨慎，她不说的事，也不多问。后来我说，你身体不错啊。她说，是啊，他们关我的时候，我都一直在锻炼。她就做给我看，关她的房间很小，做扩胸运动时手都不能伸直，只能弯着手做。她说，现在家里边这么宽，我还是弯着手做，做习惯了。

回归到一个舞蹈演员的刘庆棠

我是通过朋友找到他的。我跟他先后见了四次，第一次大概在五年前，他身体还挺好，在教舞蹈，还挺乐观。我请他吃饭，送他一些他的剧照，他高兴得不得了，在剧照上签了不少字。他进秦城，被抄家，过去的东西都没有了。他给我讲苏联老师怎么教他跳舞，还跟我比画。他 1948 年参加革命，1951 年随俄罗斯老师学习芭蕾舞，1958 年与白淑湘主演《天鹅湖》，1964 年主演《红色娘子军》。他给我讲了很多秦城监狱的事，其中讲跟姚文元、王洪文在监狱里看电视，每晚看到十点。"四人帮"曾内定刘庆棠当副总理。我问到这件事时，他说，是他们背后安排的，没人跟我说。我说，你真当了副总理，我们今天就不能在一起吃饭了。我还跟他开玩笑说，民间传说你和江青有点关系。他说，怎么可能啊，完全没影的事情，江青也不可能是这种人。我们说了很多，他告诉我真正爱看电影的是周恩来，比江青看得多。他还讲他的生活，1976年进秦城监狱，1986年出狱，出来以后，给中央写信，才给了他一个处级干部的待遇，给了间小房子，给他发处级干部的退休工资，刚出来每月领生活费一百元，后来涨到两千二百元。他好像和妻子离婚了，一个人住，孩子在国外。他说，现在收入还可以，有养老金，还可以给别人讲讲课。我问，你还跳得动吗？他说，做做示范还行。他比较头疼的是吃饭有一顿没一顿的，没着落。我劝他，你年龄大了，吃些清淡的。那天我点菜点多了，剩了一大桌子。他问我可不可以打包，我说成都都打包。他说好好好，很高兴，喃喃自语好像说晚上有饭吃了，不用做饭了。

后来他来成都找过我一次，想在成都办舞蹈学校。我说，这不现实，你在成都人生地不熟，我又不懂舞蹈，没法帮你。

我们最后一次见面大概是去年下半年，他去世前不久。我到北京打电话问他身体怎么样，他说还行，也有了女朋友。他说一起吃个饭，我说好。他把女朋友带来了，四十多岁，好像是他的粉丝，挺关心他的。吃饭时，他还喝了酒，红光满面的。我说，不错啊，有人照顾你就是不一样。结果不到一个月，2010年10月，他就去世了，好像是急性病。"四人帮"时，大概1970年他当了副部长，我觉得他肯定还有很多话没说完。主要是我这边忙，没有好好跟他聊，聊时也没有录音，非常遗憾。他和我聊的时候，我觉得他回归到了一个舞蹈演员。他说在中国近现代舞蹈史上，有他一席之地。他说

与刘庆棠（右）在北京一餐厅

他不是科班，但是运气好，得到了苏联专家的指导，也得到"文革"
当权者的认可，给了他一个舞台，使他能成为全国家喻户晓的舞蹈
演员。他一直强调他是靠本事吃饭。我就说，是啊，江青别的不怎
么样，在选样板戏演员的时候倒是非常专业的，不管是阿庆嫂也好，
胡司令也好，柯湘也好，这个时候她不太讲究出身了，就算演员出
身有些瑕疵，也会找一流的演员。在这个问题上，江青是有点分裂的，

她反而不左了。刘庆棠也很强调这一点。他说，《红色娘子军》里的吴琼花、洪常青是主角，江青选的时候非常认真，选中他，是因为他刻苦，又是苏联专家教的，属专业水平高的演员。

我跟他交往这几次，感觉他完全不是政治人物，政治色彩被消解了，从着装到气质，一切的一切，完全像一个资深的舞蹈演员。我觉得他还是个直爽的人，不会藏着掖着，有些话问他，他不会王顾左右而言他，会干净利索地讲他怎么看。

黄宗江、马识途、车辐、李致

2008年4月黄宗江来看馆，驻扎了五天，真看。讲抗战，有资格，他是老兵。讲"文革"，有资料，他是老"运动员"。摆起龙门阵，老顽童得很。只是在冯喆陈列厅，看到遗物，沉默良久，说，我们是老庚，他太冤了，死在安仁。

黄宗江题词：抗日青史，文革赤史，以史为鉴，建川大功。

黄宗江要走的前一天，马识途、流沙河、车辐、李致一早来，跟黄宗江一起看馆，我给他们做讲解，又带他们参观了文物库房。马老对我说："别人没有想到的，你想到了；别人做不到的，你做到了，这是一件很了不起的事情。这里的文物都很珍贵，很多都独一无二，要好好保存。你是一个很伟大的人，四川有两个怪才，一个是魏明伦，一个是你。建川博物馆是一项伟大的工程。"

他们每个人都题了词。

马老：建川博物馆是一个伟大的工程，建川是一个伟大的功臣，

陪五老参观，左起：我、马识途、车辐（坐轮椅者）、黄宗江、李致、流沙河

是怪杰，是奇才。

李致：建川博物馆，功德无量。巴老如有在天之灵，也会为此高兴。

车辐老人早在抗战时期就是战地记者，九十多年了，他虽然行走不便，坐在轮椅上参观，仍然十分专心，比画着说："四川有两个妖精，一个是樊建川，一个是魏明伦！"还用笔写了下来。

建川博物馆是一个
伟大的工程，建川是
一个伟大的功臣，是
怪杰，是奇才。

二〇〇八年
五变 马识途 夏季

马识途题词

流沙河真是很理解我，支持我

到成都来的时候，我和流沙河老师是好朋友，忘年交。流沙河老师对我特别好。好到哪种程度呢，他很厌倦应酬，让他去应酬，他万分厌倦，不干，开会可以，开完会就飘了。但是往往我叫他吃饭，带一定的应酬，他都会答应，真是很理解我，支持我。他对我们的一些珍贵文物还提供了出处。比如对"国光书信""军事第一"展品，他说这两件文物是当时的中国字码和用唐韵方式的电码符号，很有历史价值和文化价值。家具上的"猪猴"谐音"诸侯"，也是他发现的。

我们经常在一起聊，聊的时间很长。他给我讲了很多事，印象深的是抗战时修机场，一点点大就去敲石头，吃发霉的米。讲他当右派的经过，讲拉架子车，讲他去拉大锯锯木头，示范怎么才能锯得快，说最关键是两个人要配合得好……

他来我们博物馆好多次。2006年3月，他陪几个作家来，写下"感天动地"，这是他对我们馆的总体感受和评价。他认为我们的陈列不同于国家博物馆，从另一角度展现了历史，新颖而独特，很有教育意义。2008年4月，他同马老等人来，又题写："回顾历史，为了展望未来。"

2006 年陪流沙河老师看馆

从这天起，我的遗赠在法律上就生效

樊家父辈三兄弟均未活过六十岁，我四叔如果不是我把他从山西老家接到安仁，不是我把他送到医院抢救，他也会跟他哥哥们一样，不到六十岁就走了，所以我有很大的紧迫感。此外，我经常在外边跑，我老想，我有意外，我的博物馆怎么办？这个问题困扰着我，直到我决定把博物馆交给政府。我觉得交给政府好，政府也许不会新建什么馆了，但守住它，把它保管好，一点问题没有。杜甫草堂一千多年了，武侯祠一千多年了，也是靠唐宋元明清的政府。

当时我觉得这个事挺简单的，写了一个遗赠书，准备把它交给

成都市政府，但我咨询律师，律师说，我写的根本不行，第一不正规，手写太草率；第二没有法律效力，我的资产是夫妻共有财产。我突然反应过来，我妻子占一半。然后我就跟我妻子商量，让她签个字。我妻子签字后，2007 年 12 月 4 日，我在安仁口述了一个遗赠，由成都市蜀都公证处两个公证人员记录并公证。

我的遗赠内容如下：

…………

立遗赠人为避免因个人出现人生意外等，而给教育、警示国人为目的的建川博物馆事业构成不利影响，特立此遗赠，表明我对自己几十年收藏的文物，以及我直接或间接拥有股权的四川省建川博物馆、四川安仁建川文化产业开发有限公司股权等财产或财产性权益，在我去世之后的处理意愿：

一、我将夫妻共有财产（财产、财产性权益）中属我个人所有的部分在百年后，全部赠与给成都市政府，具体包括以下内容：

（一）、我个人历年收藏的各种文物（夫妻共有财产一半）。

（二）、成都建川实业集团有限公司拥有的四川省建川博物馆、四川建川艺术品投资有限公司、四川安仁建川文化产业开发有限公司股权中，应折算为我个人所有的部分……

二、其他说明事项：

（一）、希望受遗赠人成都市政府能坚持我生前的办馆宗旨和原则，让建川博物馆能一直健康运转，为中华民族的振兴提供更多的思索和警示，永远教育、励志于国人；

（二）、希望受遗赠人保管和整理好建川博物馆收藏的大量文物；

（三）、希望受遗赠人在受赠后的建川博物馆经营管理中，善待其他股东及本公司原有的员工，特别是公司创业期间的员工。

本遗赠由我本人签字，四川省成都市蜀都公证处公证。

…………

2007年12月6日是我的遗赠公证日，从这天起，我的遗赠在法律上就生效了。

把公证书交给政府的时候，我还说了一句话。我说，我只有一个女儿，我女儿到博物馆照样买门票。我们市的领导说了一句话挺让我感动的。他说，你们樊家，三代人不用买门票。

以前我很怕死，怕死后博物馆没人照料，这天之后，突然一身轻松。我今天死国家今天接馆，明天死明天就变成国家的博物馆。我知道博物馆可以继续存在下去了，我的文物和我的博物馆还能说话，还能讲故事。讲多久呢，至少一千年吧。

我父亲告诉我，人活在世上就两件东西：第一，你有一条命；第二，你有一个包袱，就是你的背包，背包里面有袜子，有茶缸，有鞋，有被子，还有换洗的衬衣，仅此而已。你是一个兵，命是拿来拼的；背包是拿来干什么的？命拼完了就扔了。人就是一条命一个背包。我这条命就是用来建博物馆的，我为国家和民族已经建了二十多座，我想建一百座，肯定世界第一。我最希望在建博物馆的时候一下死掉，肯定很愉快。我的五百亩地，八百多万件文物，一百多件国家一级文物，这就是我的背包。当兵的背包是拿来扔的，我把它捐献国家了。

遗　赠

立遗赠人：樊建川，男，一九五七年九月四日出生，汉族，身份证住址：成都市武侯区江天路1号2栋3单元20号，身份证号码：512501195709040033.

立遗赠人为避免因个人出现人生意外等，而给教育、警示国人为目的的建川博物馆事业构成不利影响，特立此遗赠，表明我对自己几十年收藏的文物，以及我直接或间接拥有股权的四川省建川博物馆、四川安仁建川文化产业开发有限公司股权等财产或财产性权益，在我去世之后的处理意愿：

一、我将夫妻共有财产（财产、财产性权益）中属我个人所有的部分在百年后，全部赠与给成都市政府，具体包括以下内容：

（一）、我个人历年收藏的各种文物（夫妻共有财产一半）。

（二）、成都建川实业集团有限公司拥有的四川省建川博物馆、四川建川艺术品投资有限公司、四川安仁建川文化产业开发有限公司股权中，应折算为我个人所有的部分[按我在成都建川实业集团有限公司持有51.64%的个人股权进行折算（夫妻共有财产的一半）]。

二、其他说明事项：

（一）、希望受遗赠人成都市政府能坚持我生前的办馆宗旨和原则，让建川博物馆能一直健康运转，为中华民族的振兴提供更多的思索和警示，永远教育、励志于国人；

（二）、希望受遗赠人保管和整理好建川博物馆收藏的大量文物。；

（三）、希望受遗赠人在受赠后的建川博物馆经营管理中，善待其他股东及本公司原有的员工，特别是公司创业期间的员工。

本遗赠由我本人签字，四川省成都市蜀都公证处公证。

本遗赠由我本人向四川省成都市蜀都公证处公证员李倩、工作人员王丹口述，由公证员李倩整理，经本人确认无误。

本遗赠一式九份，我本人收执七份，成都市政府收执一份，四川省成都市蜀都公证处存档一份，均具同等效力。

立遗赠人：樊建川

立遗赠地点：成都建川实业集团有限公司董事长室

立遗赠时间：2007年12月4日

见证人：陈天湘　常中伟

遗赠文件

公　证　书

（2007）川成蜀证内民字 70919 号

　　兹证明前面的《遗赠》是我根据樊建川于二00七年十二月四日在成都建川实业集团有限公司董事长室，向我和工作人员王丹口述遗赠整理的，经樊建川确认其遗赠内容无误后，在我的面前，在该《遗赠》上签名。

　　经审查，樊建川立遗赠的行为符合《中华人民共和国民法通则》第五十五条和《中华人民共和国继承法》第十六条的规定。

中华人民共和国四川省成都市蜀都公证处

公证员　

二　〇　〇　七　年　十二　月　六　日

公证书

我只是个传递手，我死了以后这些东西应该是国家的。

财富对于任何人来讲终极作用都是一样的。第一，它可能使生活变得好一点，方便一点。有人觉得海参鲍鱼好，有人觉得粗茶淡饭好，有人觉得满世界飞好，也有人喜欢在家晒太阳。第二，财富是流动的。没有人能一辈子守着财富。今天在你手上，明天在我手上，最后还不是在后人的手里。财富对人的意义是有限的，能够维持生存就可以了。第三，在支配财富的时候，应该是以最愉快的方式来支配。我觉得现在这样花钱，就是我最高兴的方式。把钱放着我不高兴，再投资再生钱，我也不是很高兴。建川博物馆真的是对我最大的奖励。第四，你获得的财富比别人多，这并不代表你樊建川有多大本事，关键有这么一个背景，碰到改革开放。要清楚认识是时代给了你机会，你只是一个幸运儿。

我选择了这条路，很多人误解，认为我很苦，觉得风险大、压力大，其实他们错了！我特别快乐和幸福！什么是幸福？打高尔夫是幸福，买个游艇幸福，买个法拉利幸福，生五个儿子幸福，等等等等，我认为这些都是幸福，我尊重这些，包括到澳门去赌博，我有很多老板朋友，财富是他们合法劳动所得，交了税之后，这些都是合理的，我们都应该充分理解和尊重。但是他们也应该尊重我的幸福，我不是苦，真的是一种幸福，我很快乐！别人看到那么多文物，头大，我看到这些东西就很幸福。

人一辈子有很多种活法，但人要对社会有贡献。比如说，我作为一个企业家，我交税，我把员工的待遇做好，让员工养家糊口，这就是一种贡献。中国的开发商有很多，我们四川有几千个，我是几千分之一，最辉煌的时候我上过中国富豪榜，就是中国最富的五百人里有我，这应该可以了吧！但对我来讲，没有意义。为什么呢？不就是一张床，三顿饭嘛！我觉得少一个开发商没关系，但是增加一个像我这样来做这件事的人，就会对社会有意义一些。我做博物馆，我搞捐赠，我觉得这是我应该做的。我就只想真正给国家民族办一件事。三百年后，有人还会说，三百年以前有个叫樊建川的干这个事儿，干得不错，如果说利益的话，我觉得这是最大的利益。

妻子一个礼拜就把字签了

我的妻子杨葆林是我小学、初中、高中同学。下乡的时候，她回河北下乡，我离开生产队当兵时，她又从河北迁回我的生产队。20 世纪 70 年代到税务局，一直在税务局。

我妻子不贪钱，不贪财产，也不知道享受，特别本分，很节约。就是现在，我在家里洗淋浴，她也会放一个水桶来接水，接水来冲马桶。她自己也不知道消费，我挣再多钱她也不管，也不要。她比我大一岁，已经退休了，在单位上口碑特别好，又被返聘回去了。她从来不去显摆啊，有钱啊这些，也不打麻将。本分，听话，就是革命家庭传统培养出来的老老实实的人。

我岳父杨修文，河北邯郸永年县西苏乡双林村人。他参加革命比较早，"三八式"干部，比我父亲早，他不是军事干部，抗战以来一直搞后勤。他负过伤，是在宜宾长宁县跟土匪作战时负的伤。他在中华人民共和国成立初期就是县委书记，资格很老，比我父亲官大。

他是非常老实的口碑很好的一个老干部。"文化大革命"时，在宜宾县算首要"走资派"，被斗得很惨，比我父亲还要惨。我父亲当时是民政局局长，他是县委书记。我到成都后，有了自己的房子，90年代起，这十几年，我岳父岳母都住在我们家里，一直跟我们在一起。我岳父是一个比较温和的人，跟我父亲不一样，他很稳健，厚道，很能协调，也不讲个人利益，很正直，不整人，算是老好人。他和我父亲的关系特别好，他是看着我们长大的。我和妻子1981年结婚，双方老人都很支持。我把岳父的手印放在"手印广场"的显著位置，给自家人开了"后门"，一是表达我对岳父的崇敬，二是寄托我对父亲的怀念。我岳父前几年走了，我把他和我父亲埋在一起，埋在青城山。

我提出把博物馆等捐给政府的时候，我妻子有点犹豫，她说考虑考虑。她只是猛一下接受不了，觉得老公这么辛苦，几十年的收藏，天天在外边干，头发都干白了，这么一大片资产，怎么就不是我们的了。其实我心里有底，她思想肯定会通的。大约过了一个星期，她就签了。

但我另外有个遗嘱，她不签字。这个遗嘱说什么呢，我死了后，把身体给重庆三医大，我的心呀，肺呀，眼睛，骨头，该做什么做什么，但是我的皮我自己要。我要来做什么呢？我要做一面鼓。我按照军鼓的形式先把架子做好，我死后再把我的皮绷上去。我妻子先是同意，后来反悔了。原因很简单。三医大解剖室一位主任曾是我的学生，到成都来我们一起吃饭，他摸着我的后背说，樊老师，到时就用一个钩子钩在这里，从这里开口，保证把皮给你完整地剥下来，我再帮你把它制好，绷好。我妻子听了，脸色马上就变了，一下就不干了，说，我不干了，你要死了，我就把你烧了。我解释，做面鼓证明我还在嘛，放在博物馆里，谁要敲一下，我就出现在对面很大的声控电视墙上，给他唱一首歌，他必须为我的博物馆捐一千元钱。我死了后，继续给博物馆作点贡献。她还是不答应。我不可能快死的时候自己把皮子剥下来，我自己做不了主。最后可能是一个未了的心愿。但是，想起来都比较愉快，一敲，咚，啪，一下，整个屏幕亮了，我走出来，讲一段话，然后唱歌，然后博物馆就有一千块钱。我连名字都想好了，叫"鼓舞"。这个遗嘱我已经写成文书了，放在办公桌上最显眼的地方。我现在还在说服我妻子。

我告诉女儿，我死了，你参观博物馆要自个儿买门票

我和我的女儿关系很好，我们很谈得来。我曾讲过，在重庆，我一个人带了她两年。她在成都读小学、初中、高中，到加拿大待了六年。她回来后教过英语，现在开了一个西餐店，我还在微博里说过这件事，希望成都的朋友支持一下。我希望女儿能做点小买卖，自己养活自己。

我不把博物馆给我的女儿，不是不爱她，相反正是因为爱她才这样做。现在的年轻一代普遍缺乏历史责任感和沉重感，像我女儿这样有小资倾向的时尚年轻人，没有足够的文化底蕴去继承博物馆，这个也正是我的忧虑所在。一个年轻女孩面对这么大又是这种题材的博物馆，会不知所措，一旦拥有，她不会再过正常健康的生活，

会辗转难眠，甚至一生都会很痛苦。我不要她担这个担子，我来担，我愿意啊！我做完就交给国家。我爱我的女儿，我不能害她，她守不住，我给她留几百万，甚至再多一点，让她过好日子就行了，当个小家碧玉，相夫教子，这是我对她的最大期许。我觉得大部分中国人都应该这样。

我立遗嘱，将博物馆捐赠给国家，告诉女儿，我死了，你参观博物馆要自个儿买门票。如果国家对我女儿网开一面，免她的门票，我就已经很开心了。如果我樊建川的后人，三代之内免票，对我外孙女樊鲜花免票，国家就已经对我很优惠了。第四代肯定就不行了，就要买票。

第二十三章

2008 年记

我成了布什的"同学"

　　布莱恩特大学是怎么知道我的呢? 是通过杨洪。过去我不认识他, 2008 年 2 月底, 我接到他从美国打来的电话, 说我获得了布莱恩特大学的荣誉博士称号, 太意外了, 没想到。仅仅持续了几分钟, 我就半信半疑起来, 希望他用书信的形式, 让我更详细地了解情况。第二天, 他发来一封传真, 信笺是布莱恩特大学美中研究所专用信笺, 末尾他的职位、电话一应俱全, 还有他的手写体签名。我这才弄清楚, 他是布莱恩特大学的博士, 同时是布莱恩特大学的终身教授, 在美中研究所工作。他 2007 年 12 月曾随同美中关系全国委员会访问团参观过我们馆，有"过去几十年里看过的亚洲、美洲、欧洲等上百家博物馆从未有过的感觉"，于是把我推荐给学校。布莱恩特大学授予我荣誉博士是因为我"建成中国最大的民间博物馆，为公众事业作出了杰出贡献"。

过了两天，晚上十点，我和布莱恩特大学校长梅恪礼进行了沟通。梅恪礼说，荣誉博士的授予没有任何附加条件，还提到获选人老布什，我就这么成了老布什的"同学"。宋美龄是 1941 年被布莱恩特大学授予荣誉博士的，2012 年布莱恩特大学把宋美龄学籍档案捐赠给我们，这一来，宋美龄又成了我的学姐。

布莱恩特大学创建于 1863 年，是以管理科学为主要特色的著名学府，2003 年被媒体评为美国北部地区前二十五名"美国最好的高等院校"。荣誉博士是美国各大学的最高荣誉，授予具有特殊贡献的人。按照布莱恩特大学的惯例，每年先由学校教职员工推举国际及美国国内各领域的知名人士作为候选人，校董事会将从中评选出一至三位，在当年 5 月下旬的毕业典礼上授予荣誉博士学位。

美国行程早就安排好了。到美国的第一项活动是演讲。布莱恩特大学是把我作为远道而来的博物馆的馆长对待的。在有董事长、校长、教职员工的宴会上，我在主席台上作了专题演讲，讲我和我的博物馆，那天讲得特别好，给我做翻译的是在哈佛读博士的中国人。

第二天，我和布什在布莱恩特大学美中研究所为"漱芳斋"揭幕。这个"漱芳斋"只是个模型。布莱恩特大学要在校园内复制一座"漱芳斋"，这是布莱恩特大学与中国故宫博物院的合作项目。老布什到来之前，校方告诉我，不要主动与老布什打招呼，但老布什进来就

与美国前总统老布什在布莱恩特大学

跟我握手，好像认识一样。我们握手，坐在最前排的凳子上聊了一会儿，杨洪做翻译。我说，你做副总统的时候到成都访问，住在金牛宾馆，你一定要睡毛主席睡过的床，你还记得吗？他说回忆得起。我又说，你睡的这个床，我收藏了，如你到成都访问的话，还睡这个床。他就点头笑。

老布什简短的讲话完后，我书面邀请他到我们博物馆来，并送给他一个礼物：刊登有他在华工作时期新闻的老报纸。他接过时，用中文说"谢谢"，我向他敬军礼，他立刻还我军礼。老布什是"二战"老兵，驾机轰炸日本时被击落跳伞，幸被潜艇救走，他的七位战友却被日军俘虏并杀害。

美中研究所揭幕活动后，是荣誉博士授予仪式。我们要换博士服，我和老布什在一个房间。老布什挺好玩。我不会英语，他不会中文，挺尴尬。我们就比画，他比帽子大了还是小了，我把我的帽子给他，他摆手，意思是戴自己的，但博士仪式上他没有戴博士帽，只穿了博士衣服。保卫很严，我们换衣服要经过一个走道，走道两边临时挂了很厚的黑窗帘，以防枪手看见。来了很多特工、警犬。我从成都带的摄影师被警犬闻了很多遍，摄影机也被闻了很多遍，我带去的礼物也被白宫警卫安全检查。接受荣誉博士后，在布莱恩特大学的活动才算结束。

布莱恩特大学一直跟我们有合作，我们签订了共同研究"中美合作抗战历史"的协议。这年12月布莱恩特大学校长一行人来，与我们签署合作协议，我们在学术研究、人员培训等方面进行合作交流。这是我们首次与国外机构建立正式关系，也是布莱恩特大学第一次在中国找到长期合作的博物馆。前不久，布莱恩特大学还捐了一笔钱给我们。

布莱恩特大学给我的授奖词是："樊建川博士，你的博物馆前所未有。"

接受宋美龄家属捐赠宋美龄旗袍

美国的行程安排得很紧，我在美国做了好几件事：

接受傅高义、郑炯文的邀请，参加哈佛教授俱乐部聚会。傅是哈佛大学著名中国问题学者、费正清东亚研究中心前主任，前后来过我们博物馆好多次。郑是哈佛燕京图书馆负责人。一顿西餐的工夫，我们就有了一些合作意向。

访美期间与傅高义合影

蒋孝明捐赠蒋夫人旗袍

　　参加美国纽约华人公会组织的活动。当时他们正组织为四川灾区募捐。我介绍了四川地震和建川博物馆情况。在会上，我接受了蒋介石侄孙女蒋孝明女士捐赠的宋美龄旗袍。我还拜访了美国"二战"老兵巴蒂洛先生，我们素昧平生，一个朋友的朋友说他参加过"二战"，是驼峰航线的驾驶员，我便去拜访他，想征集点文物。他住在离洛杉矶不远的一个很著名的海滨城市。很帅，个子很高，腰板很硬朗，特别健谈。他给我看了很多非常珍贵的照片，还有当年的飞行图。我特别感动的是，他和夫人请我到海边一个私人游艇俱乐部去吃饭，这个俱乐部是有游艇的人才能参加的。他应该是非常有钱的人，在海边有别墅。他给了我一些文物。

在访问美国纽约州立大学期间，我还见了该校亚洲中心司昆仑教授等人，此外与哈佛大学博物馆、纽约州立大学图书馆特品收藏馆等九个文博机构进行了交流。在洛杉矶还作了些讲演。

回答（六）地震馆：比爱心、坚强更重要的是铭记灾难

"5·12"大地震，我第一个念头是，博物馆没事，因为我的博物馆设计标准太高了，不说七八级地震，十二级地震它也没事。我担心什么呢？当时知道都江堰是重灾区，我担心都江堰。我的第一个反应是都江堰完蛋了，因为都江堰是断裂层。我是都江堰城区最大的开发商之一，我第一时间就赶到都江堰了。当时温家宝总理刚到，就在我建的那个小区街口，离小区就一百米。天快黑了，我把我的小区看了一遍。小区很大，三百多亩地，住了一千多户人。我看了五六个小时，一个单元一个单元地看，房子一间没塌，人全部是安全的。

大事件的文物是非常珍贵的。"5·12"那天布置了任务之后，就是大家不断地收集东西，然后着手做一个展览："震·撼——汶川5·12—6·12日记"。开始还没有想到要做一个地震馆，只是想作为一个文化产业工作者，要在第一时间做一个日记，5月12号到6月12号，刚好一个月。做一个月的日记，把这三十天的经历梳理出来。

但随着文物的增多，比如看到一本手工做的《江油地震预防》手册，想法就变了。江油属于龙门山地震带，他们的防震工作在20世纪70年代做得非常好，有组织、有体系、有预报，什么都有！龙

门山地震带是怎么走的，手册里有地图，还有两百多张照片。但是，三十多年来，谁提过龙门山是地震带啊？历史证明它就是三十年来一次，在短短的七十五年间，这个地带发生了四次大地震：1933 年的叠溪大地震、1955 年的康定大地震，都是 7.5 级，1976 年的松潘平武大地震，2008 年汶川的 8.0 级大地震。70 年代刚震过，为什么几十年不打招呼？此外，凭什么还要修紫坪铺水库，修那些电站？凭什么在地震带还规划了这么多旅游景点，破坏山体，破坏植被？如果 1933 年、1955 年、1976 年我们都建博物馆，哪怕这个博物馆很小，就是一个瓦房，大家就会知道龙门山是周期性地爆发地震，就会知道怎么来科学防范了。

我们常常是好了伤疤忘了疼，以为痛苦的事只要忘掉就好了。这种"乐天"的思想往好的方面讲，能让我们积极地面对痛苦，对未来满怀憧憬，但不好的方面就是没吸取教训，结果在同样的地方摔跟头，一次接一次地摔。人们往往是地震来了就团结呀，悲壮呀，英雄呀，表彰呀，抢救呀。这些应该不应该做？应该做，而且我们做得很好，但是，地震一走，很快就遗忘了。

所以我决定做一个馆，必须做一个馆。我不想做乌鸦嘴，可地震肯定会重演，这是自然规律。我们有责任把汶川地震作为一次历史事件记录下来，见证它的破坏力，见证灾难。爱心和坚强值得我们去弘扬、去铭记，但比爱心、比坚强更重要的是铭记灾难。

苦难是中华民族重要的财富，因为有的灾难是不能避免的，灾难过后我们有了教训，就能做得更好。比如唐山大地震，死了二十多万人，但换来的是中国对城市的设防。"5·12"地震，地级市以上基本都没事，包括德阳、绵阳、成都。这就是说，它以二十多万人的死，换来了两千四百万人的生。所以财富的意义在两个方面，一是精神重建，二是中央政府今后肯定会考虑到县以下含县城的建筑设防问题，这就是最大的价值。

不论是唐山、邢台地震，还是汶川、玉树地震，都涌现了大量英雄，我们也给汶川地震中牺牲的教师建了"师魂馆"。但实际上很多人本来没必要成为英雄，都是因为房子不结实垮塌造成的，这才是根源！如果在日本发生这种灾害，死几十个人都不得了。这个教训我们一定要留下来，理性地反思，才能避免悲剧的发生。

此外，做博物馆的目的还要见证我们是如何直面这场灾难的，见证我们这代人的精神境界。"5·12"地震让大家明白，我们的道德并没有沦丧到不可收拾的地步。这三十年来大家都很利己，都以为这个社会除了钱什么都没有了，但"5·12"地震让我们看到，人毕竟还是一种社会动物，还是会利他的。这是一种价值回归，是道德在民间的重建。前三十年奔吃穿用住行，把大家弄得很功利，后三十年会给我们一个启发：要珍惜生命，要互相帮助，要利他；还有就是要重视感情，重视道德。如果说前三十年我们建立了一个物质的基础，后三十年我们应该有一个转折，就是精神的建设。中国人很久没有流过这么多泪了，没有这么关注一件和自己无关的事了。我觉得这是一次道德重建的起点。

有这些认识，我的地震馆就跟后来政府做的不一样。两个馆挨得很近，一看就知道，官方的是宏大叙事，我是民间叙事。我更喜欢一种平民视角，比如地震文物，我更想收集遇难学生的日记、衣服，但观众不一定喜欢，他们可能更喜欢有轰动意义的事情，如"范跑跑"，"猪坚强"。虽然我也讲英雄，但更多的是讲灾难，讲死亡。地震周期三四十年一轮，书记五年一轮，总书记也就十年一轮，我此生可能碰不到龙门山再震，我女儿一定会再碰到。所以，我的地震博物馆做了很多复原，做了很多悲惨的重现，包括银厂沟遇难新娘的婚纱。我想把这些很悲惨的事情告诉观众，特别是年轻观众，目的是什么？不是让你去流眼泪，不是让你去悲伤，而是让你记住灾难，去预防。人类是靠累积经验，靠记忆成长的，每个人是靠自己的经验记忆成长的，你的经验记忆就是你这一生。一个国家的记忆，一个民族的记忆就是博物馆，而这种记忆又使国家和民族往前走时避开灾难。我希望人们去思考为什么会有这些灾难，去反思能不能避免。

一个月开的地震馆是悲愤之下的作品

文物的收集有个过程，我们就先做临时展览，再进一步完善。一个月开临时展览，时间很紧，困难肯定是有，但总可以想办法，就闷头做。我做一些馆的时候，有人说樊建川吹牛，根本建不起来，但我全部建起来了，做这个馆的时候也一样。

地震馆是悲愤之下的作品，是在全国那种气氛下建起来的，从"5·12"地震到6月12号开馆，完全是拼命一个月，一个月开馆，虽然房子本身基本是现成的，但一个月收集文物，陈列构思，也是一个奇迹。

"震·撼——5·12—6·12日记"展览后，2008年8月12日，

2009 年地震馆开馆一周年展，当天来了十多万人

我们又做了"5·12汶川大地震特展"。后来又做了"5·12汶川大地震周年展",前后有好几十万人来参观。2008年至2010年,地震馆都是免费的,2011年才开始凭票进馆。地震馆有短期的闭馆,因为收到的东西不断增加,我们要布置新展馆。另外一次是国家地震馆开了后,要求我们关闭一段时间。

无论是震后一个月的展览,还是特展,还是周年展,还是重新布展后的新展,进门的一面墙上,仍然是我的一句话:"龙门山地震是不断发生的,有规律可循的,重复发生的。"

这个馆的前言我亲自写。建川博物馆那么多馆,到目前为止,我就写了四个馆的前言。我到地震灾区看了那么多,我有责任来写这个馆的前言。

公元 1933 年 8 月 25 日四川叠溪 7.5 级大地震。

公元 1955 年 4 月 14 日四川康定 7.5 级大地震。

公元 1976 年 8 月 16 日四川松潘 7.2 级大地震。

公元 2008 年 5 月 12 日四川汶川 8.0 级大地震。

短短 75 年间,家乡连遭震魔四度重创。

遗憾的是,前面的大灾难都未能留下警世的场馆。

我们知道祖国多灾多难,

我们也知道多难才能兴邦,

但前提是:汲取教训,铭记灾难。

所以在汶川地震周年大祭之时,我和同仁们挣扎着开放了这座以日记形式凝固历史的博物馆。

天佑中华，

天佑四川。

出乎意料，地震文物评出了十件国家一级

我们收集文物的行动是很迅速的。关于"5·12"地震，国家文物局评定出十件国家一级文物，包括第一支到映秀的冲锋舟，"5·12"当天温家宝总理讲话的话筒等。我们的地震馆里有五万多件文物。

当时去北川县，6月，炎热，浓烈的消毒药混杂尸体的腐败气味。县城不是垮一栋房，也不是垮一条街，是整个旧城被山体滑坡推搡挤压混杂而成废墟。一片潮湿淤土，苍蝇密布居然成人形。

彭州银厂沟小龙潭路口的一号桥头，5月21日，有敢死队三十勇士出发前喝壮行酒，我就去捡他们喝酒后摔碎的碗。这个好重要哟，后来被评为国家一级文物。还有在银厂沟我捞起的遇难新娘的婚纱，也是国家一级文物。

邱光华的机组出事后，我们给部队要求去找飞机，部队首长不让，说太危险了。后来找到后，我们第一时间到了现场，经过搜寻，找到了飞行日记。飞机坠毁时，爆炸起火。当时飞行日记被泥巴埋住了，现在地震馆里陈列的是经过专家处理的。如果我们再晚去十几天，日记在野地里飞风吹打，很快就会碎掉。它被鉴定为国家一级文物，因为翻开后，可以看到邱光华今天飞北川、明天飞青川的繁重的救灾任务，非常非常重要。

寻找盛壮行酒的碗的碎片

收集"范跑跑"的眼镜挺有意思。"范跑跑"到博物馆参观，我
把他逮住，问他要文物。他其实是有备而来的，从书包里拿出书说，
当时正在讲这本书，扔了就跑。我说，我还想要你的眼镜。他的眼
镜很有标志性，全国人民都知道"范跑跑"的黑框眼镜。他说那不行，
没眼镜怎么回去。后来我们商定他去配一副，回来报销。他配了一
副两百多的，这个细节很令我感动。他算得很清，钱必须给，零头
也要给，但他不像我们去收摩托车，说好三千，到了后要八千，最

后六千成交。这能看出他认真、严谨的一面，这可能也是他为什么要认真地计较一些东西的原因。这个人某些行为让人敬佩，很干净的一个人。"范跑跑"是中国改革开放三十年思想观念发展到一定程度出现的产物，唐山大地震是没有的，有也被压制了。"范跑跑"有胆怯的地方，有自己的盘算，但至少他不是一个坏人。

我们得到很多捐赠文物。某部空降兵部队捐赠我们5月14日在四千九百九十九米高空实施救灾伞降时使用过的降落伞。副政委杜恒岩、军长铁军宋捐赠抗震救灾纪念物品；百事可乐成都分公司总经理马加捐赠我们"四川力量"首张原创音乐专辑；武警四川省总队成都市支队捐赠我们执行过抗震救灾任务的冲锋舟；医院的医护人员捐赠我们"可乐男孩"签名的可乐罐；解放军驻滇某部捐赠轰击唐家山堰塞湖漂浮物的炮弹弹筒及在抗震救灾中使用的部分装备；成都军区捐赠抗震救灾文物；一些艺术家捐给我们表现汶川地震的艺术品……

因征集文物筹备博物馆，知道了陈光标及其事迹。他将几台大型救灾设备捐给了我们，我专门放在一个展厅里。陈光标耗资约四百万元打造的十块特制石牌"中国首善"，我放在地震馆后门出口处。老板见多了，陈光标不算大的，但他捐赠是多的，和他所拥所挣是不成比例的。不管别人怎么评价，他在地震救援中是出了力的。地震后他来过我这里好几次，2009年1月来，我陪他参观了中国壮士广场、"5·12"大地震特展馆、正面战场馆等，我还送了他一面"大海航行靠舵手"镜子和生日报纸作为新年礼物。

一个人，一个馆，一场灾难

胡慧珊同学纪念馆

胡慧珊是"5·12"大地震聚源中学遇难者。纪念馆中有她的衣物、文具、玩具，她妈妈特别为她收藏着的两颗乳牙、脐带，她的骨灰、中篇小说手稿、手机……

后来，胡慧珊的母亲、父亲又来这个馆，令人欣慰的是，他们抱来了七个月大的小女儿。胡母凝视女儿遗像，很久很久，大家都屏气息声。胡母将女儿的乳牙贴在脸颊，默默流泪。

冯翔

去北川三次，冯翔陪我两次。他是个沉默寡言的宣传部长。到了县城废墟上，他就喋喋不休了。有时，甚至一个人喃喃自语。他是有太多话要对逝去的同事、亲友讲述。他儿子每天都是两点准时出门，灾难之日仿佛有预感，说身体不舒服，要求请假，冯翔不允许。孩子就到卫生间去拖时间，被冯翔强行叫出。孩子到了门口又停步，央求冯翔准假，冯翔仍不答应。最后，孩子要二元钱买冰棍，孩子一手接钱，一手突然撒出一把白色纸花（是孩子在卫生间里撕的），转身下楼走了，时间是两点二十分，八分钟后，大祸临头。儿子失踪了，冯翔因家在顶楼而侥幸存活。这个过程，冯翔对我说了两遍，说到儿子撒出的纸花时，哽咽，泣不成声。冯翔的心结之一是：我害死了儿子；之二是：死不见尸，我儿死在什么地方呀？他甚至问我，你觉得我儿到学校了吗？和同学们在一起吧？

后来，冯翔的朋友电话对我说，冯翔走了。我问，走哪了？明白冯翔自杀了后，我对冯翔说，三天前，你到馆送我地震文物，我专门劝你戒烟戒酒，再生一个儿子。你们父子情深，儿子会来投胎转世的，你的儿子仍然叫冯瀚墨。冯翔，你是亲口答应了我的呀。

我与冯翔，北川、博物馆、殡仪馆，相识、相交、相送。当时都有摄像。我想拍个片子，其孪生兄冯飞助力，相关人员上场。因震结缘，人走，缘未尽。

我在地震馆里专为冯翔设了展柜。历史记录和新拍影像无缝对接。一个人，一个馆，一场灾难。

台湾行：连战、蒋孝严、吴敦义

连战

连战早就知道我们，2005 年 4 月，我们请他为正面战场馆题写了馆名："国民党抗日军队馆"。他还专门征求我意见，要把时间落款为"七月七日"。他说，这是民族的国耻。后来，他秘书告诉我，因为这块匾尺幅太大，他的印章偏小，他专门为此刻了一方大章。连战题写的这幅字，笔力雄浑、正大光明，恰如其分地表现和衬托了正面战场波澜壮阔的战争场景。"国民党抗日军队馆"决定叫"正面战场馆"后，我把连战的题字大字镌刻在花岗石上，将连战题词制作成匾，悬挂在该馆入口处，虽说气象弱点，也还显眼。也对，一个名，一个字，反而更有味道了。不过，一般人来参观，叫得简单，就叫国军馆。

國民黨抗日軍隊館

連　戰　[印] 敬題

二〇〇五年七月七日

连战题字

　　同年 9 月，连战访问大陆，接受中央电视台"东方时空"栏目"纪念抗战胜利六十周年"采访，专门提到我们。他说："所以我最近感到蛮高兴的，因为我看到在四川大邑县有老百姓成立了建川博物馆群，也设立了国民党抗日军队馆。三千多万的军民牺牲了生命，不是为了哪一个党，是为中华民族牺牲了他们的生命，是为了这个民族的生存、发展、尊严和子孙千年万年的未来所作出的牺牲，所以我们要把这些事情看得宏观，要看得远大。我们现在所走的这条路，我认为是正确的一条路。"

所以，我们到台湾见他，他很高兴。到台湾的邀请书是国民党文传会主任邵铭煌发来的。他说，因为你长年致力收藏历史文物并建博物馆，苦心专注，良深敬佩，欢迎组团来台参访，与中国国民

与连战（右）合影。2008 年摄于连战办公室

党党史馆及相关文史机构、人员进行交流。我提出要见连战，他们同意了。

我们 2008 年 12 月 1 日到的台湾，第二天上午，连战就在台北仁爱路他的办公室会见了我们。连战的办公室在一栋高档写字楼里。和其他写字楼一样，这个办公室没有森严的戒备，门口看不到站岗的，只有一个保安。见到连战，他一边跟我握手一边说："久仰！久仰！欢迎！欢迎！"他说："你有想法，有作为，我很敬佩你。你的工作很有意义，为中华民族留下记忆。"我抱拳直说谢谢。

连战红光满面，很厚道。我们谈抗战，谈汶川大地震。他一再说想来四川看看。我们原定聊半个小时，后来延长了二十分钟，为了谈汉奸问题。

我们走时，他还赠送我们阿里山高山茶。

蒋孝严

蒋孝严的会见安排在 12 月 3 日下午五点半，在他的办公室。因为堵车，我们五点五十才到，但没等我为迟到表示歉意，他就和我握手聊起了天。他的办公室，挂着爷爷蒋介石、父亲蒋经国的大幅照片。蒋孝严宽厚、儒雅，有大家风范。

蒋孝严曾来过我们博物馆，还题了字。这次见面，我说想在台湾举行汶川地震展，他非常支持，答应为汶川地震展剪彩。后来因为其他原因，展览没有办成。我还提议，请国民党抗战将领后代到我们博物馆来缅怀先烈，我说，我们已经请了共产党的抗战将领的后代，准备在 2009 年做这个活动。他马上说，好，我来！他答应帮

两岸和
平发展
再创历
史新页

蒋孝严
二〇〇七年七月七日

2007 年蒋孝严参观我馆后题字

2008 年在台北蒋孝严办公室

我联系国民党将领后代。他说，你们需要什么支持，我们都会帮助。很遗憾，因种种原因，国共两党抗战将领后代共同缅怀先烈活动没有做成。

吴敦义

吴敦义是中国国民党副主席，身兼秘书长，精明干练。会见是在 12 月 3 日上午，地点在台北士林忠诚路二段。这里的办公楼曾是国民党的总部，后来卖给了企业，但国民党党史馆还在这里办公。我们去前，座位上都摆了座牌，很正式。

我提出想复制国民党党史办的部分抗战资料，他当即就答应了，并责令下属办妥。

我提出想和国民党党史馆共同合作研究抗战历史，他也给予极大的支持，并请邵铭煌主任具体安排。

谈到四川，他说想来看看。谈到安仁镇的刘湘，他马上接着说，第七战区上将司令长官，抗战有功。我又说，还有刘文辉上将，他1949 年起义了。他立即说，你们叫起义，我们叫变节。我说，起义不重要，变节不重要，重要的是刘将军这样做，共产党军队不死人，国军不死人，文化城市成都不被打烂。他点头同意。

我们合影时，吴敦义用右手紧紧抓住我的左手，笑着说："这是牵着兄弟的手，不像右手牵左手。"

我还见了抗战老人郝柏村，他已九十岁；还拜见了台湾少数民族民意代表高金素梅；还与台湾《联合报》负责人共同商谈了有关汶川大地震在台湾巡展的事情；还参观了台湾"9·21"地震博物馆。四天时间，做了不少事。

《小崔说事》

央视"小崔说事"2008年4月播出了《把战争收起来》专题片。为做这期节目，我带了一些抗战文物去，其中国家一级文物有七件。

我和崔永元是主角，我的亲友团可能是最牛的亲友团。彭钢、邓淮生、左太北、任远芳、陈丹淮、周秉钧、周秉德、罗箭、黄煦、陈知建、卫道然、侯伯文、戴澄东等，他们相继发言，说到过建川博物馆，看过，记住了，还要再去，建川博物馆做了一件大好事，收藏了历史，一个民族不能忘记历史，有了历史经验，才能不断进步，建川博物馆值得去看，值得每个中国人去看。陈知建说，我没有去，不是不想去，是家里有事，错过了机会。他们回来后，我就问博物馆怎么样，他们都说好，值得看，具体怎么好，我还是没概念，今天见到了樊建川本人，听了他和小崔的谈话，明白了这个好的含义，一定要去博物馆看看。

侯伯文是一个好激动的人，他说话时一直在流泪，声音洪亮。他专程从大连赶到北京。在现场，他将侯镜如将军抗战时期用过的一枚私章捐赠给了我们。黄煦将父亲黄克诚大将的医保卡捐赠给了我们。崔永元送给我们一个用鸟巢剩余钢材做成的鸟巢模型。他说，这本来是用作鸟巢周围的装饰地灯的，为以防万一，多做了二十个，我费尽周折要到一个。

崔永元的节目是从来不做广告的，但他一直在说，建川博物馆

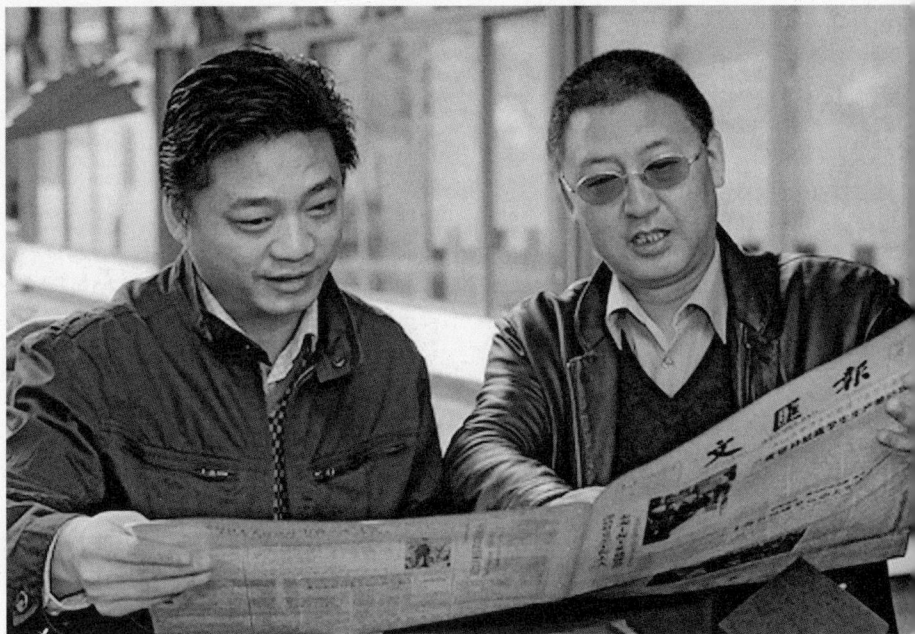

给小崔看老报纸

值得看，最后他还面对镜头，问了我具体地址，他破例了。我相信崔永元是真正被感动才这样做的。

早在 2006 年，西安事变七十周年，崔永元随《重走长征路》节目组来四川，他慕名来看我们博物馆。他购票时被我们的工作人员认出，工作人员对他说，你是中央电视台的名主持，可以不买票。他说，看这么有意义的东西，一定要买票。他看了后说很震撼，要专程来。

2008 年 11 月，他带着几位连环画高手来，待了三天。他此行的目的是想在我这里修建一个全国首家连环画博物馆，同时还想建一个电影博物馆。他是个电影迷，也是一个抗战迷。

《中国故事》——改革开放三十周年十大人物

中央电视台经济频道，现在更名为财经频道，2008 年推出大型系列人物纪录片《中国故事》，共十集，每集五十分钟，讲一个人。2008 年是改革开放三十年，他们在全国范围内选出了十个人。这十位不同阶层、不同行业、不同年龄的人，在各自的领域里具有代表性，也很有个性，有柳传志等，我是其中之一。

《中国故事》选我的理由是，中国最大的民间博物馆聚落——建川博物馆聚落的横空出世，博物馆真实记录和再现了中国近现代历史。此外，我的人生经历也暗合中国改革开放三十年历程。

我是个幸运的人，能碰上改革开放，我以一个劳动者的身份见证了改革开放的三十年。我最大的幸运是遇上了一个好时代。恢复高考，我去读书；经济大潮来临，我辞掉副市长下海做房地产；允许私人开博物馆，我又做博物馆。我总在思考，在前行。所以我在片子里说："我要给自己一个机会。机会是什么？就是改变自己命运，实现理想。我们活着首先是为自己，为谋生，为家庭，但也应为社会进步尽点力，特别是男人，这是责任和良心。"

我从美国回来后，央视来了好几个人，跟拍了几个月，拍我在博物馆，拍我在地震灾区。片子主要讲改革开放三十年我的经历。

第二十四章

回答（七）

知青生活馆：

"无论是无悔还是蹉跎，总归是我们的青春。"

知青生活馆是"文革"博物馆中重要的一个馆，是"文革"十二个馆中的一个，跟其他十一个馆血肉相连。

知青生活馆是在这样的背景下建立的：知青有前因后果。知青这代人有太奇的命运，天上的红卫兵和地下的泥腿子，角色转换仅在一瞬间。另外，我自己是知青，对知青的感情有更深的体会。

知青有一千七百万，这个群体在历史上是空前绝后的。为什么会有这个群体呢？国民经济基础很薄弱，长期不发展，解决不了就

知青生活馆门口的墓碑

业问题。中华人民共和国成立后，也搞了第一个五年计划，也想搞工业强国，但由于执政党还是革命党的角色，没有走一条正确的经济发展的道路，还是搞阶级斗争，搞无产阶级专政，折腾，实际上城市里没有太多的就业岗位。从知青的历史也能看出，从1953年开始，包括把转业干部弄到北大荒、云南建设兵团、新疆建设兵团，鼓励城市青年当农民，都是因为城市没有就业岗位。当农民后，政府就不管了，几分地，混一个肚子饱，维持低水准的生存。

在这种背景下，知青就成了一个有落差的人群。农民说，你们有什么了不起，我们干了几千年，还是农民。难道一百斤挑在你们肩上是一百斤，挑在我们肩上就是九十九斤吗？为什么你们这样痛苦，我们就没有说痛苦？这个问题的核心是，由于长期的二元结构，长期的城乡壁垒，这知青就生活在有自来水，有马路，有电灯，有电影院，有体育场，有文化宫，有商场的城市。农民呢，没有这些，而且吃不饱，劳动强度很大，房子很破。知青从城市这一元被抛到农村那一元，就有巨大的落差，就像瀑布。瀑布的响声，可以说就是所谓的知青情感，表现为唱知青歌、打群架、偷盗等，当然也有知青在农村传播知识。所以，一千多万的声音比几亿农民的声音都大，就留下了很多口述、歌曲、回忆录、电视作品、电影、美术作品等，成了一种文化——知青文化。像著名的艺术家张艺谋、陈丹青、何多苓、谭盾等，著名的主持人曹景行、杨锦麟、敬一丹等，为什么产生在这代人中？就是因为强烈的落差。中国企业著名的老板，两个首富——宗庆后、刘永好，都当过知青。穷怕了嘛。宗庆后说他大冷天光着脚，刘永好改革开放后卖鹌鹑蛋，吃过苦的。

对知青问题，有截然不同的两种认识：蹉跎和无悔。蹉跎派认为，我们蹉跎了很多岁月，我们吃了很多苦，很凄凉，很悲伤。有些在农村干了八年，回城没有读什么书，改革开放后又处于不利地位，遇到下岗，老了后，退休金也不丰厚，总之吃了很多苦，受了很多磨难。另外一派是无悔派，很辉煌，很壮丽，很刺激，自己的情感、理想得到了实现。我呢，我在知青生活馆的"尾声"中表明了我的看法："无论是无悔还是蹉跎，总归是我们的青春。"

知青问题的根本解决，还是靠改革开放。60后，70后，80后，90后，他们逃脱了知青的命运，是中国共产党选择了改革开放正确的道路，领导国家迅速走向工业化和现代化，这样，大量的人口就业就不成问题了。现在自己到农村，是一种享受，是艺术家的返璞归真，这跟强制性的下乡是两回事。所以，这是我们的宿命，我们一千七百七十六万人是被历史洪流裹挟而去的，每个人的命运大同小异：每个人都有无悔，建设了社会，有自己谋生的能力，有自己的成就，有自己的感悟；每个人也都有蹉跎，都比较落魄，比较思乡。我觉得更重要的是一段生活和一段经历。

知青是"文化大革命"的主力部队——他们不是当权者；知青又是改革开放主要的决策者、参与者、推动者、创造者。我想，随着历史焦距的拉开，人们会更以平常心来认识知青。知青是集体走过来，集体走过去。从20世纪50年代开始，到1968年大规模下乡，1980年达到高峰，然后戛然而止。回城后，这批人进入一个平稳期，慢慢往下走，到了2011年，这代人整体走过去了。以历史的眼光看，这代人已经进入了历史。没有进入历史的是什么人呢？个别的政治家、艺术家，再有六七年，最年轻的知青也六十了，这批人就彻底退出劳动者舞台了。我想，随着知青退出舞台，知青这个群体只剩下一个背影时，会有更多的思考，更多的研究。

我们博物馆的目的是什么呢？留下文物，如实地叙述这件事，保留人类历史上的一个切面。从中国历史看，这是唯一一次特别大的人口倒流。从原始社会，到封建社会，到资本主义社会，社会的发展，人口从来都是从农村流向城市，只有这一次是反方向。如果人类历史有一万年，它也是一万年中唯一的一次。在中国是倒逆，在全世界也是倒逆，它是人类历史上最大规模的人口逆流，是违反人类人口发展的倒行逆施。

知青馆我不是第一个建，但我希望它是最完整的。我们不是地域性的知青馆，我们是唯一有历史过程述说的馆，通过知青之路、知青岁月、知青磨难、知青人物四个单元来表现知青运动。

我们的知青文物非常丰富，比如已经展出的血书。历朝历代写血书要加朱砂，这样才能保持它的鲜艳，这个知青做得很不"专业"，真正用自己的血来写了。这个血书是从我们收购的一份档案里找到的。还有司务长的账本。那时司务长是一个危险的职业，涉及钱，往往被嫉妒，如果有贪污的话，大家还特别愤恨。这个云南知青在离开岗位的时候，把账本带回成都了。他是为了自保。现在觉得完全安全了，把账本捐给了我们。还有"知青晓某非法卖黄鳝讯问笔录"，细节很有意思。工商部门的人问他为什么回城卖黄鳝，他说，我没有吃的。处理意见，没收了刀、秤杆、秤砣、装黄鳝的篓子。

一些被强奸的女知青档案，一些很好的日记、家书，现在没有展出。比如这样一封家书，知青向妈妈要钱，妈妈回的信非常凄凉。妈妈说，爸爸不在，你一个小伙子，在农村不能谋生，向家里面要钱，妈妈多困难，妈妈给别人糊火柴盒，糊一百个挣五分钱，妈妈的手都肿了，每天糊到晚上三点。可能母亲还是心疼儿子在农村嘛，最后说，我给你汇了两块五毛钱，你注意查收。

我们目前陈列的文物，总的来说还是比较平淡的，主要是让大家知道这个运动的过程。知青只有背影时，肯定要进行研究，真正涉及情感的很辛酸的个案也会慢慢浮现出来，很多很多。

知青生活馆的三大亮点：
"粉·焚""绿匣子""1776 万"

"粉·焚"

2008 年 11 月，我专程到云南德宏盈江国营农场把十名女知青墓碑运回成都。1971 年 3 月 23 日，男知青赵国俊半夜偷看禁书《珍妮姑娘》，打翻油灯，点燃茅棚，酿成大祸。我为这十块墓碑设计建造了一个馆，十块墓碑，十份档案，十位早逝的女知青，组成一个五角星，中间是青青翠竹。红砂石碑上，我题写了"粉·焚"。成都称少女为"粉子"。这是世界规模最小情感最真的博物馆。每年，十位女知青的忌日，都有知青来聚会、哀悼。我把"粉·焚"放在知青生活馆的门口，她们是为五角星而死的，我们进去时，要跟她们打个照面，出来时也要跟她们打个照面，进馆出馆都跟她们在一起。可能任何一个博物馆都不会在进去出来时是一个墓碑。有些人提出异议，我坚持这么做，必须这么做。我特别想传达一个理念：有许多知青死于非命，"我们是活着的他们，他们是死去的我们"（老鬼语）。我这个馆不是为别人建的，是为知青建的。从某种角度讲，知青生活馆是献给活着的知青和已经离开的知青。

"绿匣子"

从地面到展柜，到墙壁，到房顶，主色调是绿色，而且是很翠的绿，一绿到底，全世界没有一个博物馆敢这样做。我的概念是个绿匣子，这是个颠覆性的概念。黑匣子记录飞机失事，绿匣子记录知青这个大事件。知青运动从 1953 年开始，到 1981 年结束，牵扯到城市每一个家庭，牵扯到广大农村，牵扯到我们一千七百七十六万知青。这是一个历史的"绿匣子"。

"1776 万"

这是我在知青生活馆做的一件很现代的装置作品。作品的名字刚开始比较具象："手茧"，后来定名为"1776 万"。

知青生活馆的天庭有三百多平方米，比半个篮球场还大，三层楼高，我放了近万件农具，包括拖拉机，主要是锄头、镰刀、砍刀、钢钎、犁、耙等，锈迹斑斑。我还放了很多破碎的"文革"镜片，或者是"敬祝毛主席万寿无疆"中的几个字，或者是毛主席头像的一部分，或者是"大海航行靠舵手"的一个轮船，或者是一个"忠"字、一朵葵花等。为什么背景是竹子呢？要有一点生机。如果用树，房里活不好。竹子我喜欢，有节，生命一节节往上长，特别符合我这

知青馆装置作品

个作品。另外竹子会长得很茂盛，长得很高，生机盎然。里边一定要有生命，否则钢钎、铁锄、镰刀等都是死的。但是不可能养一缸鱼，养一缸鱼就特别假。

摆放的农具没有必要解释，至于"文革"时期镜子的碎片，理解为破镜不能重圆也好，理解为历史的镜像也好，理解为我们的对视也好，理解为反思历史也好，都可以，每个人可以从不同的角度去理解。看这个作品，会有一种窒息感，觉得堵得慌、不美、粗粝、茫然、压迫、无序、粗野、没文化……这件作品，表达了我的强烈感情，表达了我对知青——我的同伴、我的知哥知妹们——的本质了解。我们有过理想，我们度过了一段难忘的青春。我们曾经当过一个合格或者不合格的体力劳动者，在我们最血气方刚的时候，在我们最有理想憧憬的时候，经历了一段艰苦的也是特别值得回忆的生活。有人说要做说明牌，我说可以，只做标题，"1776万"，说明当年知识青年上山下乡的总数，这件作品想说什么，每个人自己去感受吧。

"史铁生·我与地坛""孙立哲·合作医疗站"

2011年年初通过北京的朋友认识了史铁生的夫人陈希米。朋友说她行动不太方便，腿不好，要近一点，我便住在北京昆仑饭店。她在昆仑饭店附近上班，在一个出版社当编辑。

那天谈得比较好。说到铁生，她就掉眼泪，说舍不得把东西拿出来，要在一起。我劝她一定要全部换掉，人都走了，要接受现实，劝了很长时间，劝她把铁生的东西放到博物馆去，整理铁生的手稿这些事要高高兴兴地做，愉愉快快地做，这样对她也好，对铁生也好。她好像听进去了一些。她把铁生当知青时的一些东西，铁生的一些手稿，铁生的电脑、轮椅、办公桌给我了，很不容易。

孙立哲是 2011 年 3 月和陈希米一起来的，他们来了好几个人，都是知青。我这才知道孙立哲特别厉害。孙立哲 1969 年从北京到延安插队，和史铁生一个生产队，全国赤脚医生典型，未经过训练，敢去给乡妇接生，孩子长大到北京打工，还跟他联系。他给农民割阑尾，打开肚子找不着，马上翻书，居然把手术做成功了。后来当了卫生部五人小组成员，粉碎"四人帮"时写检讨，后到美国读博士。

我说要做一个铁生的厅，孙立哲说，这么多知青，不要给铁生搞得这么特殊，铁生也不喜欢把自己搞得这么突出。如果实在要做，他跟铁生是好朋友，下乡在一起，就放一起吧。后来我就把他们放在一起，做成一个厅。

孙立哲的东西是怎么给我的呢？他从延安买下后捐给我的。当初县里边不让拿走，藏在延安一个窑洞里，老搞不定，孙立哲就火了，说一定要给建川博物馆。后来我们的副馆长何新勇去了，才把东西拿到。但还有一些东西不给我们了，打草惊蛇了嘛。我们不拿，他们不觉得怎么样；一拿，认为是文物了。

2009 年度"十大精英颁奖盛典"活动

2010 年 4 月，我把 2009 年"年度十大精英评选"活动拉到安仁来。"年度十大精英评选"由南方报系主办,这是第七届。2009年是知识青年集中返城三十周年,这届十大精英候选人都曾是知青。我是三十名候选人之一。拉这个活动来是想让知青和老朋友汇聚安仁镇,到我这里来摆两天龙门阵。这次活动来了好多人:陈丹青、姜昆、刘永好、马原、徐纯中、何多苓、宗庆后……魏明伦、张贤亮等也来了,他们是颁奖人。魏明伦、张贤亮是我专门请来的。因为我跟何满子的笔墨官司,张贤亮跟我成了莫逆之交,每次来他都住在我的酒店里,聊很久,聊很多问题。魏明伦就不多说了,老朋友了。我还特别请来了宜宾地委原书记孙文启,还有我当知青时的房东。曹景行是这次活动的主持人,他是黄山农场的知青,到后立即找我商量搞口述历史研究中心的事情,语速快得不得了,心情急迫得不得了。"知青论坛"在红色年代章钟印馆的大厅举行,颁奖典礼在新中国领袖广场举行。这次活动,给了我个"特别致敬奖"。颁奖词特别长:

樊建川 收藏民族记忆、个体悲欢

他只读过大专,却与美国前总统老布什同被美国名牌大学授予荣誉博士学位;他凭一己之力,居然建立了十五座博物馆,而且还要再建十五座。与其他搞收藏的人不同,他收藏的主要是战争以及教训:为了和平,他收藏"抗战";为了未来,他收藏"文革"。他以强烈的责任感来搜集民族的记忆,他以深切的责任心来收藏国家的盛衰、个体的悲欢。在收藏的过程中,他散尽家财,常常被别人戏称为"樊哈儿"。今天,这个被称为是"哈儿"的人需要被特别致敬,

这绝不是因为他是本次盛典的"地主",而是因为,正是他,使我们的集体找到了回忆,使很多的个人找到了自己灵魂的皈依之处。

刘永好、徐纯中、陈丹青、姜昆

刘永好

1969 年下乡插队。他对博物馆特别关心,来了十几次了。开始,

刘永好(左)关心"猪坚强"

特别反对我做博物馆。他说，你把这个企业做得好好的，你会背上一个沉重的包袱，会把它拖死，永远也起不来。我坚持要做，他一次比一次理解，包括"猪坚强"，为其提供优质医疗和饲料，还出钱为其克隆。他说，"猪坚强"肯定品质很优良，三十六天不死，肯定有其特别的基因。后来，他知道我要办知青博物馆，对我说，我把油灯捐给你。他当知青时的油灯，擦得很亮，用报纸包上，颁奖典礼的前一晚上很慎重地给了我。

徐纯中

上海人，与曹景行同学，下乡七年，崇明岛知青，画金训华。金训华宣传画在"文革"中家喻户晓。徐纯中告诉我，他和陈逸飞创作此画后，很受江青重视，为此调入文化部。后因抵制批"黑画"，江青说，让徐纯中到农村去锻炼吧。他在农村一直待到"文革"结束。他说，在建川博物馆，看到很多画是他画的——不是自愿的，改革后，他才为自己画，画自己所思所想。他和丹青是同门师兄，在知青时代通信五十多封。

陈丹青

五十七岁了，显年轻。我们神交已久，见面好高兴。陈丹青对我说过两三次同样的话，给我的印象特别深。他说，建川，你要是生在民国，你的造就肯定会更大，你肯定上战场，当将军。哎呀，不过你生在这个时代，也做了一件大事。

陈丹青在发言时说，看了建川博物馆，感慨。这是呈现真实，

与陈丹青合影

呈现历史，非常有意思。"文革"说不清，知青就说不清，只能把知青归为浪漫和伪英雄的话题。江西插队五年，苏北插队三年，我们是失学的一代，被双规，规定地点，规定时间下乡。知青和农民在一起，只纪念知青，不纪念农民是不对的。

姜昆说：向毛主席保证

姜昆

　　他晚到。当年，他是兵团文工团的专业演员，我是公社宣传队业余队员，聊起这点，他说，我也是从连队宣传队起步的。我想，他一直冲到中央了，我冲县宣传队就失败了，挫折啊。我们就在金桂宾馆大堂的茶楼聊，聊得很好。金桂酒店总台后的墙，我用两万枚毛主席像章装饰，姜昆稀奇，跑到服务台里对我说，快照吧。举起右手，对着墙上的毛主席像章说，向毛主席保证。我给他拍下了这张照。

姜昆发言：今天看了建川博物馆，心里沉重，知青，更重要的是理想和责任，看到更多的是我们的骄傲和自豪。为什么眷恋一首小诗"说不清的黑土地"，为什么……我愿意为知青博物馆，为建川做点事。

西南知青文化旅游节和首届全国知青"红歌原生态"文艺汇演

2007年10月，成都云南支边知青联谊会、成都云南支边知青战友文工团在建川博物馆红色广场举行题为"红色年代的回望"大型主题文艺表演。着当年装，唱当时歌。他们这样与政治无关，与怀旧有关，与当今无关，与青春有关。此后，我们每年都有知青活动。比较大的是西南知青文化旅游节。2008年9月，旅游节在博物馆开了三天，内容很丰富：知青图片展、知青电影展、知青龙门阵、知青捐赠、文艺汇演。今年10月，是首届全国知青"红歌原生态"文艺汇演，来了北京、河南、云南、上海、重庆、山东、四川、成都等地的知青艺术团体三百多名演员。我要求第一是演员必须是知青，第二是节目必须是知青时的节目，我强调知青原生态。观众来了许多，红色广场上全是人，警察出动维护秩序。这次活动算是知青生活馆开馆仪式的一部分。

邢燕子、侯隽、老鬼等

知青生活馆正式开馆前，很多知青都来过。2008 年 1 月，四五十名成都老知青陪邢燕子、侯隽等人来，我在报纸厅找到当年报道她们的报纸，请她们签了字。邢燕子身体差一点，侯隽的要好

前排左起侯隽、邢燕子，2008 年，她们来看布展中的知青馆

一点。知青生活馆开馆前，我给侯隽打电话说，你作为当年知青办的小组长，能不能来一趟。她说好呀。她来了非常好，开馆前她讲了话。她说："这是建川同志给咱们做的一件功德无量的大好事……那段历史，是客观存在，不可回避的……我们忧国忧民的忠诚始终没有变。把我们最真实的历史告诉社会，留给历史，是我们义不容辞的责任。……今天我很激动，建川同志在大家的支持下，办了一件这么功德无量的事，再一次感谢他。为了祝贺，我也带了几本书，希望丰富馆藏，为大家研究这段历史能够尽点微薄之力。"

侯隽专门背来很重的中国知青画册，回天津后又给我寄了一套，还在上面签了字。她看了我们的知青馆后跟我谈了很多，她说我们的博物馆特别好，是最完整、最理性的，是反映知青最好的一个，评价很高。她有一个意见，临走之前把我喊到旁边说，建川，我特别不赞成把那个墓碑放在入口。我在那儿看，堵得慌，就想哭。能不能搬到对面去，看得见就行？她说的是"粉·焚"。她是要循规蹈矩地做，而我是要带着情感做，我知道我没法说服她，但她是很真诚地表达她的感受。老鬼是个非常真诚、非常性情的人，首届全国知青"红歌原生态"文艺汇演，我请他做评委。开馆前他发言说，感谢建川为我们知青做了一件好事。全国那么多知青馆，这个馆是最全面、最丰富的，资料最齐全，规模最大。他私下讲了他被抓的事。他背了一个"内蒙古兵团组建四十周年纪念"的包，我想征集。他说，我还要背东西回去哩，你赶快给我一个包。我给他的包小一点，他还开玩笑说，我一个大包换了一个小包，亏了。他在包上签了字："知青万岁"。我特别想要他的《血色黄昏》手稿。他答应给我一部分，说如果没有，抄也抄一部分给我。

开馆仪式上，有个陕西知青哭了，当场给我们捐了两万块钱，后来还发了短信："我无词赞，只能说：您是中国达人中的最高达人！永远敬重你的王农。"这个馆的开馆仪式在 10 月，因为"红歌原生态"文艺汇演要请评委，也就一起做了，而正式批准开馆是 11 月。大部分知青，看了一半，潮水一般退出。看到苦难，看到自杀，受不了，但我在做这个馆的时候，其实比较理性。这个馆我花了很多心血，做得很棒。

邓公词：不听老人言，吃亏在眼前

我从当知青到现在，一直生活在邓小平时代，总想有所记录。邓公是大明白人，他太懂江湖了，是真正举重若轻的智者。真快，走了十多年了。恰好，川军抗战老兵周宇宽老人捐我道光年老屋，要求不能用于吃饭打麻将，我觉得将其建设"邓公词"很合适。邓公词没错，是"词"而非"祠"。邓公词虽然不大，但从策划到完成也耗了我不少心血，花了两年多时间。

邓公词 2011 年下半年开的馆。屋内极其素净。一百幅邓公照片，一百句邓公语录。语录汉白玉镌刻，赤金箔镶嵌，依历史顺序陈列，主要选自他的文选，也有个别来自亲朋回忆。比如，邓小平在 20 世纪 80 年代初参观住宅建设时表示，如果房子作为商品，他想为邓朴方买一套。又如，退休之后为孙辈分糖，说："爷爷就这点权力了。"邓公语录，虽说不是金科玉律，金玉良言应该是可以的吧。比如他说：

"中国要出问题，还是出在共产党内部。中国要警惕右，但主要是防止'左'。不坚持社会主义，不改革开放，不发展经济，不改善人民生活，只能是死路一条。"

所以，我写了这样的前言：

一栋老屋，
一位老乡。
一尊老师，
一席老话。
不听老人言，
吃亏在眼前。

第二十五章

回答（八）

三寸金莲馆：放脚这个馆做成了，剪辫子的馆没有做成

三寸金莲馆开得比较早，2007 年 4 月。为什么要做这个馆呢？一百年前的放脚和剪辫子让我特别着迷。当时中国人受污辱，除了被骂"东亚病夫"，还有"猪猡"。为什么叫猪猡？后边有个猪尾巴嘛。有些外国漫画污辱中国人，就是画踩着辫子。中国人在全世界面前的形象，男人拖着一根辫子，很邋遢，很猥琐，很弱小，很没有阳刚气，不男不女；女的呢，小脚，走路蹒跚，一摇三摆。但是，辛亥革命改变了这一切：中国男人可以穿西装了，可以穿中山装了，可以把长袍马褂去掉，把辫子剪了，像张勋的辫子军就没有了；中

国女人放脚了，从唐宋开始缠，流传了将近一千年，戛然而止。剪辫子和放脚，看起来是身体的，更重要的是心理的，这个巨大的变迁，是封建社会向民主社会的过渡。

我本来准备做两个馆，但放脚这个馆做成了，剪辫子的馆没有做成。剪辫子做一个馆太棒了，比如收了一两百根辫子，像谭嗣同这类人的，那一定是世界第一的博物馆。但这二十年下来，一根辫子都收不到。没办法，第一，剪了辫子就扔了，第二，头发是生产资料，就用起来了。我也收了一些图片，一些剪辫子的文稿和告示。建绣花鞋馆时我甚至想，剪辫子无法做成一个馆，我就在绣花鞋馆里做个剪辫子的厅，哪怕一个角落，放几根复制的长辫子，放剪辫子的老剪刀、剪辫子的一些布告和文章，包括国外嘲笑我们辫子的漫画等。但是有人反对说，三寸金莲就是三寸金莲，这样男不男女不女，不好。一反对，就把我反对黄（没有）了。也许我腾出手后会在里边加一个厅，做一个剪辫子厅。因为妇女放脚的同时，男人在剪辫子。我会提示，在中华民族的妇女放开脚能够奔跑的时候，男人也把辫子剪掉了，男人也可以思维了，变得像个男人了。

所以三寸金莲馆也是讲历史，小脚是怎么来的，整个过程是什么。三个脚——裹脚、解放脚、天脚，这是社会变迁的一个成果，同时，它又是一个民俗。这个馆最后是介绍民国出生的一些著名女性，包括冰心、林徽因、江青等。我想表达的是，如果不放脚，也就没有她们。这个生理解放，是我国百年变迁中的一个大变迁，这个大变迁带来的影响是无可估量的。如果脚不放的话，基本上就塌了半边，哪有吴仪这些人呀，都没有。像郎平，那么大个脚，都没有嘛。

做三寸金莲馆我是很认真的，见到绣花鞋、烙铁、布料、书、老照片、老镜子，我都收。这个馆百分之八十的文物还是我买的，后来我们公司的颜总帮着收集了一些。女的嘛，容易感兴趣。但这个馆的方向是我定的。

三寸金莲馆能吸引不少女性参观。余秋雨和马兰来的时候，马兰看起来不是特别高兴，下车时冷冰冰的。也许余秋雨说去看建川博物馆的抗战、"文革"，马兰觉得跑那么远，一个民间博物馆没有什么看头。我看马兰不高兴，又不好说，我劝她看三寸金莲馆。我说那个馆挺女性的，挺好玩的。她很勉强去看，但看着看着就来劲儿了，后来就与余秋雨会在一起看其他馆了，看得挺高兴的。余秋雨给我写了首诗，吃饭时当场写的。网上对余秋雨的评价很有争议，我觉得他确实有才华，说话很靠谱，对抗战的认识，对淞沪大战的认识，包括对"文革"的认识也很靠谱。

国防兵器馆：再穷的叫花子，手里也要有根打狗棍

这是个科普馆，2009年1月开馆，在聚落中属于调节情绪的。它的目的是呼唤大家对国防要重视，让大家意识到我们能聊天过安定的生活，是因为国防线上有人站岗。武器不是好东西，但国家要保护你的尊严需要有，就像家里面防强盗也要有把菜刀。张爱萍说过：再穷的叫花子，手里也要有根打狗棍。

民营的博物馆怎么能拿到这些武器呢？首先，我们拿到"成都市国防教育基地"的批文，这是征集退役武器的许可证。有了批文，

我去公安局登记，他们来检查，把武器去功能化，他们还要管理。所以这个馆的管理比较严，枪是用铁链子拴起的，上面有探头，窗户也加固，人工守卫很严格。其次，抗战是我们博物馆的主要内容，我们跟一些老帅、大将的孩子有天然的联系，关系特别好，他们基本上都是将军。我们还得到军队将军们的爱护，他们对我们的支持特别大，能帮的都帮，帮我们找炮呀，找枪呀，找武器装备。我们这个馆很不容易。

我们这个馆从冷兵器到现代武器枪、弹、坦克、飞机都有，还有"神舟二号"。我们的坦克是可以让观众爬上去的，我们的炮和枪都是可以让观众摸的，所以男孩子比较喜欢。这个馆是知识馆，有比较多的武器的性能介绍。比如不同的炮的区别和作用；不同的枪，比如重机枪与轻机枪的区别。我们没法收藏到巡洋舰、航空母舰、歼 10 这些大的现代化的东西，我们就做了模型和图片，让年轻人接触到现代武器。

情侣来，小伙子跑兵器馆，姑娘跑三寸金莲馆，两个人看完后再碰头。这两个馆很有趣，离得很近。所以有人开玩笑说，一个男馆，一个女馆。作为博物馆聚落，这种现象特有意思。

中医文物馆：想为中医说一点话

中医文物馆是个科普馆，2011 年 11 月开的。这个馆规模不大，陈列了近千件文物，主要讲中医的起源，中医的理论和方法，比如介绍中医怎样为昏迷的人灌药。我只想说传统是怎么做的，好中医是怎么产生的。

为什么要做这个馆呢？现在对中医的否定或者贬低的声音越来越大，比如成分不确定、不能量化、有副作用，可能把这个病治好了，又把另外的病埋下了，很多很多。但我觉得中华民族几千年得以繁衍，还是靠自己民族的医学。我父亲大概在1963年得过败血症，已经下了病危通知，最后用的是中西医结合治疗。但我父亲说，他是喝了中药好的。我当知青的时候，风寒长疮，用的全是中药。我脖子上长一个大疖子，也是中草药治好的。我记忆中，我们小时候看的都是中医。中医不可捉摸呀，无法量化呀，这些都是存在的。中国人重描绘和抽象，不太重量化和精确。西方人做麦当劳、肯德基，放什么，放多少，烤多长时间，都很清楚，是工业化生产。我们的回锅肉永远不能批量生产，豆瓣、姜等有多种组合，火候也不一样。每个人炒不一样，同一个人，每次炒也不一样。它不像肯德基，在全世界吃的都是一个味道，这是中西方的区别。一些炒回锅肉的高手死了，只可意会不可言传的东西就丢掉了。由于中医没有建立起一个很定量的体系，不断丢掉只能意会不能言传的东西，就越来越衰落。中医里的大师，越来越少，甚至没有了，就剩下一般的，按照中医的医书来号脉开方的普通医生。我觉得往后很难产生好中医。一个时代过去了，就像唐诗宋词一样，土壤已经没有了。

虽然中医越来越衰落，它还是有顽固的市场，中药的医治效果还存在，而且中医也越来越走向量化了——当然也有变成神化的，比如虎骨，是不是被神化了？麝香，是不是被神化了？虫草，是不是被神化了？但从另一个方面来看，神化也带来心理治疗，也能减轻一些病痛。中医中药把其中有规律的东西找到，做成一个定量的比较简单的药，会延续下去。中医、中药，包括草药，肯定不会死，它可能会变一种方式活下来，甚至与西药融合，然后再走下去。

凭我的经历、常识和修养，肯定不可能对中医的发展，或者帮助中医往前推进，贡献一丝一毫的力量。但我朦胧地感到，中医里边有很深刻的道理。一些动物受伤后，会找一些草来吃，这是动物的本能；印第安人也有自己的草药。我相信，肯定有一个未知的世界是人类无法理解的，比如上亿精子最后只有一个能参与创造生命。也许中医是靠猜测和感悟流传下来的，但也许这种经验更为宝贵。随着人们认识的深入，一定会有更多的发现，会有更多更清晰的认识。我办这个博物馆，一是丰富我们博物馆的种类，另外也想为中医说一点话。

生活家具馆：历史记忆非常清晰

生活家具馆是 2011 年开的最后一个馆，12 月正式开的。这个馆在博物馆聚落里起一个调节作用。博物馆聚落中，抗战馆，杀人放火，敲警钟；"文革"馆，杀人放火，敲警钟；地震馆，异常惨烈，敲警钟。但是，一部分心理承受能力比较差的观众怎么办呢？他们可以看看相对轻松的馆，比如三寸金莲馆、家具馆等。既然是一个博物馆聚落，就应是多元的，百花齐放的。一个电影院里，总放战争片、恐怖片，肯定很麻烦。电影院既放战争片、恐怖片，也放轻松一点的轻喜剧、情感剧娱乐片。所以我们要有不太刺激感观的馆，来满足这部分观众的需要，让不能接受暴力的、血腥的、革命的这部分观众，也可以看一天。从宏观上讲，这是博物馆的谋生之道。

生活家具馆主要陈列的是 20 世纪初四川军阀刘湘、刘文彩、刘文辉、邓锡侯的用品，均是大件，十五年前购自四川的国宾馆——金牛宾馆。金牛宾馆给我写了详尽的说明，来源特别奇特，特别清晰。当时，我不是单纯地从收藏春花秋月的家具角度去买的，如果这个家具没有沾上人文背景，我就没有心思花太大的心血去收集，也不会去做这个馆。

这套家具有这样一些特点：

第一，它是清代晚期和民国早期的家具，有一百多年的历史。这跟我收藏百年历史是吻合的。

第二，它反映了社会变迁的文化。这套家具，中西合璧特征特别明显，比如纹饰，既有文艺复兴时的卷草纹，又有许多中国的符号。中国的家具，那时不会有这么多的镜子，再往前走，更不会有什么镜子，但这套家具有许多，比如很大的穿衣镜，柜子上也有很多，而且都是倒边的全世界最好的比利时玻璃"比玻"。从这套家具的样式，包括配套的沙发、写字台，都能看出其时代的变迁。中国的写字台很简单，而这套家具的写字台有柜子和抽屉，把欧洲和中国古典家具结合起来了。在中国社会变革时期，在两大文明碰撞时期，在中国人对过去的家具有所改变的时期，在享乐主义，即西方的文化侵入时期，这套家具是糅合的、渐进的、同步前进的历史证据。

第三，它是带有地域即巴蜀文化特色的家具，具有当时四川豪门公馆的特点。当社会变革到一个时期，比如四川有土豪军阀了，你不知道这些豪门是什么模样，无法想象他们吃饭用什么餐桌，睡觉睡什么床，衣服挂在什么地方，柜子是什么样子，等等，但这些家具会告诉你。首先，它是用最好的材料：紫檀、红木、黄杨、乌木、鸡翅木，以及大量的非常名贵的金丝楠。四川是金丝楠的主产地，明代官府就集中砍伐，基本上整干净了，因为四川军阀们的特权，所以存留。很难见到这么多，这么配套，这么精简的金丝楠家具。其次，它的纹饰非常独特。中国传统家具是龙凤、喜鹊、凤凰，这套家具用的是猪猴——脸像猴子的脸，耳朵是猪的耳朵，在任何地方都看不到。我是玩儿古玩的，见过很多纹饰，当时我都发蒙，一直没有把它弄清楚。一天流沙河老师来，说这是猪猴，在家具上做猪猴，意思是说，我没有像刘备、诸葛亮那样想统一中原。

第四，中国共产党1949年取得政权，这些家具理所当然就是共产党最高首长使用，这些家具上面就打有"省交际"（四川省政府交际处）字样。交际处，是接待中央领导和各省大员的地方。这套家具，毛泽东、刘少奇、朱德、邓小平、华国锋、胡耀邦、江泽民，中华人民共和国成立后的全部"皇帝"都用过，中华人民共和国成立后的全部"宰相"，包括朱镕基、赵紫阳都用过。中华人民共和国成立后百分之八十以上的"尚书"都用过，所以，它带有太多共和国高层们的DNA。此外，一些国家元首也用过：胡志明、西哈努克、金日成、老布什等，所以它有太多的时代变迁的烙印。

这些家具大概是两个五十年：国民党用了五十年，共产党用了五十年，但是到我手里边，就可以变成五百年、五千年，变成一个公共文物。大家来看它们，哦，政权更迭以后，原来共产党也不用柴木板凳，也不用老百姓家里的家具，也要把国民党的家具接管过来用。所以，它的传承是很有意思的，它有更多的人文价值。有人给我建议说，建川，你用这些家具做一个总统套间，让我们住，你愿意收多少收多少。想想，在睡过几十个"皇帝"的床上躺一躺是什么感觉？！我没有做。我做的话，肯定很赚钱。特别是结婚的度蜜月的床，你愿意收一万收一万，愿意收两万收两万。

许多人愿意花大价钱来买这套家具。十几年前，我们买得并不贵，花了不到一百万元，现在它的市场价就很高了，不是几千万的概念。当时买这个家具的目的，是关心它的人文价值，关心它沉淀的历史。我最大的贡献是把这一套家具——卧室也好，餐厅也好，包括当时江青用过的床——全套完整地保存下来了，历史记忆非常清晰。

有一个柜子是我在重庆南山买的，是蒋介石寓所的红木柜子，保护得比较好。当时在一位收藏家手里，来路很清白。中华人民共和国成立后，蒋介石寓所变成疗养院，有段时间管理比较混乱，在几乎停顿的情况下，家具流出来了。当时这个柜子买得很贵。但是，不管怎么样，它记载了蒋介石的抗战岁月，你能感受到蒋介石使用的痕迹，再贵，也买下了。

作为收藏家是非常奢侈的，当年成都会议时毛主席用了十多天的办公桌，我就用了至少五年。想想，你怎么能在毛泽东、江泽民、西哈努克等用过的办公桌上面写字办公呢？你不是坐在那里照个相，不是用一天，是用了五年。后来我实在不敢用了，觉得够缘分了，还是让它进博物馆吧。

第二十六章

回答（九）：我想建的馆

三十年改革开放馆

我想建的馆肯定与为了生存，为了商业，为了照顾一部分观众的馆不是一回事。我想建的馆，是从国家，从民族角度来考虑的，是敲警钟的馆。一些馆可能因政治等各种原因暂时不能建，但我有思考，时机成熟一定要建。而一些馆时机已经成熟，肯定可以建，比如三十年改革开放馆。

我是央视评选的"改革开放三十周年十大人物"之一。改革开放之前，我没有饭吃，饿得晕倒。改革开放以后，我进入了所谓的富豪榜，不是我多能干，是遇上了改革开放，我是亲历者，是建设者，也是利益获得者，所以我有很多感受。我想一个年份一个馆，把它重叠起来，从 1978 年走进 1979 年走进 1980 年……伴着时代前进。这个馆对我们民族的意义是什么呢？中华民族五千年，这三十年是变化最大的。哪个民族，哪个国家有这样的变化？而我们一辈子最好的运气就是看到这三十年，每一天都没有错过。一个最长最长的电视连续剧给我们看到了。所以我们有福气，我们生在一个好的时代，生在一个真正的盛世。

改革三十年博物馆，我肯定要换一个城市来做。第一，我要找个一线城市；第二，我要找个跟改革开放有关的城市，至少是第一批公布的沿海城市。青岛、大连也是。大连的积极性特别高，一直说，建川你来。我没有排除我不去。我倾向于南方，在一个常绿的地方。南方有什么好处呢？冬天可以参观。我毫无疑问要离开成都，至少要离开八年，建房四年，布展每年十个馆，我还不能休息，剩一年机动，处理一些事。这件事做了再回来都可以。

反右馆

反右与我同龄，右派分子多已年过古稀，建馆迫在眉睫。我请张雷担纲设计，建筑形态直接就是个"右"字，而且变撇为捺，寓示反右。开始觉得此案太直太白，把"精神科"整成"小儿科"了。经过一段时间，觉出机智，悟出朴实，然后方案通过。馆的设计有了，文物很多，只等时机。

"文革"馆——"文革"·武斗馆等

"文革"的文物，展出的只是一小部分，而且是比较温和的一部分，直接以"红色年代"命名的三座馆都比较"软"——瓷器馆最软，生活用品馆稍微往前走了一步，章钟印馆又更进一步。我做得相对中性吧，就是把它作为一个警钟。

以前我对"文革"是特别推崇，因为"文革"期间我当红小兵；后来到了反思的 20 世纪 80 年代，我特别厌恶，全面否定；现在我回归到一种理智。我看了几吨的"文革"资料，可能是中国看"文革"资料最多的人。我看了上万本日记，上万封信，几万份手写的检讨、遗书。我觉得，历史，有它的必然性，这就是一个过程，你不可能从五岁一下到七岁，你肯定要经过六岁，那六岁就是个坎，这个坎你必须承受。"文革"已经过去三十多年了，如果再给我三十多年的时间，也许对"文革"就会有一个相对全面、理智、贴近事实的判断。

"文革"对我们这代人也不完全是苦难，很多人甚至有幸福感。记得在内蒙古当兵时在草原上见到一家子，他们在唱歌，那种幸福感到现在我都忘不了，幸福指数特别高。所以，把它作为一种苦难也是很简单化的说法。我觉得它是更加复杂的人们都经历过的一种生活。反过来看，当时我们是一个特别穷的国家——因为很多人是站在今天来痛说昨天，不知道我们四几年有多么弱，多么无奈，一穷二白，只能生产铁钉。"文革"就像抗战一样，六十年后人们才会稍微把它看得清晰一些。

我这二十多年，收集了数以吨计的武斗资料，特别是照片，血雨腥风，毛骨悚然。

四川宜宾是武斗最厉害的地方，动员几万人去打几万人的武斗，基本上是一种战役了。有军舰，有坦克——推土机改成的坦克，有炮兵团、步兵团。我目睹了太多悲惨。

当年打打杀杀的年轻人，今天都是花甲老人了。再过一二十年，条件成熟了，应建"文革"武斗博物馆，不为追究旧责，只为避免新灾。

对越自卫反击战馆等

很多年了，我一直在收藏对越自卫反击战的文物。按正常程序，这个博物馆是建不起来的，上峰有顾虑，有更全面的考虑，怕印度、俄罗斯、越南跟我们毛起。我的考虑很简单：他们都是战友，牺牲时很年轻；他们不是为自己去战斗的，都是为了守护疆土；我们喝酒、唱歌、打小麻将、上微博摆龙门阵，是因为边境有人巡逻和守卫。

抗美援朝、珍宝岛之战、对印反击战、西沙反击战，还有援越战争、中缅边界作战等，作为一个退役军人，我一直在尽力征集这些局部战争的文物。将来，头破血流也要建。用炮弹壳制作的和平鸽，是会飞起来的。

反腐倡廉馆

纪委曾倡导廉政教育进景区，帮助干部和群众树立正确的财富观、荣辱观，四川省和成都市纪委来过几次，希望以某种形式对干部进行廉政教育。全国各地各级纪委都在办各种贪官展览，可惜还没有一个博物馆。我就想出了反腐倡廉博物馆这个点子，当然里边肯定要有个贪官厅，这样，对党和国家，对全社会都有好处。战争年代，铲除汉奸；和平年代，铲除贪官。汉奸是贪，贪官是奸。

反腐倡廉馆里，主要是弘扬历史上的清官，赞扬时代反腐斗士的内容，黑白分明，爱憎分明。清者青史流芳，贪者遗臭万年。历史上张居正、于成龙、诸葛亮、海瑞、包公等，今天任长霞、孔繁森、姜瑞峰、王瑛、刘丽英等，正与邪不两立，要相信邪不压正。

有关环境问题的馆

我现在最揪心的不是所谓的经济问题、社会问题、民族问题、法治问题，我对环境特别担忧。实际上在党派之争、国家之争、制度之争、民族之争、宗教之争的上面，还有一个更大的"之争"：人类和地球之争。有时候政治上的错误可以修正，但是生态上的错误可能无法修正。我们现在提三驾马车——出口、消费、加大基本建设投入，我觉得都有问题。地球是个很小的东西，人类有文字记载几千年，跟大自然的关系是比较和谐的，像都江堰工程是顺其自然的。我们小时候对自然是没有什么负担的，最大的负担就是电筒里的电池。玻璃都很少，没有什么垃圾、农药等。

我对西方的工业革命，即鼓励消费从根本上怀疑。西方的这套价值观被全世界所拥护、所推广，今天买的衣服，明天扔了再去买一件，全世界都鼓励消费，但我认为这是一种浪费的行为，是一种对地球特别不负责的行为。我们扔了多少手机，多少电池，多少汽车？现在一切都是化工，而这些是不可能降解的，特别是重金属，人类是在自己害自己。最初知道火电污染大，后来知道水电站破坏生态，现在知道核电有污染和安全隐患。我曾迷信太阳能，有次开会知道，捕获太阳能必须使用多晶硅，而生产多晶硅是高耗能高污染的。深海已潜到五千米，深地要钻到一万米，深空也要抓紧考察，绞尽脑汁上天入地寻找资源。整个山西，被采空了；整个华北，一半是漏斗。我在西安上学时，十几米就有地下水，现在是一百二十米了。人类前几千年对自然比较友好，这一百多年，越来越享乐，越来越浪费，越来越贪婪，唐诗宋词元曲都成绝响了。

现在所谓的金融危机，包括第二次探底，起因很简单，就是借钱来消费造成的。中华民族是一个很崇尚节俭的民族。中央、国务院提倡消费，因为要拉动内需，否则的话就无法解决就业问题。我学经济学到最后，什么证券、上市，我觉得彻底是小儿科。这里边有很多专家，他们的成就是在一个框架中，在一个箱子里边，实际上他们的行为是一种毁灭性的行为。

人类没有必要这样走，这样走，是要毁灭的。现在全球气温升高，能源匮乏，照着这样的路走下去，所谓的进步，最后都会变得毫无意义。他们相信会找到新能源，相信会有更好的科技出现，但在找到解决方式前，一定要慢下来。关键是，现在人类慢不下来。以工业革命这套理论建立起来的政治制度、法律制度，它是鼓励消费的制度——这里的消费是一种浪费。这条路才走了两百多年，带来了最深层次的危机，这是人类真正的毁灭，是人类走向毁灭的一个不可逆转的过程。

这是我的一个终极思考，虽然距我建博物馆还很远，但是有思考就会有行动。

创
造

陈列设计

　　我对自己用了一个词："馆主"。我是"馆主"不是"馆长"。"馆主"和"馆长"两者差别很大，后者往往是个代理人，是个 CEO；前者是所有者，是自己博物馆的思考者。我要对我的博物馆进行思考，然后按照自己的理念来展示。也许我的每个馆平平淡淡，温良恭俭让，但内在是有力量的，每次都想得很多很多才来做。入馆处的铁牌坊是我设计的，用乌木来做售票台也是我设计的。每个博物馆都代表我在说话，都表明了我的态度。有人说我们缺的是现代展览方式。我对所谓的现代展览方式不是抵触，那些声光电的东西可以用在网络和游戏，用在电影院，但对博物馆而言，最有发言权的不是科技，是文物本身。科技在博物馆是一种附属地位，所以我强调博物馆是以文物说话。

2005 年最初的五个馆，请美术家来做陈列，现在看来，国民党馆还比较好，美军馆还算规矩，共产党馆我改了很多次，川军馆以后可能都要闭馆重新陈列，战俘馆设计得特别不符合我的心意，最深沉的战俘的凄凉悲惨他找不到，我没法容忍，就自己做了。这是我做的第一个陈列，而这个馆是第一批五个馆中最受好评的一个馆，所以我信心满满。这个馆做了以后，建川博物馆任何一个馆——瓷器馆、三寸金莲馆、生活用品馆、知青馆等，都是我做的陈列设计，就没有请人了。我相信，今后都不会找人设计，都会是我自己设计。

很多博物馆，特别是国家博物馆，都是花岗石地、铜门，一个调子。而我的博物馆，国民党馆，是水泥地。"文革"馆，是水磨石——水磨石是"文革"的语言嘛。战俘馆是钢板——钢铁意志。川军馆用的是石板——当时四川人家里的地都是用的石板。三寸金莲馆，我强调主调是粉色，地面一定要凹凸不平，坑坑洼洼，寓意小脚女子行路艰难。知青生活馆，全部用绿色，反映一种青春。

每个馆的总体色调，也很讲究：比如国民党馆是冷色调的，共产党馆是暖色调的；楼梯也是一样，共产党馆是红色，国民党馆是铝板，是冷色调；旗帜，一个是镰刀斧头，红色的，一个是青天白日，蓝色的。这两个馆就应该这样来表现。镜鉴馆，砖倒立在地面，是"文革"时的建筑；用红砖在灰砖墙上做字，这是当时的语言，不是我创造的，我只是联系到当时，把它恢复了，让人有回到那个时代的感觉。一个设计师说我这是贫困美学，我的理解是，不是真的缺那几个钱，我不是让人在富丽堂皇的与当时格格不入的环境里看，而是让人在看文物时回到当时的环境。陈列不是花钱的问题，一定要跟题材、展品相吻合。所以，我的博物馆不按套路布展，观众能看清是其一，能思考是其二。野生，山寨。

比如瓷器馆的碗。碗是最难陈列的，满身都是标语、图案，怎么陈列都不容易看见全部。大博物馆有个座子，把碗放在上面，电动旋转。我们哪有钱做呢，我直接把碗放在地上，盖上玻璃，站上去端详，看得清清楚楚，而且抬头又看盘子。我还开玩笑说，这个还治颈椎病。实际上这是一个最直接简单的展示方式。

我们还有一个特点，仓储式展览，像章钟印馆的像章，几十万枚放在玻璃瓶里。日记，票证也是。这是把博物馆当仓库了。《世界艺术》是个小众的艺术杂志，2010 年有近十期专门评介我们的陈列。

红色年代章钟印馆

我用毛主席像章做了一个毛主席的"春，夏，秋，冬"。春天，是毛主席的少年。那个时候，毛可能是一个很干净的人，发愤读书，到北大做图书管理员。夏天，是毛的青年，上井冈山，包括遵义会议，包括抗战。夏天，是他革命生涯最狂热的时期。秋天，是他登上权力顶峰的时期，是他的壮年，当"皇帝"的时候。冬天，是他的暮年，是他犯错误的时候，无可奈何，没有力量，生命快要熄灭。用毛的像章表现毛的一生，给人印象比较深。

章钟印馆天井地上的章是我后来加的。公章是当年的权柄。包括出门要饭，也要有盖有公章的介绍信。现在粪土当年万户侯，把它踩在脚下。但是，过去的章我踩在脚下，现在还是有章在我的头上，是一种无形的章。天井又是回声，历史的回声。章钟印馆用铝板做的长卷，按照时间顺序用几百米长的图片介绍"文革"的起始，没有一个文字，这也是一个很大的创意。钟那样摆放也有寓意，像墓碑一样——"哗"上去了，一个时代过去了——我们应该让它永远过去，说是警钟，其实是丧钟。这些都是很有意思的，什么东西放什么位置，为什么要这样放，观众会思考，都没有说穿。

红色年代生活用品馆

这个馆我花的心血比较多。我特别希望看展览的人回到当时的生活场景中去。现在的电视剧，表现唐代的，把汉代的扯上去了，因为唐代的跳舞音乐没有传下来，只有猜。我们现在说民国还靠谱一点，有照片，清代就不靠谱了。"文革"肯定会成为"清代""明代""唐代"，会成为"宋代""汉代"。我建生活用品馆的目的，就是特别希望它能复原当时的生活场景，"文革"时工人是怎么生活的，农民是怎么生活的，解放军是怎么生活的，干部是怎么生活的，医疗战士是什么样子，医务室是什么情况，宣传队是什么情况……这种复原很真实，包括那些柜台，那些香烟。我特别希望，当"文革"成为"唐代"的时候，观众不用去看绘画、照片，因为照片是有选择性的，绘画是有创作性的，他来我们博物馆看到的是真实的场景，他不需要胡编乱造，所以，这个馆我特别强调生活的真实性和丰富性，一定要逼真。

这个馆的过道，建筑师设计时没有设计，是我封出来的。我必须让人从一个很狭长的空间进去，从很浓烈的红色到很淡的红色，有个渐变，最后淡到不能再淡的时候，就是抓"四人帮"。博物馆就是张弛：先让你收起来，门很小，你进去前，希望值降低；进去以后，不断有空间出现，让你有惊奇。这实际上是抓住观众的心理来做。

这个馆很大胆的是大厅的地面用了汉白玉，一般地面是不用这种材料的，只有陵墓才用。但我想表现这里是大大小小的墓碑，是个墓碑群。我想埋葬这个时代。

所谓天才，都有多种人格。有些人一辈子都是那样，而我最大的愿望是超越自己。有些人已经有风格了，比如歌唱家，一听就知道是他。如果别人说这肯定不是樊建川做的，但一看设计者还是我，那我就很欣慰。一定要突破和战胜自己。现在我天天在琢磨后边几个馆的陈列，每个细节都挖空心思，要否定前边的博物馆，包括否定前边的陈列方式。

镜鉴馆（镜面馆）

镜鉴馆名称好像很深沉，其实很朴素。"文革"镜子，内容十分丰富，正衣冠的生活用品与讲道理的宣传用品完美结合，真实折射时代历史。

镜鉴馆布展时间漫长，耗资甚多。前厅和尾厅，是青砖镶嵌红砖的十米巨字——"镜"和"鉴"。展线曲而长，爬坡下坎，迷宫一般；墙、地、顶均为花纹钢板，喷漆素白。镜子那样放，或底靠墙，或顶靠墙，除了表示扭曲外，还表示一种变化。而画廊式悬挂与密集装置结合，表示一种假象。

这个馆没有借古讽今、含沙射影、忆苦思甜，就是实实在在装置了一千余面红色年代日常使用的镜子。素净、惨白、对视、反映、眩晕、幽深、曲折、真实、虚幻……观者与历史互相关注，纯粹形而上的做法。总体效果白色，让人进入冥思遐想的情境。主要理念是虚幻，欺骗。重叠，迷离，恍惚。看着像真的，又像假的，真真假假。每面镜子都是真实的，但每面镜子都是假的，都是虚幻的，是真实与虚幻并存。

不屈战俘馆

战俘馆是一种很形而下的做法。这个馆之所以受到好评，我觉得重要的一点是，我与战俘有一种别人无法替代的浓厚的血肉相连的感情，我是带着感情去做的。地是钢板，展柜是钢架，馆里边没用一点软的东西，用的全是往上走的东西。一定是往上走，一定是亢奋，一定是一种精神。为什么我要把他们的瓷板像挂在进馆的两边墙上？一定要记住他们。另外我觉得他们肯定很高兴，他们长期被埋没，现在能见到天，被后人凭吊，他们一定会感到很欣慰。在放风院的一面墙上，我做了一个战俘的涅槃像，展现一个战俘从双手被缚到双手变成翅膀飞入天空的渐变过程。从感情上，我希望这个英雄获得新的生命，从陈列上讲，在经历了压抑痛苦后，我让你有一种"轻"。我让你冷了，又让你热，然后你就会有一种情感，对生活产生新的想法。

为什么我要让成本华在最后再次出现？也是给观众一种提示，

给观众一种告别。

地震馆

地震馆也是敲警钟的馆，这个倾向在进馆处就表现出来了。我希望给观众一种压抑的感觉，所以主要空间才会是一个巷道，周围比较紧，比较窄，比较低，在这样的环境下参观，让人感到幽闭，参观的整个过程有恐惧感，有警惕感。不过中间肯定会穿插几个放松的场所，有几个比较宏大的空间，比如，怀念的空间，重建的空间，最后会让人很光明地走出来。

雕塑、书法

雕塑（五七封喉）

坦率地说，我对一些所谓纯艺术的东西就看不懂，也许人类需要很抽象的艺术，但是我实在是看不懂！我不喜欢纯艺术性、纯观赏性的东西。

2009 年，成都搞艺术展，主题：废话。朱成通知我时，仅剩五天了。我到工地上捡了一批一人多高的废钢管，全部把"喉"部锯开。十余根排列站立，三分之一垂头，三分之一昂首，三分之一平视。作品完成。点睛之处颇为"奢侈"，我到文物库房拿来一张 1957 年 6 月 8 日的《人民日报》，这天发表的社论是"这是为什么"。我用毛笔在这件"同龄"身上，书写了"封喉"二字作为题目，然后送去展览。

封喉

书法

我一直想办个人书法展，我在微博上曾"展出"过一幅字："一定之规"，点击率很高，有不少回复。书法的表现形式是最单调的，只有黑白色，要表现情感，很考功夫。中学受老师影响写过字，大学教书时要求写板书，也练习了一下，现在书法练得很少。我曾开玩笑，如果失业了，当记者编辑没问题，文字肯定是过关的；可以到歌厅唱歌；在街上给别人写春联，卖字。

我的书法跟我的陈列一样，没有形。我写字跟布展一样，靠一种感觉。我题的"忠礼勤信"与我题写的"粉·焚"不一样，后者"软"一点，因为死的是十个女孩。

"人库"

我收购了安仁镇二十座闲置的大粮仓，请一些艺术家来建立"粮仓创库"，我也有一个这样的"创库"。2010年，我们办了一个秋收展，我的作品是"人库"。

我在安仁找了一个农家用的直径一米多的石缸，在仓库里，石缸装满了水，缸底下沉了两个金色的字"百年"，浮在上面的两个字是"共和"——"共"由解放军的红色帽徽拼成，"和"由国民党的蓝色青天白日帽徽拼成。石缸里还有金鱼。房间贴满了中国近百年每个时期最重要的人物的照片，没有一点空，房顶上都贴满了。粮仓外边，有个介绍牌，一些小字围着"人库"两个大字，比"人库"小一点的"共和百年"也看得清楚。我用的最重要的材料是水和石缸——水能载舟，也可覆舟。两党的帽徽都是我收藏的文物，它代表两种势力和两种力量共同做着"共和"的事。

"人库"其实也是一个博物馆，做得很仓促，就一天。对"人库"，《世界艺术》2010 年 11 期有评介，说它是"樊建川的'玩具'或作品"，说它是"装置艺术"。从艺术的角度来说，我觉得我只是"票友"。

《一个人的抗战》等

《一个人的抗战》由五百多幅图和我的文字组成。2000 年 9 月由中国对外翻译出版公司出版。在北京全国政协礼堂的首发仪式上，我有个发言，讲到我们抗战，好几次说不下去。李德生是首发式中官最大的，他坐在中间，我把书给他，他就不跟任何人说话，因为他一会儿要发言。我觉得他看到书的第一眼是惊诧，因为他也是第一次看到国民党这些东西，封面就是国民党的德式钢盔。他拄着拐杖，想站起来招呼我，我赶快跑过去。他说，你真收了这么多国民党抗战的东西？我说是呀。他说，在什么地方？我说，在四川呀。他说，你没有带到北京来？我说，没有。他说，你带来看看就好了。

他发言时讲得特别好。他说，刚才我坐下来简单看了一下小樊同志的这本书，回去会仔细看。这本书用文物说话，都是铁板钉钉的事。我看到前边启功先生的一个题词特别好——"旁证"。卢沟桥、军事博物馆，我的东西都给它们了；毛主席，大将军，大元帅，他们的东西都给军博，给卢沟桥了。它们出示的是主证，那么民间出示旁证，这个好。小樊，哪是你一个人抗战，我们大家都支持你。

与李德生合影

　　我说跟他照个相，他很认真，还说多照几张，怕照不好。当时是胶片，不是数码。

　　《一个人的抗战》已经有好几个版本，包括三联书店（香港）繁体字版和日本一家出版社的版本。这家日本出版社主动联系，2002年就翻译出版了。日本前首相以及许多日本老兵出席了首发式。

2002 年，这本书获得第十三届中国图书奖。现在，我正着手写《一个人的抗战》之二。

《抗俘——中国抗日战俘写真》中的图片大部分来自我到日本购得的画册，即当年日本随军记者的作品；也有部分来自我购得的当年日军官兵拍摄的私人影集。这本书我写得最苦，写了五稿，哭了很多次。这本书我觉得非常有价值，但出版却很费周折，辗转了几家出版社。《兵火——由日军影像资料看中国抗日战争》这本书以图说史，是我的一个研究成果。

歌碟《嘹亮》

这是我给自己的歌碟起的名字。"送战友，踏征程，默默无语两眼泪，耳边响起驼铃声……"我喜欢《驼铃》这首歌。战友，并肩杀敌之友。老战友了，就面临"送"的问题，你送战友，战友送你。只要"送"得开心、愉快、壮烈、公道，就会一路走好。

没有人教，无师自通。当时就是现场录，我找了个会议室，有乐队伴奏，共录了十多首，时长约五十二分钟：《过雪山草地》《草原上升起不落的太阳》《父亲的草原，母亲的河》《莫斯科郊外的晚上》《三套车》《金瓶似的小山》《草原之夜》《为了谁》《驼铃》《怀念战友》《英雄赞歌》《我们走在大路上》……是为记录青春原生态，也是对过去的一种怀念。比如知青时最流行的歌，还有一首"文革"宜宾武斗时双方的武士都最爱唱的歌："上战场，枪一响，老子下定决心，今天就死在战场上了。""老子下定决心……"是林彪语。歌短、话狠、曲劲，小时候经常哼哼，觉得好刚劲。

每首歌前都有我的独白，用宜宾话讲。在《金瓶似的小山》前我说：

每个人一生都是不平静的，每个人在关键的时刻都会遇到"金太阳"，遇到贵人。在内蒙古遇到指导员陈章元；在宜宾遇到地委书记孙文启，我给他当秘书，他教了我很多人生的道理；在成都办博物馆，好艰难哦，每个馆都艰难，一个馆要审查一二十遍，在这样的情况下，我遇到的贵人，遇到的"金太阳"就太多了。没有这些人的帮助，建川博物馆根本办不起来。对这些贵人，对这些"金太阳"，我刻骨铭心地感谢。滴水之恩，永世不忘。

在《英雄赞歌》前我说：

我这个人可能受老汉（父亲）影响，从小就崇尚英雄。现在我建博物馆，从头到尾自己建，自己买地，自己买文物，自己搞设计，自己修房子，自己搞陈列，建了十五座，马上要建到三十座，可能一辈子都心满意足了。但我还是不满足，我想建到五十座，建到一百座。我想，一个战士死在战场上，就是他好的归宿。我樊建川，如果死在建设博物馆的道路上，可能是我最高兴的事情。

在《我们走在大路上》前我说：

别人说，你建博物馆好了不起哦。我说，没有什么了不起，每个人都有自己的博物馆。你的博物馆就是你的错误，你的经验，你的教训。有了这些经验教训的沉淀，就使你面对挫折，正确选择你的道路。那么一个国家的记忆呢？我们民间办的博物馆，我们借助抗战，借助我们三千多万同胞的死难，才取得了伟大的胜利。我们借助"文革"，使我们不再犯这样荒唐的错误。所以我特别希望通过我们的博物馆，我们民族的记忆，我们的警钟，使我们永远走在天府成都的大路上，走在希望的大路上，走在光明的大路上，走在富裕的大路上，走在民主和法治的大路上，走在民族复兴的伟大的大路上。

我说的这些话，也没有草稿，即兴讲。我发言、演讲什么的，都没有稿子。

制作歌碟的时候，不少人劝出个一两千张，卖完再追加。我对自己很有信心，出了一万张。送朋友，也拿来销售，谈不上赚钱，因为没有在市面上公开发售，只在建川博物馆里销售。员工说，一天能卖一百多张。2011 年 11 月，我到上海电视台做节目，上海的朋友告诉我，他们在上海发现了盗版。

出专辑，是为自己"完蛋"的时候用的。在我的追思会上，就放《嘹亮》里的歌。如果我不在了，参加我追思会的人听到我唱的歌，听到我的独白，肯定会觉得很亲切。

可以边拉边唱

第二十八章

『潮人』

接受山西商会会长，只为今后在天堂与父亲相会有个交代

当年山西四五万人南下解放四川，一是军队，一是南下工作团。改革开放后，又来了一些山西商人。我是山西商会第二届会长。第一届他们搞不团结，四川民政厅和四川省招商局对他们进行处罚，勒令其停止活动，进行整顿，把公章、营业执照什么都冻结了。闹矛盾的几方都来找我，要我当会长，我就不当。为什么呢，又出钱又出力，实在劳神费力，是个烫手的活儿，所以不想干。省上的一些老干部，我父亲的一些老战友都来找我，我还是不干。后来招商

409

局的局长来找，民政厅的厅长来找，说你要不干的话，就给你们山西人丢脸，就给你们撤销了，三年之内不准办。

可能是日有所思，夜有所梦吧，我梦见我父亲了。我给父亲讲山西商会的事，我父亲说，你要干。所以我就干了。我接受这个责任，只为今后在天堂与父亲相会有个交代。

我是一个不会说山西话的山西商人，在会里边，大家对我都很拥戴。我在会里讲一个观点，我们是一个帮会，但不是解放前的青帮、红帮，我们是商帮，上面要对党和政府负责，下面要对商会会员、对人民负责。我们给每个会员发了一个关公——我们商会供奉的就是关公，讲"忠义千秋"，效果特别好。我觉得我把它搞得不错，包括这次要建的"山西南下解放纪念碑"，2011年12月四川解放日揭幕。青铜，高九米左右，有三层楼高，很壮观，是我们博物馆最大的一尊雕塑。建这个雕塑，只为记住父辈的迁徙，我们的根脉。以我父亲家为例，已经到第四代了，融入四川了，开初的几万人变成几十万人。一个人，以孝为中心，才有对家人的情谊，才有对国家、对股东的情谊。晋商的本质是敢冒风险，敢拼。晋商的兴起，是因为晋商敢走西口，去了十个人，可能回来五个人，甚至三个人。当时中国的金融全部在晋商手里。为什么后来没有了？它保守了。当资本主义出现，大的银行萌芽出现时，它还停留在商号，所以整体倒闭，整体失败。作为晋商的后代，一定要发扬晋商敢拼的精神，一定要把创新、敢拼放在最重要的位置。

微博可以让我随时记录，很快发布，得到反馈和建议

我的苹果手机，就是专门为了写微博买的。我身边好多年轻人在玩儿，我虽然是一个比较跟得上时代的人，但当年高考，数学只考了八分，乘法口诀表一口气还背不下来，而且我不会英语，不会拼音，用电脑很困难。但是我关注新生事物，重视网络，我知道它肯定很有用。

2010年1月开了微博后，每天写好几条。这方式比较适合我，我是一个临时会有想法的人，微博可以让我随时记录，很快发布，并且得到反馈和建议。实际上我把它作为日记了。开微博不久，遇上两会。我是四川省政协常委，我突然想，开会期间有人来博物馆找不到我怎么办？就用微博发布去开会的信息，开会的情况。我用的是"椒盐川普"，就是四川方言普通话，这样很形象生动，老百姓也就感兴趣。为什么想到要用"椒盐川普"呢？我们政协委员给人的印象比较刻板，有点像官员，我特别想让大家知道政协委员也是有血有肉的，也是去菜市场买菜路边摊吃面条的。没有想到很受欢迎，也有外地网友看不懂，比如四川人说"非冷"，是非常冷的意思，有外地网友理解为"热"。我想改，四川网友不让，说要帮我翻译，也就没有改，但尽量用大家听得懂的"椒盐川普"来写。

我也关注别人，各行各业都有，这种互动很好。微博还帮我解决问题。比如我曾在微博上找到高手，帮我翻译了很多侵华日军写的家书。我上微博后有一个变化，我基本不看报纸了。

**一百个馆的世界纪录，我想做一个保持者，做一个长久
的领先者**

踏入社会三十多年，人生有过三次重大选择，一是不当重庆三
医大的教师了，到宜宾市政策研究所当干事，高收入变成低收入；
二是辞去宜宾市副市长，到外企打工、自己做房地产；三是做收藏
和博物馆。

"建川博物馆聚落"现在是中国民间最大的博物馆群，我想把它
做成世界一流的博物馆。以前还没有自信，2008 年去美国考察后，
完全有了信心。我们已经做了很多第一，几十年以后，一百年以后，

希望世界上说起卢浮宫、纽约大都会博物馆，也说到我们建川博物馆。

我本质上是个军人，当兵的人第一不怕牺牲，第二敢于冲锋，第三有担当精神，第四崇尚荣誉，第五没有财产。总之军人就是牺牲，军人就是艰苦，军人就是责任，军人就是荣誉，军人就是钢铁，军人就是守贫，军人就是男人中的男人。我喜欢这样一句名言：我死在这里很痛快。这是川军抗战将领王铭章说的，是他在牺牲前的遗言。

我觉得我做收藏和博物馆就是一个有血性的中国男人做的一件秉承良心和责任的事，而且这是一份平凡的工作，只不过我坚持了三十多年。现在有说房奴、车奴的，我称自己是"馆奴"。如果老天爷还让我活三十多年的话，我还会继续做下去。对成功，我认为一是对自己的满意，二是公众对你的满意和认可。公众认同，包括第一你是否提供了思想，第二你是否提供了历史意义，第三你是否有担当，第四你是否推动社会往前走，最后，关键还是要看你对社会作的贡献是否超过了一般的人。我觉得我作的贡献比一般人要大一些。

社会评价和自我评价，相比之下自我评价更重要，我生活在一个好时代，我活生生看了五十多年了，感觉自己无愧于这个时代。至少我很充实没有空虚。我承担了我该承担的责任，跑在社会的前沿。就算现在让我意外地死去，我也很满意了，至少自己活得很充实，有成就感和幸福感。

我觉得十三亿中国人，有十二亿，甚至十二点五亿都应该过自己平淡的正常的生活——吃火锅，去酒吧，像我女儿他们。但应该有一部分人挺起脊梁，敲响警钟，去牺牲，就像谭嗣同、张志新一样。我就想做一个敲钟人。我希望大家在匆忙之间，花很少时间来看看我的博物馆；我希望一部分人来看，看了以后有五分钟的思考，在生活的路上停下五分钟，回头看看，把人生的意义搞得清楚一点。人为什么要活着，不是为了好工作而工作，好挣钱而挣钱，他是为了生活，但生活是有意义的。

作为一个先行者，改革开放这几十年，我一直站在最前沿，不断地给社会提意见，推动改革开放，推动思想进步，推动社会进步。人的变化是一个漫长的过程，但我一直作为一个行动者出现，包括现在，我也是一个行动者，做"文革"也好，做抗战也好，做地震也好，仔细看我的前言，看我的陈列方式，我想说什么，实际上很清楚。改革开放几十年，我一直在说话，一直在说四川话。

我今年五十六岁了，工作时间屈指可数。在安仁做了十年，十年没有经商，没有去赚钱。人很不容易有这么一个十年。做了十年，有一个眉目了。下面呢，有一个真实的目标：建到一百个博物馆。这也许能完成，也许完不成，完成的可能性很大。首先一个博物馆一定要建，就是改革开放三十年博物馆。新中国六十年馆的时机不成熟，就当梦想吧，但改革三十年馆是没有问题的。改革开放三十年，每年一个馆，就是三十个博物馆。安仁很快建到三十个馆是顺理成章的，这样，就六十个了。在四川雅安正谈合作的"西康往事"，会建二十个，这样就八十个了。剩下二十个馆对我来说就有希望，按理说能完成。我想，这辈子做个整数吧。如果建不完，也没有办法，是老天爷不让我建。我觉得我这个生命的价值在于不但去说，而且去做。这一百个馆不是口号，是梦想。不是说中国梦吗？这算是我樊建川的中国梦吧。